Marktorientierte Steuerung der Gemeinkosten im Rahmen des Target Costing

T0316927

Europäische Hochschulschriften
Publications Universitaires Européennes
European University Studies

Reihe V
Volks- und Betriebswirtschaft

Série V   Series V
Sciences économiques, gestion d'entreprise
Economics and Management

Bd./Vol. 2938

PETER LANG

Frankfurt am Main · Berlin · Bern · Bruxelles · New York · Oxford · Wien

Ralf Sauter

Marktorientierte Steuerung der Gemeinkosten im Rahmen des Target Costing

Ein Konzept zur Integration von Target Costing und Prozesskostenmanagement

PETER LANG
Europäischer Verlag der Wissenschaften

Die Deutsche Bibliothek - CIP-Einheitsaufnahme

Sauter, Ralf:

Marktorientierte Steuerung der Gemeinkosten im Rahmen des
Target Costing : ein Konzept zur Integration von Target Costing
und Prozesskostenmanagement / Ralf Sauter. - Frankfurt am
Main ; Berlin ; Bern ; Bruxelles ; New York ; Oxford ; Wien :
Lang, 2002
   (Europäische Hochschulschriften : Reihe 5, Volks- und
   Betriebswirtschaft ; Bd. 2938)
   Zugl.: Stuttgart, Univ., Diss., 2002
   ISBN 3-631-50380-6

Gedruckt auf alterungsbeständigem,
säurefreiem Papier.

D 93
ISSN 0531-7339
ISBN 3-631-50380-6

© Peter Lang GmbH
Europäischer Verlag der Wissenschaften
Frankfurt am Main 2002
Alle Rechte vorbehalten.

Das Werk einschließlich aller seiner Teile ist urheberrechtlich
geschützt. Jede Verwertung außerhalb der engen Grenzen des
Urheberrechtsgesetzes ist ohne Zustimmung des Verlages
unzulässig und strafbar. Das gilt insbesondere für
Vervielfältigungen, Übersetzungen, Mikroverfilmungen und die
Einspeicherung und Verarbeitung in elektronischen Systemen.

Printed in Germany 1 2   4 5 6 7

www.peterlang.de

Geleitwort

Wenn die Kosten eines neuen Produktes die Anforderungen der potenziellen Kunden nicht treffen, dann wird es im Wettbewerb nicht bestehen. Bei einem hohen Anteil indirekter Kosten kann die Ursache sowohl in einem nicht marktgerechten Produktkonzept, als auch in einer nicht wettbewerbsfähigen Kostenstruktur liegen. Die Einbindung der Gemeinkosten in das Target Costing wird deshalb umso wichtiger, je höher der Anteil der planenden und steuernden Aktivitäten und damit der Gemeinkosten ist. Die Herausforderung für den Controller besteht dann darin, auch die Gemeinkosten mit marktorientierten Zielkostenvorgaben zu versehen und eine Brücke zwischen den Entscheidungen des Target Costing Teams und den verursachten Gemeinkosten zu schlagen.

Die vorliegende Arbeit beschäftigt sich mit der Frage, wie die marktorientierte Vorgabe von Zieleinzelkosten im Target Costing durch Zielkosten für Gemeinkosten ergänzt werden kann. Viele Autoren haben bereits die Einbindung der Gemeinkosten mit Hilfe der Prozesskostenrechnung zur Verbesserung der Kostenschätzung und Kalkulation gefordert. *Ralf Sauter* hat sich im vorliegenden Buch jedoch eingehender mit dieser Thematik beschäftigt.

Die Arbeit beginnt mit der detaillierten Analyse des Target Costing und der Charakteristika der Gemeinkosten. Danach wird die Frage untersucht, welche bestehenden Methoden zur Gemeinkostenplanung / -management die vorliegende Aufgabenstellung am besten unterstützen können. Es wird der kombinierte Einsatz der Prozesskostenrechnung und der flexiblen Grenzplankostenrechnung vorgeschlagen. Die sich anschließende Aufarbeitung des State of the Art der Gemeinkostenplanung im Rahmen des Target Costing verdeutlicht, dass neben einer Anpassung und Erweiterung der Target Costing Instrumente auch der Gemeinkostenplanungsprozess und die organisatorische Beteiligung der Prozess- bzw. Kostenstellenverantwortlichen betrachtet werden muss.

Im Rahmen der Gestaltung einer innovativen Methode zur marktorientierten Gemeinkostenplanung wird deshalb der kombinierte Einsatz verschiedener Instrumente zur Bestimmung der Zielgemeinkosten, die Verdichtung der Retrograden Kalkulationen zum Multi-Target Costing und die differenzierte Vorgabe von Zielgemeinkosten für produktnahe, produktferne Prozesse sowie für Overheads empfohlen. Weiterhin werden Aspekte der zeitlichen Koordination der unterjährigen Zielvorgaben im Rahmen des Target Costing mit der Jahresplanung und Aspekte der Einbindung von Kostenstellenleitern und Prozessverantwortlichen in die Zielplanung aufgegriffen.

Die Funktionsfähigkeit und Wirksamkeit der Methode wird anhand eines Unternehmens, das Mobiltelefone herstellt, verdeutlicht. Darüber hinaus liefert dieses Beispiel dem praxisorientierten Leser konkrete Hinweise zur Umsetzung. Überlegungen, wie durch die Entfeierung der theoretisch exakten Methode ein breiter Einsatz in der Praxis erreicht werden kann, bilden den Abschluss der Arbeit. Die aus der Diskussion mit zwei weiteren Firmen gewonnenen Erkenntnisse zur Verbesserung der Praktikabilität sind für die Umsetzung ebenfalls von großem Nutzen.

Der vorliegende Band ist von besonderem Interesse für die Theorie und die Praxis.

Stuttgart im Juli 2002   Univ.-Prof. Dr. Péter Horváth

Vorwort des Verfassers

Ein besonderes Anliegen zur Veröffentlichung meiner Arbeit ist es, allen, die mich während der Erstellung unterstützt haben, meinen Dank auszusprechen. Zunächst möchte ich meinen Kollegen in der Beratungspraxis für die fruchtbaren Diskussionen und die Bereitschaft, mir in entscheidenden Situationen den Rücken freizuhalten danken. Ganz besonders hervorheben möchte ich die wertvolle und freundschaftliche Zusammenarbeit mit Joachim Esser, Werner Seidenschwarz, Stefan Niemand und Reinhold Mayer. Bettina Williger danke ich für die Unterstützung auf der Zielgeraden beim Korrekturlesen.

Großer Dank gebührt den zahlreichen Unternehmensvertretern, die aus Gründen der zu gewährleistenden Anonymität hier leider nicht namentlich genannt werden können. Sie haben dafür gesorgt, dass meine Gedanken sich nicht nur in der Theorie, sondern auch in der Praxis bewähren konnten. Ihre große Bereitschaft, mir trotz des Tagesgeschäfts oft mehrere Stunden zu widmen, weiß ich sehr zu schätzen.

Herrn Professor Péter Horváth gebührt nicht nur großer Dank für seine akademische Unterstützung, sondern auch für das entgegengebrachte Vertrauen. Er hat meine Arbeit stets kritisch begleitet, mir wichtige Hinweise und einen großen Aktionsspielraum gegeben. Herrn Professor Karl-Friedrich Ackermann danke ich für die Übernahme des Zweitgutachtens.

Zu größtem Dank verpflichtet bin ich allerdings meiner Verlobten Heike Braungardt für ihre Geduld, die zeitlichen Entbehrungen und die Ermutigungen, sowie meinen Eltern, die mich während der gesamten akademischen Ausbildung in vielerlei Hinsicht unterstützt haben.

Cambridge, Massachusetts im Juli 2002   Ralf Sauter

Inhaltsverzeichnis

Abkürzungsverzeichnis

Aufl.	Auflage
CAM-I	Consortium for Advanced Manufacturing International
DBW	Die Betriebswirtschaft
ERP	Enterprise Ressource Planning
FVA	Forschungsvereinigung Antriebstechnik e. V.
GE	Geldeinheiten
GSM	Global System for Mobile Communication
GSP	Gesellschaft Systementwicklung und Projektgestaltung
JoCM	Journal of Cost Management
krp	Kostenrechnungspraxis
Hrsg.	Herausgeber
IV-System	Informationsversorgungssystem
JoCM	Journal of Cost Management
lmi	leistungsmengeninduziert
lmn	leistungsmengenneutral
o. Jg.	ohne Jahrgang
PK-System	Planungs- und Kontroll-System
QFD	Quality Function Deployment
SOP	Start of Production
TCM	Target Cost Management
TK	Telekommunikation
UMTS	Universal Mobile Telecommunication System
VDI	Verein Deutscher Ingenieure
VW	Volkswagen
ZfO	Zeitschrift für Organisation
ZfP	Zeitschrift für Planung

Abbildungsverzeichnis

Zusammenfassung

Das 1963 bei *Toyota* entwickelte Konzept des Target Costing stößt in Wissenschaft und Praxis nach wie vor auf großes Interesse. Aufgrund der Veränderung der Kostensituation und der Kostenstruktur in den Unternehmen und der Erkenntnis, dass Konstrukteure und Entwickler keineswegs nur über Einzelkosten, sondern auch über Gemeinkosten fertigungsnaher sowie fertigungsunterstützender Bereiche entscheiden, wurde in der Target Costing-Literatur bereits frühzeitig die konsequente Einbeziehung der Gemeinkostenbereiche in das Target Costing gefordert. Damit war die Idee der frühzeitigen und marktorientierten Steuerung von Gemeinkosten im Sinne einer kostenorientierten Koordination aus dem Target Costing heraus entstanden. Die Forschungsarbeit beschäftigt sich damit, die Gemeinkostenbereiche soweit wie möglich in die kostenorientierte Koordination des Target Costing zu integrieren. Nicht Gegenstand der Forschungsarbeit sind dagegen Fragen, die sich unabhängig vom produktorientierten Target Costing mit den Fragen einer Verstärkung der Marktorientierung in Unternehmen oder in Gemeinkostenbereichen (wie z.B. durch Centerkonzepte oder Organisationsgestaltung) beschäftigen.

Ziel der vorliegenden Arbeit ist die erstmalige theoriegeleitete Gestaltung einer durchgängigen Methode zur frühzeitigen, marktorientierten Planung und Steuerung der Gemeinkosten aus dem Target Costing heraus sowie die Ableitung von konkret umsetzbaren Lösungsvorschlägen für die Unternehmenspraxis. Dies umfasst die methodische Erweiterung des Target Costing-Instrumentariums als Basis für eine frühzeitige und marktorientierte Planung der Gemeinkosten sowie die Gestaltung weiterer relevanter Aspekte, die für eine marktorientierte Planung, Steuerung und Kontrolle der Gemeinkosten erforderlich sind.

Ausgehend von den Merkmalen des Target Costing und den Charakteristika der Gemeinkosten werden zunächst die Anforderungen an eine marktorientierte Gemeinkostenplanung im Rahmen des Target Costing untersucht. Die Analyse bestehender Systeme der Kosten- und Leistungsrechnung und bestehender Instrumente des Gemeinkostenmanagements zeigt, dass diese Anforderungen durch einen kombinierten Einsatz der Prozesskostenrechnung und der flexiblen Grenzplankostenrechnung am Besten erfüllt werden. Die Analyse des State of the Art der Gemeinkostenplanung im Rahmen des Target Costing verdeutlicht, dass zur marktorientierten Gemeinkostenplanung im Rahmen des Target Costing neben einer Anpassung und Erweiterung der Target Costing-Instrumente auch aufbau- und ablauforganisatorische Aspekte beachtet werden müssen.

Die Umsetzung dieser Aspekte im Rahmen des systemtheoretischen Forschungsansatzes zielt aus **instrumentaler Sicht** auf den Einsatz mehrerer Methoden zur Bestimmung der Zielgemeinkosten und auf die konsequente Trennung der Dimensionen Zielkosten und prognostizierte Plankosten im

Rahmen der prozessorientierten Retrograden Kalkulationen ab. Die Vereinbarung der Zielgemeinkosten wird durch Zielvereinbarungsblätter unterstützt und mithilfe der prozessorientierten Retrograden Ergebnisrechnung und einer Retrograden Prozesskosten-Matrix sowohl auf Produkt- als auch auf Prozess- und Kostenstellenebene instrumental unterstützt. Das **ablauforganisatorische** Teilsystem beschäftigt sich mit der Koordination der aperiodischen, unterjährigen Planungen im Rahmen des Target Costing mit den periodischen Planungen im Rahmen der operativen und strategischen Planung. Das **aufbauorganisatorische** Teilsystem beschäftigt sich mit dem Aspekt der Übertragung der Prinzipien des Target Costing auf die Gemeinkostenbereiche durch die Einbindung der Process Owner und Kostenstellenleiter in die Zielkostenbestimmung und -erreichung.

Im Rahmen einer Aktionsforschung erfolgt die Umsetzung des Systems zur marktorientierten Gemeinkostenplanung bei einem Hersteller für Mobiltelefone. Durch die erstmalige Anwendung konnte die Funktionsfähigkeit und Wirksamkeit der entwickelten Methode in der Praxis für dieses Unternehmen dokumentiert werden. Dabei wird erstmalig der Einsatz des Product Reverse Engineering und des Prozess-Benchmarking zur Bestimmung der Zielgemeinkosten sowie das Multi-Target Costing konkret dargestellt.

Zum Abschluss werden die Ergebnisse und Erkenntnisse aus der Aktionsforschung zur Diskussion der allgemeinen Anwendbarkeit des Systems zur marktorientierten Gemeinkostenplanung mit zwei weiteren Unternehmen herangezogen. Die Identifikation verschiedener Problembereiche bietet erste Hinweise auf erforderliche Anpassungen, die für einen breiten Praxiseinsatz vorgenommen werden können.

Abstract

The 1963 developed concept of Target Costing at Toyota is still extremely interesting for science and research as well as in practice. Due to changes of the cost situation and cost structure in the companies and the understanding that the product design influences overhead costs, the integration of overhead costs into the concept of Target Costing was required years ago. This was the birth of the idea of the market-oriented overhead cost management in the early stage of the product life cycle in the sense of a cost-oriented coordination. The research work concentrates on the integration of overhead costs as far as possible in the cost-oriented coordination of Target Costing. Concepts that focus market orientation independently from the product-oriented Target Costing (e.g. center concepts or organizational concepts) will not be investigated.

The goal of the work is the modeling of a general method for market-oriented management of overhead costs out of the Target Costing concept for the first time. The results should fulfil theoretical needs and they should be tangible enough for a transfer to practice. The research includes the methodical extension of Target Costing Instruments as a basis for an early and market-oriented planning of overhead costs as well as the formation of further relevant aspects that are required for a market-oriented planning, steering, and control of the total costs.

Starting from the characteristics of Target Costing and those of overhead costs, the demands on a market-oriented total cost planning in the scope of Target Costing will be tested next. The analysis of existing systems for cost accounting and instruments for overhead cost management shows that these demands will be fulfilled best through a combined utilization of activity-based costing and flexible standard costing based on margin. The analysis of the state of the art of overhead cost planning in the scope of Target Costing clarifies that both the adaptation and extension of the Target Costing Instruments and additional organizational plus procedure oriented aspects must be observed.

The realization of these aspects based on the systems theory focuses on an instrumental subsystem on the utilization of various methods for agreement on the target overhead costs and on the consequent separation of target costs and estimated standard costs within the process-oriented reverse calculation. The agreement of the target overhead costs will be supported through target agreement sheets. The overhead cost planning is supported on the process and the cost center with the help of the process-oriented reverse profit and loss calculation and the reverse process-cost matrix. The procedure-oriented subsystem focuses on the coordination of the non-periodic planning in the scope of Target Costing with the periodical planning in the scope of the operative and strategic planning system. The organizational subsystem concentrates on the aspects of the transmission of the principles of Target Costing on the overhead cost departments through the involvement of the process owner and cost center managers in the target cost definition and achievement.

In the scope of an action research approach, the implementation of the system at a cellular phone producing company takes place. Through the first-time implementation, the functional ability and effectiveness of the developed methods in the practice for this company could be documented. In doing so, the first application of the Product Reverse Engineering and the Process Benchmarking for determination of the target overhead costs as well as the Multi-Target Costing can be concretely illustrated.

Finally, the results and findings from the action research for the discussion of the overall adaptability of the system for market oriented total cost planning with two further companies will be pulled up. The identification of different problem areas offers first indications on required customizations that can be undertaken for a broad application in practice.

1 Einleitung

1.1 Problem- und Aufgabenstellung

Das aus Japan stammende Konzept des Target Costing stößt nach wie vor auf großes Interesse in Wissenschaft und Praxis. Es wurde 1963 bei *Toyota* entwickelt, seither auf die Gegebenheiten in Europa angepasst und in einer Vielzahl von Unternehmen in unterschiedlichen Branchen eingeführt. Die marktorientierte Steuerung der direkten Produktkosten war dabei ursprünglich die Kernaufgabe des Target Costing.

Mit der Veränderung zahlreicher Einflussfaktoren, wie z.B. der Strategie-orientierung der Unternehmensführung, dem zunehmenden Anteil planender und steuernder Aktivitäten und der steigenden Automatisierung in der Leistungserstellung, haben in den vergangenen Jahren tiefgreifende Veränderungen der Kostensituation und der Kostenstruktur in den Unternehmen stattgefunden (vgl. Backhaus, K., Funke, S. 1997, S. 29ff., Brede, H. 1993, S. 13). Der Anteil direkter Lohnkosten geht deutlich zurück und die Kapitalkosten sowie die Kosten für die Überwachung und Steuerung der im Unternehmen eingesetzten Produktionstechnologien nimmt zu (vgl. McNair, C.J., Mosconi, W., Norris, Th. 1989, S. 51f.). *Miller* und *Vollmann* zeigten mit ihrer Untersuchung, dass die Gemeinkosten in der amerikanischen Industrie, bezogen auf die Nettowertschöpfung und die Fertigungskosten, seit mehr als 100 Jahren stetig angestiegen sind. Gleichzeitig ist der Anteil der Lohneinzelkosten stark zurückgegangen (vgl. Miller, J.-G., Vollmann, T.E. 1985, S. 142).

Diese Veränderungen und die Erkenntnis, dass Konstrukteure und Entwickler keineswegs nur über Einzelkosten, sondern auch über Gemeinkosten fertigungsnaher sowie fertigungsunterstützender Bereiche entscheiden, führte dazu, dass insbesondere in der deutschen Target Costing-Literatur bereits frühzeitig die konsequente Einbeziehung der Gemeinkostenbereiche in das Target Costing gefordert wurde (vgl. Seidenschwarz, W. 1991c, S. 48ff., Seidenschwarz, W. 1993, S. 193, Franz, K.-P. 1992b, S. 1497). In Deutschland besteht Einigkeit darüber, „...dass den Gemeinkosten noch wesentlich größere Aufmerksamkeit zu widmen ist und diese möglichst vollständig in den Prozess des Target Costing einzubeziehen sind" (Horváth, P., et. al. 1993, S. 21). Damit war die Idee der marktorientierten Steuerung von (Produkt-) Gemeinkosten im Sinne eines frühzeitigen Kostenmanagements aus dem Target Costing heraus entstanden. „While target costing systems focus primarily on direct costs, they also can be used to help reduce indirect costs" (Cooper, R., Slagmulder, R. 1997, S. 79).

Die Problem- und Aufgabenstellung der Arbeit kann aus der koordinationsbezogenen Sicht des Controlling näher beschrieben werden. Target Costing verlangt die kostenorientierte Koordination aller am Produktentstehungsprozess beteiligten Bereiche (vgl. Horváth, P., et. al. 1993, S. 4). Die zu lösende

Aufgabe besteht somit darin, die Gemeinkostenbereiche soweit wie möglich in die kostenorientierte Koordination des Target Costing zu integrieren.

Nicht Gegenstand der Forschungsarbeit sind dagegen Fragen, die sich unabhängig vom produktorientierten Target Costing mit der Frage nach einer Verstärkung der Marktorientierung in Unternehmen oder in Gemeinkostenbereichen (wie z.B. durch Centerkonzepte oder Organisationsgestaltung) beschäftigen.

1.2 Forschungsbedarf

Die Entwicklung des Target Costing für Potenziale, Programme und Prozesse (Gemeinkostenbereiche) steckt erst in den Anfängen (vgl. Schweitzer, M. 1998, S. 674, Franz, K.-P., 1993, S. 126ff., Reichmann, T. 1995, S. 421ff., Dittmar, J. 1996, S. 186, Stahl, H.-W. 1995, S. 114). Zur konkreten Einbeziehung der Gemeinkosten in das Target Costing werden nur wenige Aussagen gemacht. Zumeist münden die Veröffentlichungen in eine kombinierte Anwendungsempfehlung der beiden Instrumente Target Costing und Prozesskostenrechnung (vgl. Berens, W., et. al., 1995, S. 261). Allerdings beziehen sich diese Anwendungsempfehlungen überwiegend auf die Unterstützung des Target Costing durch die Prozesskostenrechnung zur verursachungsgerechten Bestimmung der Drifting Costs, zur Bewertung der Kostenwirkung durch Konstruktionsalternativen im indirekten Bereich und zur Unterstützung der Zielkostenerreichung durch die Identifikation der Kostentreiber (vgl. Horváth, P., et. al., S. 19ff., Mayer, R. 1993b, S. 84ff., Seidenschwarz, W. 1993, S. 191ff., vgl. Scholl, K. 1998).

Da Prozesskosteninformationen an sich nicht marktorientiert sind (vgl. Seidenschwarz, W. 1993, S. 49), reicht dieses Vorgehen für eine marktorientierte Steuerung der Gemeinkostenbereiche nicht aus. Auf die Frage, ob und wie für Gemeinkostenbereiche Zielkosten aus dem Markt bestimmt werden können, werden zwei Lösungsansätze genannt.

Für Montage- und Dienstleistungsprozesse werden im Rahmen der Zielkostenspaltung mithilfe der Funktionskostenmethode Zielkosten bestimmt (vgl. Niemand, S. 1994, Gleich, R. 1996). Außerdem wird auf eine Verknüpfung des Target Costing mit dem Benchmarking verwiesen, ohne dass die Ausführungen weiter konkretisiert werden (vgl. Horváth, P., Herter, R. N. 1992, S. 7f., Lamla, J. 1995, S. 92, Listl, A. 1998, S. 116, Seidenschwarz, W., et. al. 1997, S. 110, Sabisch, H., Tintelnot, C. 1997, S. 42).

Bei all diesen Ausführungen steht die Informationsversorgung des Target Costing im Zentrum der Überlegungen. Weitergehende Überlegungen in Bezug auf die Koordination der produktbezogenen Zielvorgaben im Target Costing mit den stellenbezogenen Planungen der Gemeinkosten werden mit dem Target Budgeting (Gleich, R. 1998a, S. 110ff.) zwar angesprochen, aber nicht konkretisiert und auf die Umsetzbarkeit überprüft.

Viele Fragen sind aus der Sicht der betriebswirtschaftlichen Forschung bislang unbeantwortet (vgl. Franz 1993, S. 126ff., Schweitzer, 1998, S. 674ff., Reichmann 1995, S. 421ff., Dittmar, J. 1996, S. 186):

- Welcher Umfang an Gemeinkosten kann mit marktorientierten Kostenvorgaben versehen werden und welche Instrumente können dafür zum Einsatz kommen?

- Welche Gemeinkostenkategorien sind für das Target Costing relevant und wie sollen Kostenblöcke behandelt werden, die nicht in die Kostenvorgaben eingehen?

- Wie kann die marktorientierte Planung der Gemeinkosten durch das Kostenmanagement und die Kosten- und Leistungsrechnung konkret unterstützt werden?

Zusammenfassend kann ein Bedarf zur theoretischen Aufarbeitung, Konsolidierung und Verknüpfung des bestehenden Wissens und der bestehenden Ansätze zur marktorientierten Planung der Gemeinkosten im Rahmen des Target Costing konstatiert werden.

1.3 Zielsetzung und Innovationsbeitrag der Arbeit

Ziel des Forschungsprojekts ist die erstmalige theoriegeleitete Gestaltung einer durchgängigen Methode zur frühzeitigen, marktorientierten Planung und Steuerung der Gemeinkosten aus dem Target Costing heraus sowie die Ableitung von konkret umsetzbaren Lösungsvorschlägen für die Unternehmenspraxis. Diese Methode soll die Anstrengungen der Unternehmen zur Erreichung wettbewerbsfähiger Gemeinkostenstrukturen unterstützen, die mittel- bis langfristige Beeinflussung der Gemeinkosten und das permanente infrage stellen der Unternehmensstrukturen aus dem Markt heraus fördern.

Die Lösungsvorschläge werden in Form eines Systems zum marktorientierten Gemeinkostenmanagement im Rahmen des Target Costing dokumentiert. Dies umfasst die methodische Erweiterung des Target Costing-Instrumentariums als Basis für eine frühzeitige und marktorientierte Planung der Gemeinkosten sowie die Gestaltung weiterer relevanter Aspekte, die für eine marktorientierte Planung, Steuerung und Kontrolle der Gemeinkosten erforderlich sind. Damit werden die Überlegungen, Target Costing auch zur Gestaltung von Potenzialen, Programmen und Prozessen einzusetzen, vorangetrieben.

1.4 Forschungsmethode und Gang der Untersuchung

Die Auswahl und Begründung eines geeigneten Forschungsansatzes ist insbesondere bei Projekten, die über ein deskriptives Ziel hinausgehend ein pragmatisches Ziel verfolgen, schwierig: Es fehlt ein allgemein akzeptiertes Paradigma, d.h. eine vorherrschende Theorie bzw. ein Forschungsprogramm (Popper, K. R. 1970, S. 55 und 68), wie es für den normalen Wissenschaftsprozess erforderlich ist. Infolgedessen entsteht bei derartigen Aufgabenstellungen die Tendenz, nicht anhand eines Paradigmas Aussagen zu testen, um es weiter zu entwickeln, sondern stets neue Paradigmen zu schaffen. Problematisch ist, dass sich die Bedeutung des Entdeckungszusammenhangs derart zuungunsten der Begründung erhöht, dass auch eine Verwertung der Ergebnisse kaum oder nur scheinbar möglich wird (Friedrichs, J. 1990, S. 61). Der nachfolgend vorgestellte Forschungsansatz soll dies im Rahmen der innovativen Lösung vermeiden.

Der Entdeckungszusammenhang besteht im Anlass der Forschungsarbeit und besteht in der Begründung der Forschungslücke aus theoretischer und praxisorientierter Sicht. Zur Absicherung und weiteren Konkretisierung der Forschungslücke und zur theoretischen Fundierung müssen im Laufe des Forschungsprojekts folgende Arbeitspakete abgearbeitet werden:

- Analyse der Charakteristika der Gemeinkosten auf Basis der Erkenntnisse der Kostenrechnung, die wiederum auf der Produktions- und Kostentheorie aufbaut.

- Untersuchung der Notwendigkeit zur marktorientierten Planung der Gemeinkosten im Rahmen des Target Costing.

- Untersuchung ausgewählter, bestehender Lösungsansätze hinsichtlich der Einbindung von Gemeinkosten im Rahmen des Target Costing zur weiteren Exploration und zur Dokumentation der Notwendigkeit einer marktorientierten Gemeinkostenplanung im Rahmen des Target Costing.

- Analyse der Alternativen zur marktorientierten Planung der Gemeinkosten im Rahmen des Target Costing.

Im Zentrum des Begründungszusammenhangs steht neben dem Stellenwert des Problems, der Klärung verwendeter Begriffe und des Gesamtzusammenhangs des Problems die Frage, mit welchen methodologischen Schritten das Problem untersucht werden kann (vgl. Friedrichs, J. 1990, S. 52ff.). Da es sich bei dieser Aufgabenstellung um einen komplexen und noch in der Entwicklung befindlichen Forschungsgegenstand und einen innovativen Lösungsansatz handelt, kann erst eine bewusst geplante Methodenvielfalt die strukturierte Validierung und Verarbeitung der Fülle an Informationen sicherstellen (vgl. Kromrey, H. 1998, S. 508).

Zur Bewältigung der komplexen Aufgabenstellung steht der systemtheoretische Forschungsansatz im Zentrum des ersten Forschungsabschnittes (vgl. Ulrich, H. 1970, Gomez, P. 1979, S. 155ff.). Er unterstützt durch die terminologische und strukturierende Funktion die Bildung eines übergreifenden Begriffssystems und die Einordnung des bestehenden Wissens zur marktorientierten Gemeinkostenplanung im Rahmen des Target Costing als Grundlage der wissenschaftlichen Arbeit (vgl. Ulrich, H. 1984, S. 33ff.). Die kommunikative

Funktion des Systemansatzes ermöglicht die problemgerechte und nachvollziehbare Darstellung des Lösungsansatzes als Voraussetzung für die Verwertung der Ergebnisse hinsichtlich des praktischen Forschungsziels. Allerdings kann die Systemanalyse erst durch die ständige Überprüfung der Aussagen an der Realität einen hohen Wert als Gestaltungsinstrument erreichen (vgl. Horváth, P. 1998b, S. 97). Deshalb steht im Zentrum des zweiten Forschungsabschnittes die Frage nach der ersten empirischen Validierung der getroffenen Aussagen.

Der hohe Innovationsgrad der Aufgabenstellung erschwert eine empirische Überprüfung der hinter der Konzeption stehenden Hypothesen nach den traditionellen Gütekriterien empirischer Sozialforschung (Gültigkeit, Zuverlässigkeit, Repräsentativität; vgl. Kromrey, H. 1998, S. 512). Allerdings liegen mit der aktuell durchgeführten Stuttgarter Studie (vgl. Arnaout, A. 2001, Stoi, R. 1999) bereits umfassende sowie aktuelle empirische Erkenntnisse im Bereich des Target Costing und des Prozesskostenmanagements als ein wichtiges Instrument des Gemeinkostenmanagements vor. Es konnte bspw. eine positive Wirkung des Einsatzes der prozessorientierten Kalkulation im Rahmen der Produktentwicklung auf die Produktkomplexität und die Produktrentabilität nachgewiesen werden (vgl. Stoi, R. 1999, S. 206f.). Jedoch lagen lediglich 26 Fragebögen aus Unternehmen vor (bei 2.490 kontaktierten Unternehmen), welche die Prozesskostenrechnung in das Target Costing einbeziehen (vgl. Stoi, R. 1999, S. 189). Da die Stuttgarter Studie auf das derzeit bekannteste Instrument des Gemeinkostenmanagements Bezug nahm, ist nicht zu erwarten, dass im Rahmen der hier verfolgten, weitergehenden Fragestellung eine breit angelegte, empirische Studie mit signifikanter Fallzahl erreicht werden kann. Eine breite empirische Überprüfung der Methode zur marktorientierten Gemeinkostenplanung im Rahmen des Target Costing wird auch durch eine Zeitverzögerung zwischen dem Aufbau eines Gemeinkostenmanagements und dem Eintritt einer Gemeinkostensenkung erschwert. So konnten beispielsweise im Rahmen obiger Studie Gemeinkostensenkungen erst mehrere Jahre nach der Einführung eines Prozesskostenmanagementsystems empirisch nachgewiesen werden (Stoi, R. 1999, S. 195).

Da die Zielsetzung der Forschungsarbeit einerseits eine innovative Erweiterung und Integration der vorhandenen Methoden zum Ziel hat, andererseits aber konkrete Lösungsvorschläge für die Unternehmenspraxis generiert werden sollen, ist eine **dreistufige Vorgehensweise** erforderlich:

- Basierend auf der Exploration des Problems und der bestehenden Lösungsansätze erfolgt zunächst die theoriegeleitete Gestaltung einer Methode zur marktorientierten Gemeinkostenplanung im Rahmen des Target Costing. Ziel ist die Entwicklung einer theoretisch möglichst exakten und durchgängigen Methode zur marktorientierten Gemeinkostenplanung im Rahmen des Target Costing. Zur Problemstrukturierung und zur Dokumentation der Beziehungszusammenhänge zwischen dem Target Costing und dem Gemeinkostenmanagement soll die Methode in Form eines Systems zur marktorientierten Gemeinkostenplanung im Rahmen des Target Costing dokumentiert werden.

- Das Ziel der Gewinnung von Lösungsvorschlägen für die Unternehmenspraxis und die Neuheit der Aufgabenstellung erfordern eine Überprüfung der hinter der Methode stehenden Hypothesen im Bewertungszusammenhang durch eine Aktionsforschung. Erst durch die Erweiterung der wissenschaftlichen Perspektive durch die Praxis kann die Grundlage für eine detaillierte Darstellung und Überprüfung der Methode gelegt und der Beweis der Nützlichkeit und Anwendbarkeit der Forschungsergebnisse erbracht werden (vgl. Moser, H. 1977, S. 26, Kühn, R. 1978, S. 190ff.). Weiterhin eignet sich die Aktionsforschung sehr gut zur Illustration quantitativer Ergebnisse (vgl. Kromrey, H. 1998, S. 507). Deshalb soll das System zur marktorientierten Gemeinkostenplanung im Rahmen des Target Costing in einer Praxisanwendung erprobt werden. Aufgrund dessen, dass lediglich ein Unternehmen untersucht wird, kann die entwickelte Methode zwar einem ersten Test unterzogen werden, eine Falsifizierung der Theorie bleibt jedoch aufgrund der geringen Fallzahl möglich.

- In einem dritten Schritt werden die Erkenntnisse aus der Interaktion mit dem Praxispartner zur Modifikation des Systems zu einem praxisgerechten Instrumentarium genutzt. Die Dokumentation der Ergebnisse aus der Aktionsforschung wird als Basis für zwei Expertengespräche mit Unternehmen genutzt, in denen die Praktikabilität und Anwendbarkeit der Ergebnisse analysiert wird. Ziel der Expertengespräche ist die Identifikation und Überprüfung kritischer Aspekte für die Anwendung der Ergebnisse in anderen Unternehmen und Branchen.

Die Veröffentlichungen der Erkenntnisse aus dem Forschungsprojekt in Form von Artikeln und einer Dissertationsschrift sollen die Verwertung und Verwendung der Ergebnisse für interessierte Unternehmen und Forscher sicherstellen. Hinter der Problem- und Aufgabenstellung steht folgende Forschungshypothese, die im Rahmen der Aktionsforschung zu überprüfen ist.

Wenn es gelingt, die Gemeinkostenbereiche in die frühzeitigen, marktorientierten Kostenplanungen und damit in die kostenorientierte Koordination des Target Costing zu integrieren, dann unterstützt dies die Unternehmen bei der mittel- bis langfristigen Beeinflussung der Gemeinkosten im Sinne der ergebniszielorientierten Steuerung des Gesamtunternehmens.

Damit im Rahmen der Aktionsforschung ein erster Test der Hypothesen erfolgen kann und eine Überprüfung der Nützlichkeit und Anwendbarkeit der Ergebnisse aus dem ersten Forschungsabschnitt möglich wird, muss identifiziert werden, welche Veränderungen sich aus der Aktionsforschung für die Gemeinkostenplanung ergeben. Deshalb wird zu Beginn der Aktionsforschung ein Messsystem, basierend auf den Besonderheiten der Branche und der beim Unternehmen verfügbaren Informationen, aufgebaut.

Folgende Aspekte müssen durch entsprechende Messgrößen operrationalisiert werden:

- **Beeinflussbarkeit der Gemeinkosten**: Anteil der durch das Target Costing-Team beeinflussbaren Kosten, Anzahl der Maßnahmen zur Senkung der Gemeinkosten.

- **Marktzielbestimmung für Gemeinkosten**: Anteil der Gemeinkosten, der auf der Basis von Marktinformationen infrage gestellt und geplant wird.

- **Sachliche Koordination der Gemeinkostenziele**: Anteil der aus dem Target Costing bestimmten Gemeinkostenziele, die in der Budgetplanung abgebildet sind, Anteil der bereichsbezogenen Gemeinkostenziele, die in den Retrograden Kalkulationen abgebildet sind.

- **Zeitliche Koordination der Gemeinkostenziele**: Zeitspanne zwischen der Zielkostenbestimmung im Vergleich zum Anfall der Gemeinkosten, Zeitspanne zwischen Zielkostenbestimmung und Information der Gemeinkostenverantwortlichen.

- **Aufwand für die marktorientierte Gemeinkostenplanung**: Ressourceneinsatz zum Systemaufbau, Ressourceneinsatz zum laufenden Betrieb des Systems.

Mit der Analyse und Dokumentation des bestehenden Systems zur Gemeinkostenplanung im Rahmen des Target Costing werden die entsprechenden Messgrößen zu Beginn der Aktionsforschung erhoben. Dabei werden die Daten aus einer repräsentativen Anzahl von Target Costing-Projekten aus der Vergangenheit auf der Basis von Dokumentenanalysen und strukturierten Interviews mit Teammitgliedern erhoben und den Werten nach Abschluss der Aktionsforschung gegenüber gestellt.

Ziel der Aktionsforschung ist

- eine erste empirische Validierung des Nutzens und der Wirkungen, die sich aus dem innovativen System der marktorientierten Gemeinkostenplanung ergeben.

- die Generierung von Erkenntnissen hinsichtlich Anwendbarkeit und erforderlicher Modifikationen des Systems in der Praxis.

- die Schaffung eines durchgängigen und konkreten Fallbeispiels, das im Sinne des Verwendungszusammenhangs konkret umsetzbare Lösungsvorschläge für die Unternehmenspraxis in einer nachvollziehbaren Form dokumentiert.

Damit diese Ziele erreicht werden können, muss der Auswahl des Unternehmens hohe Aufmerksamkeit geschenkt werden. Nachfolgende **Kriterien** sollte das Unternehmen erfüllen:

- Die relevante Produktentwicklungszeit sollte nicht länger als 1 Jahr sein, damit für eine Produktentwicklung der gesamte Produktentstehungsprozess begleitet werden kann und die Ergebnisse nach dem Start der Serien-produktion gemessen werden können.

- Die Kostenstruktur des Unternehmens sollte einen signifikanten Anteil an Gemeinkosten ausweisen, damit relevante Ergebnisse erzielt werden können.

- Zur Sicherstellung der Transparenz und Nachvollziehbarkeit der Ergebnis-se sollte das Unternehmen über eine maximal Anzahl von 5 unterschiedli-chen Produkten verfügen, die im Rahmen von Target Costing-Prozessen entwickelt und in der retrograden Ergebnisrechnung abgebildet werden. Damit wird auch der forschungsökonomische Aspekt unterstützt.

1.5 Überblick zur Vorgehensweise

Für den weiteren Verlauf der Arbeit stellt sich nun die Frage, wie die Zielset-zung vor dem Hintergrund des Forschungsdesigns weiter konkretisiert werden kann. Abbildung 1 vermittelt einen Überblick zu den nachfolgenden Kapiteln und die jeweiligen Forschungsfragen.

Basierend auf der Definition des Target Costing und der Konkretisierung an-hand von bewährten Merkmalen werden in Kapitel 2 Anforderungen an die Gemeinkostenplanung aus der Perspektive des Target Costing formuliert.

Da die Kosten- und Leistungsrechnung und damit die Gemeinkosten aus un-terschiedlichen Forschungsperspektiven beleuchtet werden können, muss die Aufgabenstellung zu Beginn des Kapitel 3 zunächst hinsichtlich der zugrunde gelegten Argumentationsmuster konkretisiert werden, bevor der Gemeinkos-tenbegriff definiert werden kann. Da das Target Costing dem strategieorien-tierten Kostenmanagement zugerechnet werden kann, dient die Abgrenzung zwischen dem strategieorientierten Kostenmanagement und der Investitions-rechnung der weiteren Absicherung des theoretischen Fundaments der Arbeit. Die Synthese der Anforderungen an die Gemeinkostenplanung aus der Per-spektive des Target Costing und der Charakteristika der Gemeinkosten führt dann zur Definition von Anforderungen an das Gemeinkostenmanagement im Rahmen des Target Costing.

Diese Anforderungen an das Gemeinkostenmanagement im Rahmen des Target Costing werden in Kapitel 4 zur Analyse der Eignung von Kostenrech-nungssystemen und Instrumenten des Gemeinkostenmanagements hinsicht-lich einer Unterstützung der hier verfolgten Zielsetzung herangezogen. Zuvor dient die Darstellung der Gemeinkostenplanungen in den spezifischen Kosten-rechnungssystemen und den Instrumenten des Gemeinkostenmanagements der weiteren theoretischen Fundierung der Arbeit und der Konkretisierung be-stehender Lösungsansätze.

In Kapitel 5 wird der aktuelle Stand der Gemeinkostenplanung im Rahmen des Target Costing aus empirischer und methodisch-konzeptioneller Sicht näher durchleuchtet. Damit wird neben der weiteren Exploration der Aufgabenstellung und der Konkretisierung der Forschungslücke der Lösungsraum für die Systemgestaltung aufgespannt.

Das sich anschließende Kapitel 6 widmet sich nach der Einordnung und der Klärung der Zielsetzungen der Gestaltung eines Systems zur marktorientierten Gemeinkostenplanung. Das Gesamtsystem wird dabei in instrumentale, aufbauorganisatorische und ablauforganisatorische Teilsysteme gegliedert.

1.Einleitung	■ Problem- und Aufgabenstellung ■ Forschungsbedarf ■ Zielsetzung und Innovationsbeitrag der Arbeit ■ Forschungsmethode und Gang der Untersuchung ■ Überblick zur Vorgehensweise
2.Definition des Target Costing und der Anforderungen and die Gemeinkostenplanung	■ Welche Definition des Target Costing wird zu Grunde gelegt? ■ Durch welche Merkmale kann dieses Target Costing Verständnis konkretisiert werden? ■ Welche Anforderungen an die Gemeinkostenplanung ergeben sich daraus?
3.Charakteristika der Gemeinkosten und Anforderungen an das Gemeinkostenmanagement	■ Welche Gemeinkosten-Definition und welches Verständnis werden zu Grunde gelegt? ■ Welche Charakteristika weisen Gemeinkosten auf? ■ Welche Anforderungen ergeben sich daraus an die marktorientierte Planung der Gemeinkosten im Rahmen des Target Costing?
4.Die Gemeinkostenplanung in Kostenrechnung und Kostenmanagement	■ Welche Lösungsansätze bestehen seitens der Kostenrechnung und des Kostenmanagement zur Unterstützung des Target Costing? ■ Welche Kostenrechnungssysteme und Kostenmanagement-Instrumente eignen sich zur marktorientierten Gemeinkostenplanung im Rahmen des Target Costing?
5.State of the Art der Gemeinkostenplanung im Rahmen des Target Costing	■ Wie erfolgt heute die Gemeinkostenplanung im Target Costing? ■ Welche Defizite lassen sich identifizieren? ■ Welche Hinweise ergeben sich auf die Verbesserung der Gemeinkostenplanung im Rahmen des Target Costing und für die Systemgestaltung?
6.Systemaufbau zur marktorientierten Gemeinkostenplanung im Rahmen des Target Costing	■ Einordnung und Zielsetzung des Systems. ■ Theoriegeleiteter Aufbau eines Systems zur marktorientierten Gemeinkostenplanung im Rahmen des Target Costing.
7.Die marktorientierte Gemeinkostenplanung im Rahmen des Target Costing in der Praxis	■ Aktionsforschung: Implementierung und erstmalige Darstellung eines durchgängigen Systems zur marktorientierten Gemeinkostenplanung im Rahmen des Target Costing. ■ Wirkungsanalyse und Überlegungen zur Übertragbarkeit des Systems.
8.Zusammenfassung und Ausblick	

Abbildung 1:   Vorgehensweise und Kapitelübersicht

Das Kapitel 7 dient einerseits der weiteren Konkretisierung des Systems zur marktorientierten Gemeinkostenplanung im Rahmen des Target Costing und dem Nachweis der Funktionsfähigkeit. Andererseits wird im Rahmen der Aktionsforschung eine erste empirische Überprüfung der hinter dem System stehenden Hypothese angestrebt. Deshalb wird eine Beurteilung der im Rahmen des Forschungsprozesses erzielten Wirkungen vorgenommen. Überlegungen hinsichtlich der allgemeinen Anwendbarkeit in der Unternehmenspraxis und der Übertragbarkeit auf andere Unternehmen bilden den Abschluss der Arbeit.

2 Definition des Target Costing und der Anforderungen an die Gemeinkostenplanung

2.1 Ursprung und Definition des Target Costing

Die ersten Hinweise auf die Anwendung der Grundgedanken des Target Costing, die Ableitung der Kosten und Marktanforderungen für künftige Produkte aus dem Markt, finden sich schon Anfang des vergangenen Jahrhunderts bei *Ford* und später bei der Entwicklung des VW Käfers (vgl. Rösler, F. 1996, S. 9). Bei *VW* wurden zur Einhaltung der Preisvorgabe von 990 Reichsmark bereits alternative, technische Konzepte unter Kostengesichtspunkten bewertet (vgl. Franz, K.-P. 1993, S. 124). Die Erweiterung des Target Costing in Richtung der Funktionskostenorientierung geht auf die Entwicklung der Wertanalyse (Value Analysis) in der Zeit der Ressourcenknappheit gegen Ende des zweiten Weltkrieges zurück. Zur Lösung der Ressourcenknappheit wurden neue Materialien für bekannte Lösungen eingesetzt und es stellte sich heraus, dass sich oftmals nicht nur das Problem der Materialverfügbarkeit lösen ließ, sondern auch niedrigere Kosten und eine bessere Qualität erzielt werden konnte (vgl. Hoffmann, H. 1983, S. 131). Aus dieser Beobachtung resultierte 1947 der Auftrag an den Chefeinkäufer von *General Electric, Lawrence D. Miles,* dieses Phänomen zu untersuchen und eine Methodik zu entwickeln, die es ermöglicht, diese Effekte systematisch zu erreichen (vgl. VDI Zentrum Wertanalyse 1995, S. 10, Miles, L. 1961, S. 11ff.).

Während sich die Entstehung und erste Anwendung des Target Costing unter dem Begriff „Genka Kikaku" (vgl. Rösler, F. 1996, S. 11) bei *Toyota* auf das Jahr 1963 zurückverfolgen lässt, finden sich erste Veröffentlichungen in der japanischen Literatur erst im Jahre 1978 bei Saitoh (vgl. Tani, T., Horváth, P., Wangenheim, S. v. 1996, S. 80).

Die ersten, in Japan veröffentlichten Ansätze des Target Costing lassen sich unterscheiden in (vgl. Seidenschwarz, W. 1993, S. 6ff.):

- Marktorientierte Ansätze (vgl. Hiromoto, T. 1988, S. 22ff., Hiromoto, T. 1989a, S. 26f., Hiromoto, T. 1989b, S. 316ff.), die auf die Ableitung der Zielkosten aus wettbewerbsfähigen Marktpreisen abzielen.

- Ingenieursorientierte Ansätze (vgl. Sakurai, M. 1989, S. 39ff., Monden, Y. 1989, S. 15), welche Methoden zur Kostenreduktion in den Vordergrund stellen.

- Produktfunktionsorientierte Ansätze (vgl. Tanaka, M. 1989, S. 49ff.), die auf die Dekomposition der Zielkosten auf Produktfunktionen und -komponenten fokussieren.

Erst gegen Ende der 80er Jahre tauchte der Begriff Target Costing in der englischsprachigen und dann in der deutschsprachigen Literatur durch die Veröffentlichungen von *Hiromoto, Sakurai, Monden, Horváth* und *Seidenschwarz* auf (vgl. Hiromoto, T. 1988, Sakurai, M. 1989, Monden, Y., Sakurai, M. 1989, Horváth, P. 1990b, Seidenschwarz, W. 1991a).

Der heute in den USA verbreitete Target Costing-Ansatz wurde maßgeblich von *Cooper* und *Slagmulder* sowie *Ansari* und *Bell* in Zusammenarbeit mit dem Consortium for Advanced Manufacturing International (CAM-I) beeinflusst und betont die Lebenszyklus- und Wertschöpfungsorientierung (vgl. Ansari, S., Bell, J., CAM-I Target Cost Core Group 1997, Cooper, R., Slagmulder, R. 1997). „Target Costing initiates cost management at the early stages of product development and applies it throughout the product life cycle by actively involving the entire value chain" (Ansari, S., Bell, J., CAM-I Target Cost Core Group 1997, S. 11). Anhand von sechs Grundprinzipien wird der Target Costing-Begriff definiert (vgl. ebenda, S. 11):

1. „Price led costing": Die erlaubten Zielkosten werden aus dem Marktpreis abgeleitet.

2. „Focus on Customer": Die Funktionen des zukünftigen Produktes werden aus den Anforderungen der Zielkunden abgeleitet.

3. „Focus on Design": Das Target Costing konzentriert sich auf die frühen Phasen des Produktlebenszyklusses, die Produktentstehungsphase.

4. „Cross-Functional Involvement": Target Costing wird im interdisziplinären Team durchgeführt.

5. „Life Cycle Orientation": Target Costing bezieht sich auf die Lebenszykluskosten des Produktes aus Sicht des Produzenten und der Zielkunden.

6. „Value Chain Involvement": Target Costing umfasst die gesamte Wertschöpfungskette und schließt sowohl Kunden als auch Lieferanten in das Kostenmanagement ein.

Der heute im deutschen Sprachraum verbreitete Ansatz wurde maßgeblich von *Horváth* und *Seidenschwarz* an die regionalen Gegebenheiten angepasst, konkretisiert und erweitert (vgl. Seidenschwarz, W. 1991a, Horváth, P., Seidenschwarz, W. 1992, Horváth, P. 1993a, Seidenschwarz, W. 1993). Dieser Ansatz des marktorientierten Zielkostenmanagements zeichnet sich durch die konsequente Ausrichtung an den Marktanforderungen aus und unterstützt „...ein integriertes Kosten- und Erlösmanagement, das sich an den vom Markt erlaubten Kosten, den Marktanforderungen an die Produkte und Prozesse und den dazugehörigen Zeit- und Qualitätsanforderungen ausrichtet" (Seidenschwarz, W. 1997b, S. 4). Charakteristisch im Vergleich zu den japanischen Ansätzen ist die starke Marktorientierung bis in die Zielkostenspaltung (vgl. Tani, T. 1997, S. 257f.) sowie die Fokussierung auf Produkte und Prozesse. Aufgrund der Wettbewerbs- und Kostenstrukturen wird bereits Anfang der 90er Jahre von *Horváth* und *Seidenschwarz* die möglichst vollständige Einbindung der Gemeinkosten in das Target Costing gefordert (vgl. Seidenschwarz, W. 1991c, S. 48ff., Horváth, P., et. al. 1993, S. 21, Seidenschwarz, W. 1993, S. 142).

Wegen des hohen instrumentalen Ausbaustandes, der Betonung der Produkt- und Prozessgestaltung, der weiten Verbreitung im deutschsprachigen Raum und der Betonung zur Einbindung der Gemeinkosten dient dieser Ansatz des marktorientierten Zielkostenmanagements und die nachfolgende Definition als Grundlage für diese Forschungsarbeit.

„Unter Target Costing verstehen wir ein umfassendes Bündel von Kostenplanungs-, Kostenkontroll- und Kostenmanagementinstrumenten, die schon in den frühen Phasen der Produkt- und Prozessgestaltung zum Einsatz kommen, um die Kostenstrukturen frühzeitig im Hinblick auf die Marktorientierung gestalten zu können. Daher verlangt Target Costing die kostenorientierte Koordination aller am Produktentstehungsprozess beteiligten Bereiche" (Horváth, P., et. al. 1993, S. 4).

Bezüglich der Übersetzung des Begriffs Target Costing ergibt sich in der Literatur ein uneinheitliches Bild. Die auf *Monden* zurückgehende Begriffsvariation „Target Cost Management" (vgl. Monden, Y. 1989, S. 15ff., siehe auch Fröhling, O. 1994a, S. 421) wird abgelehnt, da inhaltlich und konzeptionell keine neuen Elemente damit verknüpft sind. Als geeignet wird eine Übersetzung des Begriffs mit „marktorientiertem Zielkostenmanagement" (vgl. Seidenschwarz, W. 1993, S. 69ff.) eingestuft, da dies sowohl die Marktorientierung als auch den Aspekt der Kostengestaltung und der Einordnung als Kostenmanagement-Instrument unterstreicht. Die anfangs teilweise verwendete Übersetzung als „Zielkostenrechnung" (vgl. Fröhling, O., Wullenkord, A. 1991, S. 69) findet sich in aktuellen Veröffentlichungen nur noch selten. Aufgrund der weiten Verbreitung des englischen Begriffs wird allerdings auf eine Übersetzung verzichtet.

2.2 Der Target Costing-Prozess

Zum Target Costing-Prozess finden sich in der Literatur eine Vielzahl unterschiedlicher Ablaufbeschreibungen (vgl. dazu auch den Überblick bei Arnaout, A. 2001, S. 44), die sich einerseits durch die gewählte Betrachtungsperspektive, andererseits durch den Detaillierungsgrad unterscheiden.

Einige Autoren (vgl. stellvertretend Monden, Y. 1989, S. 18ff., Tanaka, M. 1989, S. 49ff.) wählen den Produktentwicklungsprozess als Betrachtungsperspektive und positionieren die Zielkostenfestlegung für das Gesamtprodukt und die Komponenten in diesem Ablauf. *Tanaka* geht z.B. von den fünf Phasen Planning, Concept Design, Basic Design, Detail Design und Manufacturing Preparation aus. Diese Darstellungsform unterstreicht die Notwendigkeit zur Einbindung und zur Koordination des Target Costing mit dem Produktentwicklungsprozess.

Zumeist steht jedoch die Schrittfolge der Zielkostenplanung und -erreichung im Mittelpunkt der Ablaufdarstellungen. Unterschiede in der Anzahl der Ablaufschritte ergeben sich aus dem gewählten Detaillierungsgrad. Alle neueren

Veröffentlichungen im deutschsprachigen Raum lassen sich auf die von *Seidenschwarz* beschriebenen drei Phasen Zielkostenfestlegung Gesamtprodukt, Zielkostenspaltung und Zielkostenerreichung (vgl. Seidenschwarz, W. 1993, S. 140ff.) zurückführen.

Allen Vorgehensweisen gemein ist die Abkehr vom Zuschlagsdenken der Cost-Plus-Kalkulation hin zur Internalisierung der Marktziele und zur marktbezogenen Koordination der beteiligten Bereiche. Die Steuerung der Bereiche erfolgt anhand von aus dem Markt abgeleiteten Zielen.

Aufgrund der guten Verständlichkeit und der weiten Verbreitung wird dieser dreiphasige Target Costing-Prozess zur weiteren Konkretisierung des zugrunde gelegten Target Costing-Verständnisses herangezogen.

2.2.1 Zielkostenfindung

Ausgangspunkt der Zielkostenfindung ist der am Markt erzielbare Preis (Target Price), der unter Einsatz verschiedener Instrumente der Marktforschung und aufgrund von strategischen Überlegungen ermittelt wird (vgl. Horváth, P., Seidenschwarz, W. 1992, S. 144ff.).

Seitens der Marktforschung kommen zur Analyse der Preisbereitschaften, der Kundenanforderungen und der Markt- und Wettbewerbssituation, neben der ursprünglich vor allem in Japan praktizierten „Hand-am-Markt-Forschung", weitere Marktforschungsinstrumente wie z.B. Kundenbefragungen, Expertenbefragungen, Paneluntersuchungen zum Einsatz. Hervorzuheben ist der insbesondere im deutschen Sprachraum vorgeschlagene Einsatz der Conjoint-Analyse zur Bestimmung des Zielpreises und zur Ermittlung des Beitrags der einzelnen Produktmerkmale sowie deren Ausprägungen auf den Produktnutzen. Aufgrund der hier gebotenen Kürze wird zu diesem Thema auf die zahlreichen Ausführungen der Literatur verwiesen (vgl. stellvertretende: Bauer, H., Herrmann, A., Gutsche, J. 1995, Bauer, H., Herrmann, A., Mengen, A. 1994, Fröhling, O. 1994b, Kucher, E,. Simon. H. 1987, Müller-Hagedorn, L., et. al. 1993, Schubert, B. 1991, Theuerkauf, I. 1989, Seidenschwarz, W. 1993, S. 199ff., Niemand, S. 1996, S. 54ff.).

Die Festlegung des Zielpreises erfolgt unter Berücksichtigung strategischer Überlegungen und verschiedenster Einflussfaktoren auf die Marktpreisbildung wie z.B. die Entwicklung der Marktsituation, das Konkurrenzverhalten und das Käuferverhalten (vgl. Buggert, W., Wielpütz, A. 1995, S. 66ff.). Im Falle von Skimming- oder Penetrationsstrategien (vgl. Simon, H. 1992, S. 293ff.) kommen für die interne Steuerung auf den Lebenszyklus bezogene Durchschnittspreise zum Einsatz, da bewusst zwischen kurzfristigen (relativ sicheren) Erträgen und langfristigen (relativ unsicheren) Ertragschancen entschieden wird (vgl. Seidenschwarz, W. 1993, S. 117ff.).

Durch Subtraktion der angestrebten Gewinnspanne (Target Profit) vom Zielpreis werden die vom Markt erlaubten Kosten („Allowable Costs") berechnet (vgl. Horváth, P., Seidenschwarz, W. 1992, S. 144ff., Seidenschwarz, W. 1993, S. 124ff.). Aufgrund der einfachen Verständlichkeit empfiehlt sich die Vorgabe des Target Profits als Zielumsatzrendite (vgl. Seidenschwarz, W. 1993, S. 122), die sich aus den strategischen Zielsetzungen in der Unternehmensplanung für die einzelnen Produkte ergibt. Im Gegensatz zur Kapitalrendite kann auf eine komplizierte und mit Annahmen versehene Bestimmung der durch das Produkt gebundenen Kapitalbasis verzichtet werden (vgl. hierzu auch die Forschungsarbeiten von Esser, J. 1999).

Zur Festlegung der Zielkosten stehen verschiedene Methoden zur Verfügung (vgl. Seidenschwarz, W. 1993, S. 124ff., Seidenschwarz, W. 1991a, S. 199):

■ **Out of Company**: Die Zielkosten werden aus dem Unternehmen heraus unter Berücksichtigung der internen Fähigkeiten, des vorhandenen Erfahrungsschatzes und des fertigungstechnischen Know-hows festgelegt. Dieses Verfahren entspricht der traditionellen cost-plus Denkweise und vernachlässigt die Anforderungen der Marktseite. Zusätzlich wird die Leistungsfähigkeit der Konkurrenz nicht mit ins Kalkül einbezogen.

■ **Out of Standard Costs**: Bei dieser Methodik werden die Zielkosten ausgehend von den Standardkosten, die um Abschläge aus Kostensenkungsmaßnahmen korrigiert werden, festgelegt. Den Marktanschluss kann auch diese Methodik nicht sicherstellen, da weder Markt-, noch Konkurrenzinformationen in den Zielkosten berücksichtigt werden.

■ **Into and out of Company**: Bei dieser Vorgehensweise handelt es sich um die Kombination der Methoden Market into Company und Out of Company. Dabei geht es letztendlich um ein Abwägen zwischen den vom Markt erlaubten Kosten und den realisierbaren Kosten. Da viele deutsche Unternehmen bei der Vorgabe von "harten" Marktvorgaben die Gefahr einer demotivierenden Wirkung sehen, wählen sie häufig diese Vorgehensweise (vgl. Tani, T., Horváth, P., Wangenheim, S. v. 1996, S. 84). Insbesondere bei innovativen Produkten und bei der erstmaligen Anwendung des Target Costing in einem Unternehmen können damit unrealistische Zielkostenvorgaben vermieden werden. Allerdings besteht die Gefahr, dass der Marktbezug aufgeweicht wird und langwierige Zielvereinbarungsprozesse kurze Entwicklungszeiten gefährden.

■ **Out of Competitor**: Hierbei werden die Zielkosten aus den Kosten des Konkurrenzprodukts - und damit mit Marktbezug - bestimmt. Unverständlich erscheint die Argumentation bei *Seidenschwarz*, dass sich damit nur eine imitatorische Wirkung und kein Marktvorsprung erreichen lässt und sich diese Methode deshalb nur in geringem Maße eignet, denn an gleicher Stelle wird auf die hervorragende Einsetzbarkeit des Product Reverse Engineering hingewiesen (vgl. Seidenschwarz, W. 1993, S. 128f.). Wurden die Produkte der wichtigsten Wettbewerber im Rahmen eines Product Reverse Engineering detailliert analysiert, so sollte man auch in der Lage sein, Aussagen über erwartete Kostenentwicklungen und Optimierungen (z.B. aufgrund von Erfahrungskosteneffekten) abzuschätzen und diese in der Zielkostenvorgabe zu berücksichtigen.

■ Das **Market into Company** wird auch als "Reinform" des marktorientierten Zielkostenmanagements bezeichnet. Die Zielkosten werden durch die Kürzung des Zielverkaufspreises um den Target Profit ermittelt. Damit entsprechen die ausschließlich an den Marktbedingungen ausgerichteten, vom Markt erlaubten Kosten, den Zielkosten.

Der Kostenreduktionsbedarf wird im Vergleich der Allowable Costs mit den Drifting Costs (prognostizierten Plankosten) ermittelt. Die laufende Gegenüberstellung der Zielkosten mit den prognostizierten Plankosten erfolgt aus instrumentaler Sicht in der Retrograden Kalkulation (vgl. Seidenschwarz, W. 1997b, S. 37ff.).

Exkurs: Zur Übersetzung des Begriffs 'Drifting Costs'

Der Begriff Drifting Costs entstand durch eine ungenaue Übersetzung aus dem japanischen. Korrekter wäre die Bezeichnung „Estimated Standard Costs" oder „prognostizierte Standardkosten", da sie in den frühen Phasen z.B. durch Kostenschätzungen auf der Basis von Vorgängerprodukten oder ähnlichen Produkten ermittelt werden (vgl. Horváth, P., Niemand, S., et. al. 1993, S. 9). Die auf *Seidenschwarz* zurückgehende Interpretation der Standardkosten (Drifting Costs) als „bei Aufrechterhaltung vorhandener Technologie- und Verfahrensstandards im Unternehmen erreichbare Plankosten..." weist ebenfalls die Gefahr von Fehlinterpretationen auf.

Zu Beginn eines Target Costing-Projektes werden sicherlich die bestehenden Technologie- und Verfahrensstandards für Kostenschätzungen herangezogen. Bei einem hohen Kostenreduktionsbedarf müssen dann aber neue Technologien evaluiert werden. Wird im Zeitablauf entschieden, neue Technologien einzusetzen, so werden die „Drifting Costs", abweichend von obiger Definition, auf dieser Basis ermittelt.

Darüber hinaus muss darauf hingewiesen werden, dass der Begriff Standardkosten aus der angloamerikanischen Bezeichnung „standard costs" abgeleitet ist und in den USA aufgrund der geringeren Detaillierung der Kostenrechnungssysteme eine andere Bedeutung als in Deutschland hat (vgl. dazu Kilger, W. 1993, S. 41ff.). Während in den USA mit dem Begriff „standard costs" überwiegend die pro Erzeugniseinheit geplanten Herstellungskosten angesprochen sind, bezeichnet man als Plankosten „...Kosten, bei denen sowohl das Mengen- oder Zeitgerüst als auch die Wertansätze geplante Größen sind. Das charakteristische Merkmal der Plankostenrechnung und damit der Plankosten besteht darin, dass unabhängig von den Istkosten vergangener Perioden für bestimmte Planungszeiträume sowohl für Einzel- als auch für die über Kostenstellen verrechneten (Gemein-) Kosten geplante Kostenbeträge festgehalten werden" (Kilger, W. 1993, S. 40). Da sich das Target Costing auf zukünftige Produkte bezieht, die u.U. erst nach dem einjährigen Planungszeitraum der Plankostenrechnung produziert werden, erscheint die Bezeichnung prognostizierte Plankosten korrekter (vgl. auch Sakurai, M. 1997a, S. 54). Deshalb wird im weiteren Verlauf der Arbeit der Begriff „prognostizierte Plankosten" verwendet.

2.2.2 Zielkostenspaltung und Zielkostenerreichung

Die Zielkosten für das Gesamtprodukt werden in der Phase der Zielkostenspaltung durch das Herunterbrechen auf Funktionen, Komponenten, Einzelteile und Prozesse operrationalisiert. Dies dient der Identifikation von Maßnahmen zur Schließung der Lücke zwischen den vom Markt erlaubten Kosten und den Drifting Costs (vgl. Horváth, P., Niemand, S., et. al. 1993, S. 13). Allerdings stellt die Aufspaltung der Gesamtproduktzielkosten in Teilzielkosten eines der heikelsten und schwierigsten Probleme des Target Costing dar (vgl. Franz, K.-P. 1993, S. 125). Der Grundgedanke der Zielkostenspaltung ist es, durch eine marktorientierte Zuweisung der Ressourcen zu erreichen, dass die mit diesen Ressourcen erreichbaren Produktfunktionen einem marktgerechten Niveau entsprechen. Für die Zielkostenspaltung stehen grundsätzlich zwei Verfahren zur Verfügung:

Bei der Komponentenmethode werden die Produktzielkosten auf die einzelnen Baugruppen nach der Kostenrelation eines Vorgänger- oder Referenzproduktes aufgeteilt (vgl. Fröhling 1994a, S. 422f., Horváth, P., et. al. 1993, S. 13ff., Seidenschwarz, W. 1991b, S. 200ff.).

Das zentrale Problem der Komponentenmethode ist, dass sich in verschiedenen Ebnen der Kostenspaltung (z.B. Komponenten) unterschiedliche Rationalisierungspotenziale verbergen können und die Kostenstruktur aus der Vergangenheit fortgeschrieben wird (vgl. Fröhling 1994a, S. 422, Buggert, W., Wielpütz, A. 1995, S. 89ff.).

Bei der Funktionskostenmethode (Functional Area Method, Funktionsmethode, Funktionsbereichsmethode oder auch QFD-Methode) werden die Zielkosten ausgehend von den gewichteten Kundenanforderungen zunächst auf Produktfunktionen und dann auf Produktkomponenten gespalten. Als Ergebnis liegt pro Komponente die Wertschätzung aus Kundensicht vor (vgl. Tanaka, M. 1989, S. 56ff., Horváth, P., Seidenschwarz, W. 1992, S. 145ff.). Da der Steuerungsmechanismus auf die Wertrelationen der vom Kunden gewünschten Produktfunktionen abzielt, entspricht diese Vorgehensweise einer „produktfunktionalen Budgetierung". Aufgrund der konsequenten Ausrichtung an den Marktanforderungen kann diese Methode als der Basismechanismus der Zielkostenspaltung angesehen werden (vgl. Horváth, P., Seidenschwarz, W. 1992, S. 145ff.).

Die Funktionskostenmethode wurde hinsichtlich verschiedener Aspekte methodisch weiterentwickelt:

■ Die Erweiterung der reinen Funktionskostenmatrix um technische Zielwerte und Wettbewerbervergleiche für Kundenanforderungen, Produktfunktionen und Komponenten auf der Basis der Quality Function Deployment Methode (zur QFD-Methode vgl. Hauser, J.R., Clausing, D. 1988, S. 63ff., Akao, Y. 1992a, S. 15ff., Brunner, F. J. 1992, S. 42ff., Weigand, A. 1999, S. 94ff.) und der Erkenntnisse der Wertanalyse (vgl. Miles, L. 1961, Seidenschwarz, W. 1993, S. 170ff.) bildet den Ausgangspunkt für eine integrierte Qualitäts- und Kostenplanung im Target Costing.

■ Mit der Bestimmung der gewichteten Kundenanforderungen über die Conjoint-Analyse kann die Absicherung der Eingangsgrößen durch die Marktforschung und damit die Marktorientierung verbessert werden (vgl. Seidenschwarz, W. 1993, S. 199ff., Bauer, H., Herrmann, A., Mengen, A. 1994, S. 81ff., Fröhling, O. 1994b, S. 1143ff., Kucher, E,. Simon, H. 1987, S. 28ff.).

■ Der Ansatz von *Rösler* (vgl. Rösler, F. 1995, Rösler, F. 1996, S. 102ff.) greift einen wichtigen Kritikpunkt an der Funktionskostenmethode auf. Ausgehend von der Annahme des Kano-Modells (vgl. Kano, N. 1993, S. 12ff.), dass nicht immer ein linearer Zusammenhang zwischen dem Kundenutzen und den Kosten einer Komponente besteht - z.B. bei Basisanforderungen - bzw. überhaupt kein Zusammenhang zwischen Kundenutzen und Kosten besteht (vgl. Franz, K.-P. 1993, S. 130, Schaaf, A. 1999, S. 92), empfiehlt er die Differenzierung von drei Anforderungskategorien. Denn, die der Funktionskostenmethode zugrunde liegenden Prämissen verlieren dann Ihre Gültigkeit, wenn sich eine Funktionsverbesserung auch ohne Kostensteigerung erzielen lässt (vgl. Dittmar, J. 1997, S. 18). *Rösler* schlägt vor, nur die Kosten im Rahmen der Funktionskostenmethode auf Komponenten zu spalten, für die ein annähernd linearer Zusammenhang zum Kundennutzen hergestellt werden kann. Zur Bestimmung dieser Kosten ermittelt er zunächst die Kosten für ein fiktives Basismodell, die von den Zielkosten abgezogen werden. Vom verbleibenden Zielkostenbudget wird dann ein bestimmter Anteil für ein Innovationsprogramm, das der Realisierung von Begeisterungsanforderungen dient, abgezogen. Der Rest wird anschließend entsprechend den Teilgewichten der Leistungsanforderungen über die Funktionskostenmatrix auf die Komponenten verteilt.
Die Praktikabilität der Bestimmung des Basismodells aus technischen sowie aus Bewertungsgesichtspunkten ist infrage zu stellen. Da zur Kostenbewertung auch hier auf die Komponentenmethode zurückgegriffen werden muss, fordert *Rösler* eine Absicherung durch Benchmarking und Product Reverse Engineering, ohne dass dies konkretisiert wird (vgl. Rösler, F. 1996, S. 119ff.). Offen bleibt auch, wie die Höhe des Innovationsbudgets bestimmt werden kann. Hinsichtlich des Marktanschlusses ist zumindest infrage zu stellen, ob auf dem aggregierten Niveau der am Markt abfragbaren Kundenanforderungen eine klare Trennung der drei Anforderungskategorien möglich ist. Weiterhin schränkt das Ausblenden der Kosten für Basis- und Begeisterungsanforderungen den Spielraum für Kostensenkungen unnötig ein. *Röslers* Ansatz erscheint damit unter theoretischen wie auch unter praktischen Aspekten der `traditionellen´ Funktionskostenmethode mit einer Validierung durch die Komponentenmethode, das Product

Reverse Engineering und das Benchmarking unterlegen (vgl. auch Listl, A. 1998, S. 192).

Die Überprüfung des Kosten-/Nutzenverhältnisses einzelner Komponenten erfolgt im Zielkostenkontrolldiagramm durch die Gegenüberstellung des geschätzten Kostenanteils der jeweiligen Komponente und des relativen Bedeutungsgrades, gemessen durch den Anteil der Komponente zur Erfüllung der von dem Kunden gewünschten Produktfunktionen (vgl. Seidenschwarz, W. 1994, S. 74ff.).

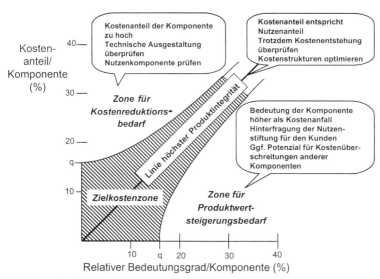

Abbildung 2:   Das Zielkostenkontrolldiagramm

Liegen Komponenten oberhalb der Linie höchster Produktintegrität (vgl. Abbildung 2, ähnlich bei Seidenschwarz, W. 1997b, S. 87), so signalisiert dies Kostenreduktionsbedarf, während Komponenten unterhalb dieser Linie Produktwertsteigerungsbedarf aufweisen.

Das Zielkostenkontrolldiagramm gibt damit bereits Hinweise auf Optimierungsüberlegungen der einzelnen Komponenten und bildet somit den Übergang von der Zielkostenspaltung zur Zielkostenerreichung.

Nachdem die Zielkosten für die einzelnen Komponenten vereinbart wurden, ist es Gegenstand der Zielkostenerreichungsphase, ein Produktkonzept zu entwerfen, das sowohl die Zielkosten erreicht als auch den Kundenanforderungen entspricht. Den Verantwortlichen müssen dazu Instrumente und Methoden zur Verfügung gestellt werden. Dabei kann eine Vielzahl bereits bestehender Werkzeuge eingesetzt werden, die im Rahmen des Target Costing hinsichtlich der Zielkostenerreichung zu koordinieren sind (vgl. Arnaout, A. 2001, S. 53).

Aufgrund der gebotenen Kürze erfolgt die nähere Beschreibung der für die Gemeinkostenplanung relevanten Instrumente (wie z.B. die Prozesskostenrechnung oder das Benchmarking) in den nachfolgenden Kapiteln. Für die verbleibenden Instrumente wird auf die Literatur verwiesen.

2.3 Aufbauorganisatorische Aspekte des Target Costing

Target Costing ist ein komplexer, interdisziplinärer Prozess, der eine effektive Organisationsstruktur erfordert, damit die gewünschten Wirkungen erzielt werden können (vgl. Horváth, P., Niemand, S., et. al. 1993, S. 5f.). Es stellt sich die Frage, welche Art von Organisationsstruktur für ein Unternehmen grundsätzlich die fruchtbarste für ein marktorientiertes Zielkostenmanagement ist (vgl. Seidenschwarz, W. 1993 -B7, S. 269ff.).

Als Kernelement einer Target Costing-freundlichen Organisation werden interdisziplinäre Target Costing-Teams mit starken Projektleitern (vgl. Clark, K.B., Fujimoto, T. 1991, S. 42ff.), welche die Projektinteressen gegenüber den Interessen der Funktionsbereiche vertreten, angesehen (vgl. Seidenschwarz, W. 1993 -B7, S. 269ff., Seidenschwarz, W. 1995, S. 117ff., Horváth, P., Niemand, S., et. al. 1993, S. 5f.).

Target Costing „....requires extensive interactions among the production, engineering R&D, marketing and accounting departments" (Sakurai, M. 1990, S. 48).

Interdisziplinäre Teams mit starken Projektleitern unterstützen

- die bereits von *Sakurai* geforderte frühzeitige Einbindung der Funktionsbereiche in die Zielbildungsphase im Sinne eines Management by Objectives (vgl. Sakurai, M. 1989, S. 40, Bleicher, K., Meyer, E. 1976, S. 240ff).

- die Nutzung des Detailwissens und der Informationen der einzelnen Funktionsbereiche (vgl. Wagenhofer, A., Riegler, C. 1994, S. 474).

- eine effiziente und schnelle Kommunikation.

Darüber hinaus verdeutlicht die Frage nach der Zusammensetzung des Target Costing-Teams einen weiteren, elementaren Aspekt. Es sollen Vertreter all der Funktionsbereiche vertreten sein, die für die Umsetzung des Kundenwunsches vonnöten sind (vgl. Seidenschwarz, W. 1995, S. 119). Überwiegend genannt werden die Funktionsbereiche Vertrieb / Marketing, Forschung / Entwicklung / Konstruktion, Fertigungsplanung, Einkauf, Controlling und Zulieferer (vgl. Seidenschwarz, W. 1995, S. 121, Tani, T., Horváth, P., Wangenheim, S. v. 1996, S. 82, Seidenschwarz, W., Niemand, S. 1994, S. 264ff., Ellram, L.M. 1999, S. 35ff.). Die Forderung nach einer Teamorganisation im Target Costing greift auch Überlegungen zum Simultaneous Engineering und der Wertanalyse auf und stellt damit die Kompatibilität der Ansätze sicher (vgl. Groth, U., Kammel, A. 1994, S. 177ff.).

Als günstige aufbauorganisatorische Rahmenbedingungen (vgl. Seidenschwarz, W. 1993, S. 161ff. und 269ff., Seidenschwarz, W. 1995, S. 117ff., Gaiser, B., Kieninger, M. 1993, S. 56ff.) zum Aufbau eines funktionierenden Target Costing werden

■ ein hoher Gestaltungsspielraum in Produktentwicklung und Konstruktion,

■ eine ausgeprägte und durchgängige Marktorientierung,

■ eine prozessorientierte Aufbauorganisation,

■ ein bereichsübergreifendes Verantwortungsbewusstsein,

■ ein hoher Einfluss des Produktmanagements auf die an der Wertschöpfung beteiligten Funktionsbereiche und

■ das Vorhandensein einer Kostenkultur genannt.

Den insbesondere durch die Kostenkultur angesprochenen Aspekt der Verhaltenssteuerung im Target Costing betont *Hiromoto* bereits in seinen ersten Veröffentlichungen im deutschsprachigen Raum. Die Idee des Target Costing liegt darin, die Mitarbeiter zum richtigen Denken und Verhalten zu motivieren und Instrumente bereitzustellen, die sie in die Lage versetzen, richtig zu denken, sich richtig zu verhalten und nicht in der Messung optimaler Entscheidungsergebnisse in konkreten Zahlen (vgl. Hiromoto, T. 1989b, S. 322). Mangels bewährter Gestaltungskonzepte kann dieser Aspekt bislang allerdings nur durch pragmatische Hinweise beschrieben werden (vgl. Kajüter, P. 1997a, S. 92, Shields, M.D., Young, S.M 1992, S. 23, Seidenschwarz, W. 1993, S. 161f.).

Als wichtige, verhaltenssteuernde Elemente hinsichtlich Motivation und Akzeptanz im Target Costing werden mehrere Aspekte genannt:

■ Die bereits angesprochene Einbindung und Partizipation der Mitarbeiter bei der Entscheidungsfindung und der Ermittlung der Zielvereinbarung erhöht in der Regel die Akzeptanz der Kostenziele (vgl. Franz, K.-P., Kajüter, P. 1997c, S. 25, Riegler, C. 2000, S. 255). Als Voraussetzung dafür müssen die Informationen einfach und leicht verständlich aufbereitet werden (vgl. Seidenschwarz, W. 1993, S. 63).

■ Aufgrund der Ableitung der Vorgaben aus den für die Beteiligten spürbaren Marktanforderungen ist zu erwarten, dass die Akzeptanz höher ist, als bei Zielvorgaben, die aus abstrakten Unternehmenszielen abgeleitet werden (vgl. Horváth, P., Niemand, S., et. al. 1993, S. 19).

■ Da empirische Untersuchungen von Kostenvorgabewerten zeigen, dass sowohl zu leicht als auch kaum erreichbare Kostenvorgaben einen negativen Einfluss auf die Motivation haben (vgl. Riegler, C. 2000, S. 255), ist im Rahmen der Zielkostenfestlegung zu vermeiden, dass die Zielvorgaben zu anspruchsvoll sind. Zielkosten sind so zu definieren, dass sie sowohl marktorientiert als auch realistisch und anspruchsvoll sind (vgl. Seidenschwarz, W. 1993, S. 127).

■ Die Forderung nach der Verknüpfung der marktorientierten Kostenvorgaben mit entsprechenden Anreizsystemen wird insbesondere in aktuellen
Forschungsarbeiten aufgrund personeller Koordinationsnotwendigkeiten –
asymmetrische Informationsverteilung und opportunistisches Verhalten der
Akteure – betont (vgl. die Arbeiten von Riegler, C. 1996, Riegler, C. 2000
und Ewert, R. 1997).

2.4 Problembereiche des Target Costing

Über die im weiteren Verlauf näher zu untersuchende Frage der Einbindung
der Gemeinkosten in das Target Costing hinaus finden sich in der Literatur kritische Anmerkungen zum Target Costing aus theoretischer Sicht. Die wichtigsten, den Kernbereich des Target Costing betreffende Problembereiche,
dürfen trotz der großen Akzeptanz des Kostenmanagement-Instruments nicht
übersehen werden.

Die marktorientierte retrograde **Ermittlung der Zielkosten für das Gesamtprodukt** geht davon aus, dass der Zielumsatz - und damit der Zielpreis sowie
die Zielmenge - ermittelt werden kann. Bildet man den Zusammenhang der
Kosten-, Preis-Absatz- und Gewinnfunktion in einem mikroökonomischen Modell, dann müssten die Größen Zielpreis, Zielkosten und Zielgewinn simultan
ermittelt werden. Da ohne Kenntnis der Kosten die Ermittlung des optimalen
Preises und der zugehörigen Absatzmenge nicht möglich ist, bezeichnen E-
wert und *Wagenhofer* das Zielkostenmanagement als heuristisches Verfahren,
das auf Schätzungen basiert und nur zufällig zu einem optimalen Ergebnis
führen kann (vgl. Ewert, R., Wagenhofer, A. 1997, S. 308f.). Diese streng mo-
delltheoretische Argumentation vernachlässigt aber, dass eine einhundertpro-
zentig exakte Bestimmung des Zielpreises nicht sinnvoll sein kann, da die
Prognosegenauigkeit von Marktforschungsmethoden in der Praxis aufgrund
der Zeitspanne bis zur Markteinführung nicht überbewertet werden sollte. Es
ist davon auszugehen, dass das Problem der Bestimmung der marktbezogenen Ermittlung der Zielkosten zum Beispiel durch detaillierte Analysen der
Preiskorridore für Wettbewerbsprodukte, die Schätzung der Preis-Absatz-
Funktion über Conjoint-Analysen, Expertenbefragungen (z.B. der Vertriebs-
mitarbeiter), direkte Kundenbefragungen oder Preisexperimente gelöst werden
kann (vgl. stellvertretend Simon, H. 1992, S. 110ff., Kucher, E,. Simon, H.
1987, S. 28ff.). Insbesondere bei sehr innovativen Produkten, deren Preisbereitschaften am Markt kaum abfragbar sind, können sich daraus Probleme bei
der Bestimmung der Marktdaten ergeben.

Der Einsatz der Funktionskostenmethode zur **Zielkostenspaltung** stellt einen
weiteren gewichtigen Problembereich beim Einsatz des Target Costing dar.
Mehrere Kritikpunkt werden angeführt (vgl. Dittmar, J. 1996, S. 181ff., Rösler,
F. 1996, S. 94ff., Schaaf, A. 1999, S. 97ff., Franz, K.-P. 1993, S. 124ff.,
Riegler, C. 2000, S. 237ff.).

- Die Bestimmung der gewichteten Kundenanforderungen als Eingangsgröße für die Funktionskostenmethode mithilfe der Conjoint-Analyse wird aus mehreren Gründen infrage gestellt (vgl. Dittmar, J. 1996, S. 182ff., Rösler, F. 1995, S. 216, Seidenschwarz, W. 1993, S. 203ff.). Insbesondere die Annahme additiver Teilnutzenwerte kann zur Verzerrung der Ergebnisse führen. Darüber hinaus ist zu hinterfragen, ob aufgrund der begrenzten Anzahl in der Conjoint-Analyse abfragbarer Merkmale alle kaufentscheidenden Produkteigenschaften (insbesondere bei komplexen Produkten) bewertet werden können. Bei komplexen Produkten muss deshalb u.U. auf eine streng marktorientierte Spaltung der Zielkosten verzichtet werden.

- Die Prämisse der Funktionskostenmethode, dass eine Komponente nur soviel Kosten verursachen darf, wie sie Nutzen stiftet, ist dann infrage zu stellen, wenn Funktionsverbesserungen auch ohne Kostensteigerungen möglich sind (vgl. Franz, K.-P. 1993, S. 130). In diesen Fällen ergeben sich Slacks bei den Zielvorgaben.

- Die hinter den ersten Veröffentlichungen zur Funktionskostenmethode stehende Annahme, dass für alle Kundenanforderungen ein linearer Zusammenhang zwischen dem Kundennutzen und der Anforderungserfüllung steht, ist aus theoretischer Sicht ebenfalls als kritisch zu bewerten. Mit dem oben bereits vorgestellten Ansatz von *Rösler* kann dieser Problembereich jedoch abgeschwächt werden.

Diese Problembereiche stellen allerdings nicht die gesamte Methodik infrage. Sie deuten vielmehr darauf hin, dass es sich beim Target Costing nicht um ein mathematisch exaktes Verfahren handelt und die Ergebnisse z.B. anhand der Komponentenmethode oder der Ergebnisse aus dem Product Reverse Engineering validiert werden müssen.

Weitere Problembereiche des Target Costing, die dem Kostenrechnungs- und Kostenmanagementumfeld zuordenbar sind, werden im Verlauf der Arbeit schrittweise durchleuchtet.

2.5 Zusammenfassung der Merkmale des Target Costing und Anforderungen an die marktorientierte Gemeinkostenplanung

Das dieser Arbeit zugrunde gelegte Target Costing-Verständnis kann hinsichtlich der marktorientierten Gemeinkostenplanung anhand der nachfolgenden Merkmale weiter konkretisiert werden (vgl. Seidenschwarz, W. 1993, S. 69ff., Ansari, S., Bell, J., CAM-I Target Cost Core Group 1997, S. 11ff., Horváth, P. 1998c, S. 75).

- Target Costing ist dem strategischen Kostenmanagement zuzurechnen und unterstützt einzelne Phasen des strategischen Planungs- und Kontrollprozesses mit bewerteten, kunden- bzw. marktorientierten Produkt- und Prozessinformationen über den Ressourcenverbrauch (siehe auch Abschnitt

3.3, vgl. Shank, J.K., Govindarajan, V. 1992, S. 7ff., Horváth, P. 1990b, S. 176ff., Brokemper, A. 1998, S. 22ff.). Target Costing greift wichtige Ansatzpunkte des strategischen Kostenmanagements auf.

Ausgangspunkt ist die Ausrichtung des Target Costing nach der verfolgten Wettbewerbsstrategie der Kostenführerschaft oder Differenzierung (vgl. Porter, M. 1986, S. 93ff.). Sowohl die Überlegungen zu den auf *Gilbert* und *Strebel* zurückgehenden Outpacing-Strategien (vgl. Gilbert, X., Strebel, P. 1987, Seidenschwarz, W. 1993, S. 99ff.) als auch die Überlegungen von *Cooper* zur „confrontational strategy" (vgl. Cooper, R. 1995, S. 4ff.) sind voll kompatibel mit dem Ansatz des Target Costing. Target Costing beginnt mit der strategischen Positionierung aus Produktsicht und unterstützt diese im Rahmen des Produktentstehungsprozesses.

Im Gegensatz zur traditionellen Kostenrechnung beginnt Target Costing in den frühen Phasen des Produktlebenszyklusses und berücksichtigt damit, dass ca. 80% der Produktkosten bereits bei der Konstruktion eines Produktes festgelegt werden (vgl. stellvertretend Berliner, C., Brimson, J.A. 1988, S. 140, Brockhoff, K. 1988, S. 258f.).

- Target Costing zielt auf die Beeinflussung der gesamten Kosten im Produktlebenszyklus ab. Für eine lebenszyklusorientierte Kostenbetrachtung relevante Gemeinkosten (wie z.B. Vorleistungskosten) müssen im Sinne der Informationsversorgung bereitgestellt und einer aktiven Kostengestaltung zugeführt werden.

- Das Target Costing zielt auf eine Beeinflussung der Kosten in den frühen Phasen des Produktlebenszyklusses ab. Damit werden Kosten beeinflusst, die zum großen Teil erst nach Produktionsbeginn in zukünftigen, in den Systemen der Kosten- und Leistungsrechnung noch nicht abgebildeten Perioden anfallen werden. Deshalb muss sich die marktorientierte Planung der Gemeinkosten im Rahmen des Target Costing auf einen mehrjährigen Planungszeitraum erstrecken.

- In seiner Reinform ist Target Costing streng marktorientiert, d.h. Kostenziele werden aus den Erfordernissen des Marktes und den Anforderungen der Kunden bestimmt. Eine Transmission der marktorientierten Kostenziele erfordert die Übertragung der im Target Costing intendierten dekompositionellen Sichtweise auf die Gemeinkostenbereiche.

- Target Costing erfordert den Einsatz eines interdisziplinären Teams.

Aus diesen Merkmalen ergeben sich Anforderungen an die Gemeinkostenplanung im Rahmen des Target Costing, die im weiteren Verlauf der Arbeit zu berücksichtigen sind.

3 Charakteristika der Gemeinkosten und Anforderungen an das Gemeinkostenmanagement

Bevor in diesem Kapitel die Charakteristika der Gemeinkosten erarbeitet werden können, muss zunächst die Einordnung in übergeordnete Zusammen hänge und die Fokussierung der Forschungsarbeiten vorgenommen werden. Die Einordnung der Arbeit in die Forschungen aus dem Umfeld von Kostenrechnung und Kostenmanagement verdeutlicht die Notwendigkeit zur weiteren Fokussierung der Aufgabenstellung. Die Abgrenzung des Target Costing als ein Instrument des strategieorientierten Kostenmanagements von der Investitionsrechnung ist aufgrund der engen Beziehung der Themen erforderlich und unterstützt das tiefere Verständnis der Aufgabenstellung. Die Analyse und Definition des Gemeinkostenbegriffs bildet die Basis für den weiteren Verlauf der Arbeit.

3.1 Zugrunde gelegte Argumentationsmuster der Forschung zur Kosten- und Leistungsrechnung

Die Kosten- und Leistungsrechnung (oder Kosten- und Erlösrechnung bei *Schweitzer*) wird allgemein als ein institutionalisiertes Informationsinstrument der Unternehmung zur Bereitstellung von zahlenmäßigen Angaben über den Unternehmensprozess in Form von Kosten und Erlösen angesehen (vgl. Schweitzer, M. 1998, S. 68). Sie muss unterschiedlichen Zielsetzungen gerecht werden.

Die wichtigsten Ziele sind die (vgl. die Übersicht bei Schweitzer, M. 1998, S. 38ff.):

■ Abbildung und Dokumentation des Unternehmensprozesses.

■ Planung und Steuerung des Unternehmensprozesses.

■ Kontrolle des Unternehmensprozesses.

■ Verhaltenssteuerung von Entscheidungsträgern und Mitarbeitern im Unternehmensprozess.

Im Zentrum der **traditionellen Kostenrechnung** im ersten Drittel des 20. Jahrhunderts stand die Kostenerfassung und -verteilung (auf Kostenarten, Kostenstellen und Kostenträger) und damit die Abbildung und Dokumentation des Unternehmensprozesses im Sinne der Vollkostenrechnung auf Istkostenbasis (zur Historie der Kostenrechnung vgl. Dorn, G. S. 723ff.). Im Laufe der Weiterentwicklung rückte die **entscheidungsorientierte Kostenrechnung** (Management Accounting) mit der Diskussion der von *Kilger* und *Plaut* ent wickelten Grenzplankostenrechnung und der von *Riebel* entwickelten Relativen Einzelkosten- und Deckungsbeitragsrechnung und damit die Zielsetzung der Planung und Steuerung bzw. zur Entscheidungsunterstützung in den Mittelpunkt der wissenschaftlichen Diskussion der Kosten- und Leistungsrechnung (vgl. Weber, J. 1994, S. 99). Das Ziel der Verhaltenssteuerung spielte lediglich eine untergeordnete Rolle. Es hatte sich das Ausmaß der Entscheidungsunterstützung im Laufe der Weiterentwicklung verändert, die retro spektive Orientierung veränderte sich mit dem Aufkommen der Systeme der Plankostenrechnung in eine prospektive Orientierung (vgl. Brokemper, A. 1998, S. 14).

Aufgrund veränderter Rahmenbedingungen gegen Ende der 80er Jahre (Umschichtung in den Funktionskosten, Anstieg der Fixkosten, fortschreitende Automatisierung und Anstieg der Gemeinkosten) wurde die Weiterentwicklung der Kostenrechnung hin zu einer zukunftsgerichteten und aktiven Kostenbeeinflussung erforderlich (vgl. Brede, H. 1993, S. 2ff.). Da Kosten letztlich nur Symptome ursächlich wirkender Kostenbestimmungsfaktoren darstellen (vgl. Reiss, M., Corsten, H. 1990, S. 390), geht es beim **Kostenmanagement** um das Verständnis eines mehrstufigen Beziehungszusammenhangs, die Beeinflussung der in diesem Zusammenhang wirksamen Kostenbestimmungs faktoren sowie die optimale Gestaltung der Strukturen und Abläufe (vgl. Männel, W. 1995, S. 27). Neben den klassischen Kosteneinflussgrößen Faktorpreis, Betriebsgröße, Beschäftigung, Fertigungsprogramm und Faktorqualität (vgl. Gutenberg, E. 1983, S. 338ff.) sind mittlerweile eine Vielzahl weiterer Kostenbestimmungsfaktoren anerkannt (vgl. die Analyse von Brokemper, A. 1998, S. 61ff.). Das Kostenmanagement betont die zielgerichtete, kostenoptimierende bzw. -minimierende Gestaltung derartiger Kostenbestimmungsfaktoren (vgl. Horváth, P., Seidenschwarz, W. 1991, S. 300). Die wichtigsten Ansatzpunkte des Kostenmanagements sind Produkte, Prozesse und Ressourcen (vgl. Männel, W. 1993c, S. 210ff.). In Bezug auf die Ebenen der Planung enthält das Kostenmanagement sowohl eine kurzfristige, operative als auch eine langfristige, strategische Komponente. Da strategische Entscheidungen wesentlichen Einfluss auf die Wettbewerbsfähigkeit einer Unternehmung haben und Ressourcen langfristig binden, entstand die Forderung nach einer Neuorientierung der traditionellen Kostenrechnung mit dem Ziel, diese für die strategische Unternehmensführung nutzbar zu machen (vgl. Welge, M.K., Amshoff, B. 1997, S. 60, Brokemper, A. 1998, S. 17ff.). Die Idee des „strategischen" Kostenmanagements wird in der Literatur seither umfassend diskutiert. Im Rahmen dieser Arbeit wird der Argumentation von *Horváth* und *Brokemper* gefolgt und der Begriff „**strategieorientiertes Kostenmanagement**" verwendet, da Informationen per se nicht strategisch sein können, sondern lediglich einzelne Phasen des strategischen Planungsprozesses durch die Instrumente des Kostenmanagements unterstützt werden können (vgl. Horváth, P., Brokemper, A. 1997).

Als wesentliche Abgrenzungskriterien zum operativen Kostenmanagement (der Begriff des operativen Kostenmanagements wird mit dem Begriff des Management Accounting weitgehend gleichgesetzt - vgl. Horváth, P. 1990b, S. 187ff.) werden die langfristige Orientierung an Effektivitäts- statt an Effizienzzielen, die Betrachtung von Vollkosten (da eine Kostenspaltung in fixe und variable Bestandteile bei mehrperiodischen Betrachtungen an Bedeutung verliert), die Erweiterung der internen Sichtweise um die externe Sichtweise der Kunden, Wettbewerber und der gesamten Wertschöpfungskette, sowie die Erklärung des Kostenverhaltens anhand einer Vielzahl interdependenter Kosteneinflussgrößen genannt (vgl. Shank, J.K., Govindarajan, V. 1992, S. 7ff., Horváth, P. 1990b, S. 176ff., Horváth, P., Seidenschwarz, W. 1991, S. 300ff., Brokemper, A. 1998, S. 22ff., Fischer, T.M. 1993, S. 125ff.). Als die wichtigsten Instrumente des strategieorientierten Kostenmanagements werden die Prozesskostenrechnung, das Cost Benchmarking, das Life Cycle Costing und das Target Costing angeführt.

In jüngster Zeit wird aus neo-institutioneller Perspektive das bereits von *Schmalenbach* postulierte Ziel der Kosten- und Leistungsrechnung zur **Verhaltenssteuerung** wieder verstärkt diskutiert (vgl. Schweitzer, M. 1998, S. 81, Ossadnik, W. 2000, S. 156, Schmalenbach, E., 1963, S. 22ff., vgl. Pfaff, D., Weißenberger, B.E., 2000, S. 111ff.). Die Kostenrechnung gewinnt in diesem Zusammenhang eine neue, institutionalistische Rolle. In den traditionellen Systemen der Plankostenrechnung und in der flexiblen Standardkostenrechnung sowie der Standardkostenrechnung auf Teilkostenbasis wird die Verhaltensorientierung lediglich durch die Betonung der stellenbezogenen Kostenkontrolle berücksichtigt. Damit werden Unternehmen nicht als Organisationen sondern lediglich als Produktionsfunktionen auf Basis der auf *Gutenberg* zurückgehenden Produktions- und Kostentheorie verstanden. Aus dieser traditionellen Sichtweise ist die Gestaltung und Auswahl zwischen verschiedenen Kostenrechnungssystemen so vorzunehmen, dass der Entscheider mit den notwendigen Informationen für ein optimales Entscheidungsergebnis ausgestattet wird. Aus der neo-institutionalistischen Sichtweise erfolgt dagegen die Gestaltung und Auswahl zwischen verschiedenen Kostenrechnungssystemen so, dass die aus Anreizproblemen resultierenden Effizienzverluste minimiert werden (vgl. Pfaff, D., Weißenberger, B.E., 2000, S. 114ff.).

Die neo-institutionalistische Sichtweise der Kostenrechnung berücksichtigt, dass Informationen i.d.R. zwischen den Akteuren nicht symmetrisch verteilt sind, bzw. nicht kostenlos kommuniziert werden können und sich verschiedene Akteure opportunistisch verhalten können. Die Transaktionsträger selbst werden bei diesen Ansätzen, zu denen vor allem die Property-Rights-Theorie, die Transaktionskostentheorie und die Agency-Theorie zählen, in die Analyse einbezogen (vgl. zum Überblick Schmidt, R.H., Terberger, E., 1996, S. 381ff., Pfaff, D., Weißenberger, B.E., 2000, S. 114ff.). Ziel der neo-institutionalistischen Forschung ist es, auf der Basis vereinfachter Darstellungen ein Grundverständnis über mögliche Zusammenhänge der realen Welt zu schaffen. Die Ergebnisse sind allerdings nicht unmittelbar empirisch verwertbar, sondern müssen erst in einem weiteren Schritt empirisch überprüft werden, damit keine wirklichkeitsfremden Modelle entstehen (vgl. Schmidt, R.H., Schor, G. 1987, S. 24ff.). Deshalb können bisher nur Ansatzpunkte zur Bestimmung verhaltenssteuerungsrelevanter Informationen, aber keine ausgebauten Rechnungssysteme oder konkret praktisch umsetzbare Ergebnisse gewonnen werden (vgl. Schweitzer, M. 1998, S. 81).

Die Ansätze des Behavioral Accounting gehen im Gegensatz zu den neo-institutionalistischen Ansätzen von beeinflussbaren Nutzenfunktionen der Akteure aus. Handlungen werden als das Resultat psychischer Prozesse interpretiert, die durch das Stimulus-Response (behavioristisch) bzw. das Stimulus-Organism-Response Modell (neo-behavioristisch) abgebildet werden. Die Ansätze sind zumeist empirisch ausgelegt und führen in Einzelfällen zu inhaltlich ähnlichen Ergebnissen wie die Ansätze des Neo-Institutionalismus (vgl. Pfaff, D., Weißenberger, B.E. 2000, S. 119ff.).

Da bereits Forschungsarbeiten zur Verhaltenssteuerung im Target Costing vorliegen - und aufgrund der Zielsetzung dieser Arbeit, konkrete, in der Praxis umsetzbare Lösungsvorschläge zu erarbeiten - baut der Schwerpunkt der konzeptionellen Weiterentwicklung auf den traditionellen Argumentationsmustern der Kostenrechnung und den Ansätzen des Kostenmanagements auf. Eine umfassende Betrachtung auch der neo-institutionalistischen und der behavioristischen Argumentationsmuster würde den Rahmen der Arbeit sprengen. Da die Ergebnisse neo-institutionalistischer und behavioristischer Forschungsansätze situationsbezogen zu interpretieren sind und stark von den unterstellten Anreizproblemen abhängen, ist bei ihrer Verwendung Sorgfalt geboten. Deshalb werden im Verlauf nur spezifische, auf die Analyse der Entscheidungssituation im Rahmen des Target Costing bezogene Erkenntnisse, wie z.B. die Ergebnisse aus den Forschungsarbeiten von *Riegler* und *Ewert*, an den entsprechenden Stellen eingeflochten (vgl. Riegler, C. 1996, Ewert, R. 1997).

Es bleibt anzumerken, das unter dem Schlagwort Beyond Budgeting die Diskussion um die Grenzen der Planung und Budgetierung (vgl. dazu die Darstellung bei Buchner, H. 2000, S. 75ff.), in jüngster Zeit von der Unternehmenspraxis in den USA wieder aufgegriffen wird (vgl. Grevelius, S. 2001, S. 443ff., Fraser, R., Hope, J. 2001, S. 437ff., Bunce, P., Fraser, R., Hope, J. 2001, S. 55ff.). „The beyond budgeting model is designed to (...) create a devolved and adaptive organization that gives local managers the self-confidence and freedom to think differently, to take fast decisions, and to feel comfortable about engaging in innovative projects with colleagues in multifunctional teams ..." (vgl. Bunce, P., Fraser, R., Hope, J. 2001, S. 62). Da der dort vorgestellte, praxisorientierte Ansatz organisationstheoretische Aspekte anspricht und eine übergreifende Sichtweise annimmt, würde eine ausführliche Diskussion den Rahmen der Arbeit sprengen. Für die vorliegende Aufgabenstellung relevante Aspekte (vgl. Bunce, P., Fraser, R., Hope, J. 2001, S. 63) wie der Aufbau unabhängiger sowie kundenorientierter Einheiten, die Steuerung anhand wettbewerbsbezogener Größen, die funktionsübergreifende Koordination anhand von Marktmechanismen, die Bereitstellung von strategischen und antizipativen Steuerungsinformationen und der Einsatz relativer Zielvorgaben sind aber dennoch kompatibel mit der im weiteren Verlauf angestrebten Lösung.

3.2 Zugrunde gelegter Gemeinkostenbegriff

In den Systemen der Kostenrechnung wird zwischen den grundlegenden Klassifizierungen in Einzel- und Gemeinkosten sowie in fixe und variable Kosten unterschieden. Die Trennung in Einzel- und Gemeinkosten erfolgt dabei nach dem Kriterium der Zurechenbarkeit zum Kalkulationsobjekt, während die Spaltung in fixe und variable (bzw. proportionale) Kosten nach der Ab hängigkeit von der Beschäftigung und der (eindeutigen) Zurechenbarkeit im Rahmen der Teilkostenrechnungssysteme vorgenommen wird (vgl. Schweitzer, M. 1998, S. 73).

Der Begriff Gemeinkosten lässt sich den Systemen der Vollkostenrechnung zuordnen. Diese Kostenrechnungssysteme verrechnen alle in einer Periode anfallenden Kosten auf die Kostenträger - genauer auf eine Kostenträgereinheit - im Rahmen der Kostenträgerstückrechnung (vgl. Hummel, S., Männel, W. 1993, S. 19, Menred, S. 1983, S. 15ff.).

„Alle Kosten, die sich nach dem Verursachungsprinzip direkt auf betriebliche Leistungseinheiten verrechnen lassen, werden nach der vorherrschenden Terminologie als Einzelkosten bezeichnet" (Kilger, W. 1993, S. 8).

Gemeinkosten sind die Kosten, die nicht direkt nach dem Verursachungsprinzip auf betriebliche Leistungseinheiten (bzw. Kalkulationsobjekte) verrechnet werden können, sondern zunächst betrieblichen Teilbereichen (z.B. Kostenstellen) zugeordnet werden (vgl. stellvertretend Kilger, W. 1993, S. 8f.). Unterschieden wird zwischen unechten Gemeinkosten, die für eine betrachtete Leistungseinheit direkt erfassbar sind, aber im Unternehmen z.B. aus Wirtschaftlichkeitsüberlegungen nicht direkt erfasst werden, und echten Gemeinkosten, die einer Leistungseinheit nicht direkt zugerechnet werden können (vgl. Schweitzer, M. 1998, S. 490). Abbildung 3 (vgl. Schweitzer, M. 1998, S. 491) veranschaulicht die Abgrenzung anhand von Beispielen.

Entscheidend für die Definition der Gemeinkosten ist das zugrunde gelegte Verursachungsprinzip (Proportionalitätsprinzip bei *Rummel*), nach dem den bewerteten Faktorverbrauchsmengen nur solche Kontierungseinheiten zuzuordnen sind, durch welche die betreffenden Faktorverbrauchsmengen „verursacht" werden (vgl. Kilger, W. 1993, S. 8f., Rummel, K. 1967, S. 115ff., Hummel, S., Männel, W. 1993, S. 53f.). Die inhaltliche Unbestimmtheit des Verursachungsprinzips hat in der Wissenschaft zu langjährigen Diskussionen der Kostenrechnungsprinzipien geführt. Da diese Prinzipien von zentraler Bedeutung für die Bestimmung der spezifischen Merkmale der Gemeinkosten und der sich daraus ergebenden Probleme sind, werden sie nachfolgend kurz skizziert.

Zurechenbarkeit auf Produkteinheiten	Einzelkosten	Gemeinkosten	
		unechte Gemeinkosten	echte Gemeinkosten
Veränderlichkeit bei Beschäftigungs-änderungen		variable Kosten	fixe Kosten
Beispiele	Kosten für Werk-stoffe (außer bei Kuppelprozes-sen)	Kosten für Hilfsstoffe	Kosten des Kuppelprozesses	Kosten der Produktart und Produktgruppe
	Verpackungs-kosten Provisionen	Kosten für Energie und Betriebsstoffe bei Leontief-Produktions-funktionen	Kosten für Energie und Betriebsstoffe bei mehr-dimensionalen Kostenfunktionen	Kosten der Fertigungsvorbe-reitung und Betriebsleitung Abschreibungen Lohnkosten

Abbildung 3:   Übersicht über die Einteilung der Gesamtkosten in Einzel- und Gemeinkosten, sowie fixe und variable Kosten

Es kann zwischen zwei wesentlichen Interpretationsformen des Verursa-chungsprinzips unterschieden werden (vgl. Hummel, S., Männel, W. 1993, S. 186, Hummel, S., Männel, W. 1995, S. 53ff., Kilger, W. 1993, S. 3ff., Schweitzer, M. 1998, S. 20ff., Riebel, P. 1994b, S. 11ff.). Nach der strengen Auslegung durch das Kausalitätsprinzip können einem Kalkulationsobjekt nur die durch eine zusätzliche Einheit anfallenden Kosten zugerechnet werden. Es unterstellt eine Ursache-Wirkungsbeziehung zwischen Kosten und Leistungen. Das Finalprinzip unterstellt dagegen eine Zweck-Mittel-Beziehung zwischen Kosten und Leistungen. Danach dürfen Kosten (Mittel) einem Kalkulationsob-jekt zugerechnet werden, wenn die eingesetzten Ressourcen dem Zweck der Herstellung dienen. Während die Grenzkostenbetrachtung beim Kausalitäts-prinzip keine Fixkostenverrechnung ermöglicht, können Fixkosten bei der fi-nalen Interpretation des Verursachungsprinzips einem Kostenträger zuge-rechnet werden.

Nach dem auf *Riebel* zurückgehenden Identitätsprinzip können zwei Größen - seien es Geld- oder Mengengrößen, z.B. Teilmengen von Kosten und Erlösen - einander oder einem Bezugsobjekt nur dann logisch zwingend gegenüber gestellt werden, wenn sie auf einen gemeinsamen dispositiven Ursprung, also einen identischen Entscheidungszusammenhang, zurückgehen (vgl. Riebel, P. 1994a, S. 625). Riebel geht davon aus, dass zwischen Kosten und Erlösen keine Ursache-Wirkungs-Beziehungen bestehen, da die Ursache (Erlöse) der Wirkung (Kosten) nicht zeitlich vorausgeht, sondern dass Kosten und Erlöse gleichzeitig durch Entscheidungen über den Einsatz der Produktionsfaktoren entstehen (vgl. Riebel, P. 1994b, S. 13, Riebel, P. 1994a, S. 625, Schweitzer, M. 1998, S. 89ff.). Das Identitätsprinzip kann somit als eine strengere Auslegung des Verursachungsprinzips interpretiert werden (vgl. Kilger, W. 1993, S. 4, Mayer, R. 1998a, S. 33). Der Unterschied in der Zurechenbarkeit nach *Riebels* Relativer Einzelkosten- und Deckungsbeitragsrechnung besteht in der Frage, ob nur Kosten, die direkt durch eine Entscheidung verursacht werden, als verursachungsgerecht zuordenbar angesehen werden, oder auch Kosten die lediglich unmittelbar durch eine funktional abhängige Folgeentscheidung entstehen (vgl. Kilger, W. 1993, S. 4). Da bei einem langfristigen Planungshorizont ein Entscheidungsbaum mit vielen Verzweigungen (Folgeentscheidungen) entsteht, ist die praktische Anwendbarkeit des Identitätsprinzip im Rahmen der langfristigen Entscheidungszeiträume des Target Costing infrage zu stellen. Letztendlich sind alle Entscheidungen in einem Unternehmen netzförmig miteinander verbunden. Will man Gemeinkosten einem Produkt verursachungsgerecht zurechnen, so muss eine Verwertungsentscheidung (z.B. Verkauf einer Produkteinheit) untrennbar mit der Einsatzentscheidung verbunden sein (Produktion, Beschaffung der Produktionsfaktoren, usw.). In praxi ist dies nur in selten der Fall (vgl. Weber, J. 1994, S. 100).

Sowohl nach dem Identitätsprinzip als auch nach dem Kausalprinzip sind nur die durch das Kalkulationsobjekt verursachten Änderungen der Kosten diesem zurechenbar. Das Rechnen mit Grenzkosten (Marginalprinzip) hat zur Folge, dass es nicht möglich ist, Fixkosten vollständig auf die Kostenträger zu verrechnen. Die Umsetzung der Grenzkostenbetrachtung erfolgt durch die Systeme der Teilkostenrechnung und deckt den Mangel der Fixkostenproportionalisierung in der Vollkostenrechnung auf (vgl. Schweitzer, M. 1998, S. 292, Männel, W. 1997, S. 206). Mit der Verrechnung von fixen Kosten werden bei sinkenden Bezugsgrößenmengen automatisch weniger Kosten verrechnet, obwohl diese kurzfristig nicht abbaubar sind. Die wissenschaftliche Diskussion um die zeitliche Abbaubarkeit der Kosten findet Ihren Niederschlag in der Weiterentwicklung der flexiblen Grenzplankostenrechnung (die zur Kostenspaltung eine Basisfristigkeit von einem Jahr annimmt) zu den Systemen der Teilkostenrechnung mit differenziertem Fixkostenausweis. In der dynamischen Grenzplankostenrechnung werden differenzierte Fristigkeitsgrade in der Kostenplanung verwendet (vgl. Kilger, W. 1993, S. 109ff. und S. 140). In der Fixkostenmanagementorientierten Plankostenrechnung wird dagegen sowohl die Veränderbarkeit der Fixkosten in Abhängigkeit von Betriebsbereitschaftsgraden als auch die zeitliche Veränderbarkeit der Fixkosten bei der Kostenplanung berücksichtigt (vgl. Reichmann, T. 1973, Reichmann, T., Scholl, H. J. 1984, S. 427ff.).

Für die Anwendung des Finalprinzips zur marktorientierten Planung der Gemeinkostenressourcen im Target Costing sprechen folgende Aspekte:

■ Der Gedanke der Marktorientierung wird mit einer Betrachtung der vollen Produktkosten unterstützt, da nicht bereits vorab bestimmte Kostenblöcke als fix und damit nicht abbaubar bzw. beeinflussbar deklariert werden. Den Markt interessiert die Kostenspaltung in fixe/variable oder Einzel-/ Gemeinkosten nicht (vgl. Seidenschwarz, W. 1993, S. 82).

■ Target Costing ist auf die strategische Planung ausgerichtet. Ziel des Target Costing ist die strikte Transparenz der Kosten und Kostentreiber, nicht der Ausweis kurzfristiger Beeinflussungsmöglichkeiten (vgl. Fischer, J. et. al. 1993, S. 273). Bei längerfristiger Sicht kann man davon ausgehen, dass alle Kosten (auch die unterjährigen fixen Kosten) beeinflusst werden können (vgl. Schweitzer, M. 1998, S. 81 sowie S. 294, Küpper, H.-U. 1994, S. 35, Horváth, P., Seidenschwarz, W. 1992, S. 143). Interpretiert man entscheidungsrelevante Kosten als erwartete, zukünftige, noch beeinflussbare, alternativenspezifische Kosten (vgl. Hummel, S. 1992, S. 79), so müssen auch unterjährig fixe Kosten zur Entscheidungsvorbereitung im Target Costing herangezogen werden. Lediglich im Einzelfall sind Überlegungen anzustellen, um welchen Betrag die Fixkosten dispositiv abbaubar sind (Franz, K.-P. 1990, S. 133, Listl. A. 1998, S. 172).

■ Auch die bisher vorliegenden Ergebnisse aus den Modellen der Principal-Agent-Theorie sprechen für eine, über die variablen bzw. Grenzkosten hinausgehende, Kostenverrechnung bzgl. der Verhaltenswirkung (vgl. Schweitzer, M. 1998, S. 81). Bei der Analyse der spezifischen Entscheidungssituation im Rahmen des Target Costing kommt *Riegler* (vgl. Riegler, C. 2000, S. 257) zu dem Ergebnis, dass eine umfassende Zielkostenvorgabe, die mithilfe der Prozesskostenrechnung auch produktnahe und produktferne Prozesse enthält, die Lösung sachlicher Koordinationsprobleme durch das Aufzeigen von Verbundbeziehungen unterstützt.

■ Eine Ausgrenzung von Gemeinkostenanteilen in den frühen Phasen der Produktentwicklung z.B. durch das Kausalitätsprinzip führt dazu, dass Entscheidungen im Target Costing-Team nicht hinsichtlich ihrer Gemeinkostenwirkung beurteilt werden können. Der Versuch des Konstrukteurs, die direkten Kosten zu verringern, würde automatisch das Unternehmen durch im indirekten Bereich verborgene, höhere Gemeinkosten bestrafen (vgl. Schmidt, F. 1996, S. 102f., Scholl, K. 1998, S. 91).

Selbst *Riebel* erkennt an, dass aus unternehmenspolitischen Gründen oder sachlogischen Zusammenhängen auch nicht verursachungsgerecht zuordenbare Gemeinkosten einem Kostenträger zugerechnet werden müssen (Riebel, P. 1994a, S. 78). Bei langfristigen Entscheidungen über den Aufbau oder den Abbau von Kapazitäten sind hinzukommende fixe bzw. langfristig wegfallende fixe Kosten entscheidungsrelevant (vgl. Männel, W. 1993b, S. 70). Auswertungen (mit zusätzlicher Differenzierung nach der Abbaubarkeit der Kostenarten) werden bei mittel- und langfristigem Planungshorizont als Spezialauswertungen betrachtet (vgl. Reichmann, T., Fröhling, O. 1993, S. 68).

Der Hinweis von *Männel*, dass das dem Denkansatz des Target Costing entsprechende Rechenmodell mit dem Konzept der Deckungsbeitragsrechnung verbunden werden kann (vgl. Männel, W. 1995, S. 36), verdeckt ein elementares Problem der Deckungsbeitragsrechnung. Wie groß ein Deckungsbeitrag sein muss, kann für den Einzelfall, den einzelnen Auftrag oder die Produkteinheit nicht zwingend festgelegt werden, wenn die Fehler der Vollkostenrechnung vermieden werden sollen (vgl. Riebel, P. 1994a, S. 593). Will man die vom Markt erlaubten variablen Einzelkosten nach der Systematik der Deckungsbeitragsrechnung ermitteln, so kommt man nicht umhin, Ziel- bzw. Solldeckungsbeiträge für Fixkosten zu definieren. *Männel* selbst klärt den scheinbaren Widerspruch auf. „So gesehen greift das Target Costing zwar die methodische Grundausrichtung traditioneller Kalkulationskonzepte (er meint damit den Vollkostenansatz in der Kalkulation; Anmerkung des Verfassers) wieder auf, doch stellt es die Produktkostenkalkulation erklärtermaßen nicht in den Dienst der Preiskalkulation und Preispolitik, sondern – und dies ist bedeutsam – ausdrücklich und besonders vorrangig in den Dienst einer vom Marktpreis ausgehenden produkt-, prozess- und ressourcenorientierten Kostenpolitik." (Männel, W. 1997, S. 209)

Der weiteren Forschungsarbeit wird deshalb die auf dem Finalprinzip basierende Interpretation des Verursachungsprinzips zugrunde gelegt.

Es sei darauf hingewiesen, dass auch nach der finalen Interpretation des Verursachungsprinzips nicht alle Gemeinkosten verursachungsgerecht einem Kostenträger zugerechnet werden können. Teile der Gemeinkosten können lediglich mithilfe von Kostenverteilungsprinzipien (vgl. Kilger, W. 1993, S. 18) bzw. Anlastungsprinzipien (vgl. Riebel, P. 1994a, S. 68ff.) auf Kostenträger verrechnet werden.

3.3 Abgrenzung von strategieorientiertem Kostenmanagement und Investitionsrechnung

Target Costing als Instrument des strategieorientierten Kostenmanagements zielt auf die Gestaltung der Kostenbestimmungsfaktoren und damit der Ressourcen (sowie der Kapazitäten) ab. Dies berührt automatisch auch die Kernaufgabe der Investitionsrechnung, die als Methodik zur Ermittlung der Wirtschaftlichkeit von langfristigen Entscheidungen und zur Bereitstellung von Ressourcen (Kapazitäten) zum Einsatz kommt. Die Informationsversorgung hinsichtlich der kurzfristigen Nutzung gegebener Kapazitäten gehört dagegen zu den Kernaufgaben der Kosten- und Leistungsrechnung (vgl. z.B. Kilger, W. 1993, S. 784, Küpper, H.-U. 1994, S. 64, Horváth, P., Kieninger, M., et. al. 1993, S. 622, Schweitzer, M. 1998, S. 52ff.). Der scheinbare Widerspruch basiert auf der Überzeugung, dass sich statische Bewertungsverfahren, wie sie der Kostenrechnung zugrunde liegen, nicht für langfristige Entscheidungsprobleme eignen. Dieser Widerspruch löst sich durch die genaue Betrachtung der Ziele des Target Costing auf.

- Nach *Coenenberg* und *Fischer* besteht der Unterschied zwischen dem strategieorientierten Kostenmanagement und der Investitionsrechnung in unterschiedlichen Zielsetzungen. Die Instrumente des strategieorientierten Kostenmanagements (und damit des Target Costing) dienen im strategischen Planungsprozess (siehe Abbildung 4, vgl. Brokemper, A. 1998, S. 11ff., Horváth, P., Brokemper, A. 1997, S. 3) der Unterstützung der Strategiefindung und Strategieumsetzung, aber nicht der Bewertung von Strategien. Hierzu sind geeignete Verfahren wie z.B. Investitionsrechnungen einzusetzen (vgl. Coenenberg, A.G., Fischer, T.M. 1996, S. 8-38). Neben der informationellen Unterstützung der Strategiefindung wird das Dilemma der Kompensation von Abweichungen durch das frühzeitige Antizipieren von Abweichungen hinsichtlich der Strategieumsetzung vermieden (vgl. Welge, M.K., Amshoff, B. 1997, S. 72f.).

Abbildung 4:   Phasen des strategischen Planungsprozesses

- Im Target Costing wird der Target Profit als definierter Vorgabewert vom Marktpreis abgezogen. Ein „veränderbarer" Target Profit würde die Ermittlung der vom Markt erlaubten Kosten ausschließen, die gesamte Vorgehensweise infrage stellen und Kostenziele 'verwässern' (vgl. Seidenschwarz, W. 1993, S. 122). Vielmehr kommt das Target Investment (vgl. Abschnitt 5.2.3.3) zur Bestimmung der produktspezifischen Investitionen zum Einsatz. Beim Target Costing und beim Target Investment steht nicht die Frage im Vordergrund, „Wie wirtschaftlich ist die Investition in ein neues Produktprojekt"? sondern die Frage, „Wie viel Kosten darf ein neues Produkt bei Einhaltung der vorgebenden Rentabilität verursachen?". Die Entscheidungsorientierung hinsichtlich eines Projektabbruchs steht nicht im Vordergrund der Überlegungen im Target Costing.

- Das von *Listl* spezifisch für die Automobilzulieferindustrie entwickelte Target Costing-Konzept zur Ermittlung der Preisuntergrenze verdeutlicht ein elementares Problem, das sich aus der Entscheidungsorientierung ergibt. Seine Konzeption unterstützt die spezifische Entscheidungssituation während der Angebotsphase in dieser Branche (vgl. Listl, A. 1998, S. 32ff.). Das Problem der Veränderung der entscheidungsrelevanten Kostenposition im Zeitablauf wird umgangen, indem er sich nur auf diese konkrete Entscheidungssituation bezieht (vgl. Listl, A. 1998, S. 66) und den ursprünglich zugrunde gelegten Begriff der entscheidungsrelevanten Kosten nach *Riebel* (vgl. Listl, A. 1998, S. 44, siehe auch Abschnitt 4.3) durch Opportunitätskostenüberlegungen aufweicht.

Target Costing hat die Gestaltung von Kosteneinflussgrößen zum Ziel, die üblicherweise auf wertmäßige Größen der Kosten- und Leistungsrechnung aufbauen. Selbst *Riegler* stimmt zu, dass die dort vorhandene und notwendige Gliederungstiefe bei den Verfahren zur Investitionsrechnung nicht vorgesehen ist (vgl. Riegler, C. 1996, S. 18). Vor diesem Hintergrund und der Forderung nach einfachen und leicht verständlichen Kosteninformationen im Target Costing erscheint es gerechtfertigt, im Rahmen des Target Costing auf komplizierte Überleitungsrechnungen und detaillierte Planungen der Zahlungsströme im Target Costing-Team (für die Zielkosten und die prognostizierten Plankosten) zu verzichten und durch die Koordination - mit den auf Basis des pagatorischen Kostenbegriffs erstellten Investitionsrechnungen - die Bewertung der Wirtschaftlichkeit der Target Costing-Projekte sicherzustellen.

Dies bedeutet, dass zu Projektbeginn auf der Basis von separaten Investitionsrechnungen über die Wirtschaftlichkeit und den Projektstart entschieden werden muss. Wird während des Projektverlaufs die Erkenntnis gewonnen, dass die Zielkosten und damit der Target Profit nicht erreicht werden können, so sind Sonderauswertungen zur Ermittlung der entscheidungsrelevanten Kosten (auf der Basis zahlungsorientierter Größen und dynamischer Investitionsrechnungen) für die konkrete Entscheidungssituation zu erstellen.

3.4 Zusammenfassung der Charakteristika der Gemeinkosten und Anforderungen an das Gemeinkostenmanagement im Rahmen des Target Costing

Soll aus dem Target Costing heraus ein marktorientiertes Gemeinkostenmanagement erfolgen, so sind durch die zum Einsatz kommenden Systeme der Kosten- und Leistungsrechnung sowie durch die Instrumente des Gemeinkostenmanagements verschiedene Anforderungen zu erfüllen. Diese resultieren einerseits aus den Erfordernissen des Target Costing (siehe Abschnitt 2.4), andererseits aus den spezifischen Charakteristika der Gemeinkosten (zu den Anforderungen an die Instrumente des Gemeinkostenmanagements vgl. Horváth, P. 1996, S. 254, Küpper, H.-U. 1994, S. 37ff., Beinhauer, M., Schellhass, K.-U. 1997, S. 405ff.).

■ **Unterstützung langfristig-strategischer Fragestellungen:** Ein hoher Anteil an fixen Gemeinkosten, die unterjährig nicht abbaubar sind, führt dazu, dass in diesen Bereichen Ressourcen im Hinblick auf die zukünftige, als notwendig erachtete Leistungsbereitschaft bereitgestellt werden. Damit sind zur Beeinflussung der Höhe der Gemeinkosten Entscheidungen über den Aufbau, die Veränderung und den Abbau der Leistungspotenziale zu treffen (vgl. Küpper, H.-U. 1994, S. 37). Die zur Gemeinkostenplanung eingesetzten Instrumente müssen damit langfristig-strategische Entscheidungen hinsichtlich des Ressourcenaufbaus /-abbaus unterstützen. Diese Anforderung wird dadurch gestützt, dass auch das Target Costing auf die strategische Planung und den gesamten Produktlebenszyklus ausgerichtet ist. Der in den Systemen der Kosten- und Leistungsrechnung abgebildete Zeitraum einer Periode und die Prämisse gegebener Kapazitäten reicht für die Gemeinkostenplanung im Target Costing nicht aus.

■ **Abbildung der Beziehungszusammenhänge der Kostenbestimmungs-faktoren im Gemeinkostenbereich:** Die Anforderung bzgl. der Unterstützung langfristig-strategischer Fragestellungen kann durch die Betonung der zielgerichteten, kostenoptimierenden Gestaltung der Kostenbestimmungs-faktoren im Kostenmanagement (vgl. Horváth, P., Seidenschwarz, W. 1991, S. 300) für das Gemeinkostenmanagement weiter konkretisiert werden. Ein wirkungsvolles Gemeinkostenmanagement muss die differenzierten Abhängigkeiten der Gemeinkosten von Mengengrößen und abteilungs-übergreifende Interdependenzen der Gemeinkosten abbilden sowie bei der Ressourcendimensionierung und -nutzung (und damit Steuerung) unterstützen (vgl. Beinhauer, M., Schellhass, K.-U. 1997, S. 405ff., Mayer, R. 1998a, S. 161).

■ **Anwendbarkeit in allen Bereichen der Verwaltung, sowohl für innovative als auch für repetitive Aufgaben:** Als eine zentrale Ursache für die Schwierigkeiten des Gemeinkostenmanagements erweist sich die Individualität der von Leistungspotenzialen erbrachten Tätigkeiten (vgl. Küpper, H.-U. 1994, S. 37ff.). Die Bandbreite reicht von repetitiven und gut standardisierbaren Tätigkeiten bis hin zu innovativen und schlecht standardisierbaren Tätigkeiten (zur Typologie vgl. Beinhauer, M., Schellhass, K.-U. 1997, S. 405ff.). Die zum Einsatz kommenden Instrumente sollten möglichst für alle Bereiche der Verwaltung, auch für innovative und schlecht standardisierbare Tätigkeiten, einsetzbar sein.

■ **Vollkostenverrechnung auf die Produkte:** Aufgrund der oben angeführten Argumente erfordert die marktorientierte Planung der Gemeinkosten im Rahmen des Target Costing die Verrechnung voller Kosten auf die Produkte.

■ **Verursachungsgerechte und transparente Verrechnung der Gemein-kosten auf Produkte über indirekte Bezugsgrößen:** Ein weiteres Charakteristikum der Gemeinkosten ist die Mehrdeutigkeit der Beziehungen zwischen der Bereitstellung von Leistungspotenzialen und den mit ihnen erstellten Produkten (vgl. Küpper, H.-U. 1994, S. 38). Da das Target Costing ein produktorientierter Ansatz ist, müssen die eingesetzten Instru-

mente die Zweck-Mittel-Beziehung zwischen Gemeinkostenressourcen und Produkten möglichst transparent abbilden. Dies entspricht der Forderung nach einer verursachungsgerechten Kostenzurechnung der Gemeinkosten (Gleich, R. 1996, S. 58ff.). Denn Konstrukteure und Entwickler disponieren keineswegs nur über Einzelkosten, sondern auch über Gemeinkosten fertigungsnaher bzw. fertigungsunterstützender Bereiche (vgl. Franz, K.-P. 1992b, S. 1497). Die Folgen einer nicht verursachungsgerechten Verrechnung von Gemeinkosten im Produktentwicklungsprozess bei der Firma Hewlett Packard beschreiben *Merz* und *Hardy* wie folgt:
„Under the prior cost system, all overhead was applied as a percent of direct material cost, and it was difficult to understand how changing a board´s design would change manufacturing costs. Also, designers had little motivation to optimize the board for efficient production" (Merz, M.C., Hardy, A. 1993, S. 23).
Nur wenn es gelingt, die Auswirkungen der Entscheidungen im Entwicklungsprozess auf die Gemeinkostenbereiche durch eine verursachungsgerechte Kalkulation transparent und nachvollziehbar darzustellen, können Entwickler und Konstrukteure bei der Alternativenauswahl richtig entscheiden (vgl. Horváth, P., et. al. 1996, S. 54ff., Gleich, R. 1996, S. 59). Ziel dabei ist es, "eine Brücke zwischen den Entscheidungen des Konstrukteurs und den daraus resultierenden Prozessen, insbesondere in den Gemeinkosten zu schlagen" (Fischer, J. et. al. 1993, S. 268). Diese Brücke kann nicht durch die Verrechnung über Zuschlagssätze, sondern nur durch die Verrechnung über indirekte Bezugsgrößen erreicht werden.

■ **Differenzierter Ausweis von Gemeinkosten für Vorleistungs-, Betreuungs- und Abwicklungsressourcen:** Bislang werden Vor- und Nachleistungskosten von den meisten Unternehmen jeweils zu Lasten der Periode verrechnet, in der sie anfallen. Dies hat zur Folge, dass diese Kategorie von Gemeinkosten regelmäßig solche Produkte belastet, die diesen Kostenanfall mit Sicherheit nicht ausgelöst haben (vgl. Männel, W. 1997, S. 222). Da ein großer Anteil dieser Kosten im Gemeinkostenbereich anfällt, müssen sie entsprechend transparent erfasst werden. Dann erst kann eine lebenszyklusorientierte Verrechnung und Beeinflussung erfolgen.

■ **Differenzierter Ausweis produktnaher und produktferner Gemeinkosten:** Mittlerweile hat sich die Erkenntnis durchgesetzt, dass produktnahe Gemeinkosten wie z.B. Kostenbestandteile der Entwicklung, Konstruktion, Fertigungsvorbereitung, Beschaffung und Vertrieb zumindest annähernd denselben Produktbezug haben wie die Fertigung (vgl. Männel, W. 1993b, S. 77). Wie bereits oben dargestellt, können auch unter Anwendung der finalen Interpretation des Verursachungsprinzips nicht alle Gemeinkosten verursachungsgerecht einem Produkt zugerechnet werden. Die Kosten- und Leistungsrechnung muss die Voraussetzung - im Sinne der Informationsversorgung des Target Costing - dafür schaffen, dass produktnahe Gemeinkosten verursachungsgerecht verrechnet werden können, während dies für produktferne Gemeinkosten nicht möglich ist. Nur wenn es möglich ist, produktnahe Gemeinkosten einer Kostenstelle differenziert von produktfernen Gemeinkosten zu erfassen und auf Kostenträger zu verrechnen, dann können diese im Target Costing-Prozess auch differenziert behandelt werden.

- **Unterstützung einer outputorientierten, mengenbezogenen Kosten-planung und -beeinflussung:** "If ... transactions are responsible for most overhead costs..., then the key to managing overheads is to control the transactions that drive them" (Miller, J.-G., Vollmann, T.E. 1985, S. 146). Dieser Satz impliziert die Abkehr von der inputorientierten hin zu einer outputorientierten Planung der Gemeinkosten. Diese ist insbesondere in Bezug auf eine mittel- bis langfristige Beeinflussung der Gemeinkosten, wenn die Frage der zeitlichen Abbaubarkeit der Kosten an Gewicht verliert, von Bedeutung (vgl. Horváth, P., Mayer, R. 1993, S. 23, Mayer, R. 1998b, S. 26, Beinhauer, M., Schellhass, K.-U. 1997, S. 405). Da gerade im Rahmen des Target Costing Entscheidungen über künftig anfallende Prozess mengen getroffen werden, ist diese Anforderung von großer Bedeutung.

- **Wirtschaftlicher Einsatz, hohe Akzeptanz und Einfachheit, regel mäßige und permanente Einsetzbarkeit:** Der Aufwand für die Erstellung und Pflege der Gemeinkostenmanagement-Instrumente muss aufgrund der hier verfolgten Zielsetzung wirtschaftlich vertretbar sein. Unterstützt werden sollte dies auch durch die Einfachheit der Instrumente, wodurch auch eine höhere Akzeptanz der Zielvorgaben durch das Target Costing-Team und die Verantwortlichen in den Gemeinkostenbereichen erzielt werden kann. Außerdem müssen die zum Einsatz kommenden Instrumente für einen regelmäßigen und permanenten Einsatz konzipiert sein, damit eine langfristige und nachhaltige Steuerung der Gemeinkostenbereiche erreicht werden kann.

Die wichtigsten Systeme der Kosten- und Leistungsrechnung und Instrumente des Gemeinkostenmanagements werden nachfolgend hinsichtlich ihrer Anforderungserfüllung überprüft.

4 Die Gemeinkostenplanung in Kostenrechnung und Kostenmanagement

Wie bereits ausgeführt vollzog sich gegen Ende der 80er Jahre die Ent wicklung von der Kostenrechnung zum Kostenmanagement. In der Kosten-rechnung werden die Kosten aus dem Blickwinkel der Ermittlung der Kosten-höhe und der Zurechnung zu Bezugsobjekten betrachtet. Im Kostenmanage-ment steht dagegen die Beeinflussung der Kosten im Vordergrund (vgl. Franz, K.-P. 1992b, S. 1492). Da Kosten lediglich Symptome ursächlich wirkender Kostenbestimmungsfaktoren sind, betrachtet das Kostenmanagement diese Kostenbestimmungsfaktoren (vgl. Reiss, M., Corsten, H. 1990, S. 390ff.). Fol-gende Definition unterstreicht diesen Sachverhalt und wird deshalb den weite-ren Forschungsarbeiten zugrunde gelegt:

"Kostenmanagement ist die kostenoptimierende bzw. -minimierende Gestal-tung der Kostenbestimmungsfaktoren" (Horváth, P., Seidenschwarz, W. 1991, S. 300). Das Kostenmanagement verfolgt das Ziel, die Kostenposition einer Unternehmung zielgerichtet zu beeinflussen (vgl. ebenda, S. 300).

In Anlehnung an diese Definition wird unter Gemeinkostenmanagement das gezielte Einwirken auf die Höhe, den Verlauf und die Struktur der in einer Un-ternehmung anfallenden Gemeinkosten durch die Gestaltung der Kostenbe-stimmungsfaktoren verstanden (vgl. auch Beinhauer, M., Schellhass, K.-U. 1997, S. 405).

Als wichtige Ansatzpunkte des Kostenmanagements werden einerseits die Beeinflussung von Kostenniveau, Kostenverlauf und Kostenstruktur genannt (vgl. Reiss, M., Corsten, H. 1992, S. 1479ff.). Da diese Ansatzpunkte jedoch auf die Wirkungsseite bei gegebenen Kostenbestimmungsfaktoren abzielen (vgl. Arnaout, A., Niemand, S., Wangenheim, S. v. 1997, S. 165f.), wird in der Literatur eine auf die Ursachen der Kostenentstehung abzielende Sichtweise gefordert, die auch wegen des expliziten Kundenbezugs für das Target Costing relevant ist. Bedeutsame Ansatzpunkte des Kostenmanagements sind in den auf Kundenanforderungen abgestimmten Produkten, in der Bereitstel-lung der zu ihrer Erstellung erforderlichen Prozesse und in der Steuerung der erforderlichen Ressourcen zu sehen (vgl. Männel, W. 1993c, S. 210ff., Franz, K.-P., Kajüter, P. 1997, S. 11f., Arnaout, A., et. al. 1997, S. 165). Der Bezie-hungszusammenhang der Leistungserstellung veranschaulicht die Verbindung zwischen dem produktorientierten Target Costing und den hinter den Gemein-kosten stehenden Prozessen bzw. Ressourcen (siehe Abbildung 5, ähnlich bei Franz, K.-P., Kajüter, P. 1997c, S. 12).

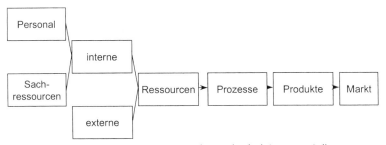

Abbildung 5: Beziehungszusammenhang der Leistungserstellung

Kostenrechnung und Kostenmanagement können in der Praxis nicht klar unterschieden werden (vgl. Franz, K.-P. 1992b, S. 1492, Arnaout, A., et. al. 1997, S. 164). Kostenrechnungssysteme stellen keine eigenständigen Kostengestaltungsinstrumente dar, sie unterstützen aber die Aufgabe der planungsbezogenen Antizipation und der kontrollorientierten Dokumentation der (potenziellen) Ergebniseffekte der eigentlichen Kostengestaltungsmaßnahmen (vgl. Reichmann, T., Fröhling, O. 1993, S. 65). Target Costing weist vielfältige Beziehungen zur Kostenrechnung auf, da es auf die Bereitstellung von Kosteninformationen angewiesen ist, und es Unterstützung bei der Erreichung der abgeleiteten Zielkosten, also Unterstützung im Kostenmanagementbereich, braucht (vgl. Listl, A. 1998, S. 131).

Insbesondere bei den Instrumenten des prozessorientierten Kostenmanagements würde ein künstliche Trennung der Prozesskostenrechnung von den Instrumenten des Prozessmanagements der Verständlichkeit und dem Gedanken der Integration von Kostenrechnung und -management entgegen stehen. Deshalb werden die Instrumente des prozessorientierten Kostenmanagements zusammen mit der Prozesskostenrechnung näher beleuchtet. Die Untersuchung der Kostenrechnungssysteme wird im Anschluss um eine Auswahl an Instrumenten, die sich insbesondere zum Gemeinkostenmanagement eignen (vgl. Jehle, E. 1992, S. 1509), erweitert.

4.1 Planung der Gemeinkosten in den Systemen der Vollkostenrechnung

Bei den Systemen der Vollkostenrechnung wird zwischen der starren und der flexiblen Plankostenrechnung unterschieden. Die starre Plankostenrechnung zeichnet sich durch die Planung aller Kostenstellen nach Kostenarten und auf Basis *einer* Planbeschäftigung aus. Da die Kosten unabhängig von unterschiedlichen Ausprägungen des Beschäftigungsgrades geplant werden, ist eine wirksame Kostenkontrolle allerdings nicht möglich (vgl. Kilger, W. 1993, S. 36ff.). Aufgrund der weiten Verbreitung und des höheren konzeptionellen Ausbaustandes der flexiblen Plankostenrechnung wird diese nachfolgend näher beleuchtet.

4.1.1 Planung der Gemeinkosten in der flexiblen Plankostenrechnung

Folgende Merkmale können zur Charakterisierung der flexiblen Plankostenrechnung herangezogen werden.

■ **Kostenspaltung in fixe und proportionale Kosten**
Zur Intensivierung der Kostenkontrolle auf Kostenstellenebene werden die Kostenstellenkosten nach Kostenarten geplant und in fixe und proportionale Kostenbestandteile gespalten. Das Problem, dass der Anteil der variablen Kosten mit der Fristigkeit der Planung zunimmt, wird in der Plankostenrechnung durch die Annahme einer „Basisfristigkeit" von einem Jahr und die Unterstellung gegebener Betriebsmittelkapazitäten gelöst (vgl. Kilger, W. 1993, S. 139f., Albach, H. 1988, S. 640, Plaut, H.-G. 1984, S. 24, Mayer, R. 1998a, S. 21). Alle unterjährig veränderbaren Kosten sind somit variabel bzw. lassen sich an die Beschäftigung anpassen. Fixkosten sind unterjährig unabhängig von der gegebenen Kapazität und somit nicht veränderbar im System der flexiblen Plankostenrechnung.

■ **Abweichungsanalysen**
Das wichtigste Ziel der flexiblen Plankostenrechnung ist die Intensivierung der Kostenkontrolle (vgl. Kilger, W. 1993, S. 40, Plaut, H.-G. 1987, S. 359ff.). Aus der Differenz zwischen Sollkosten und „verrechneten Plankosten" ergibt sich die Beschäftigungsabweichung. Unterstellt man, dass ein Kostenstellenleiter den Beschäftigungsgrad nicht beeinflussen kann, ergibt sich als maßgebliche Steuerungsgröße für ihn die Verbrauchsabweichung als Differenz zwischen den Ist- und den Sollkosten.

■ **Trennung von Einzel- und Gemeinkosten**
Einzelkosten im Sinne der flexiblen Plankostenrechnung sind alle Kosten, die sich nicht nach dem Verursachungsprinzip einem Kostenträger zuordnen lassen, während Gemeinkosten nicht direkt nach dem Verursachungsprinzip auf betriebliche Leistungseinheiten (bzw. Kalkulationsobjekte) verrechnet werden können, sondern über Kostenstellen geplant und abge-

rechnet werden (vgl. Kilger, W. 1993, S. 8ff.). Fertigungslöhne werden als Sonderfall behandelt, sie werden zwar als Einzelkosten betrachtet, aber dennoch über Kostenstellen in der Kalkulation abgerechnet. Die Verrechnung der Lohneinzelkosten und der Gemeinkosten der Fertigungsstellen kann nach *Kilger* somit in einem Kalkulationssatz erfolgen (vgl. Kilger, W. 1993, S. 247).

■ **Vollkostenverrechnung auf Kostenträger**
Die Kalkulationssätze der Hauptkostenstellen und die Verrechnungssätze der innerbetrieblichen Leistungsverrechnung enthalten anteilige Fixkosten, obwohl in der Kostenstellenplanung die Kosten in fixe und proportionale Kosten gespalten werden (vgl. Kilger, W. 1993, S. 39f.). Die flexible Plankostenrechnung ist deshalb den Systemen der Vollkostenrechnung zuzuordnen.

Einzelkosten (mit Ausnahme der Fertigungslöhne) werden auf Basis von Stücklisten und Rezepturen mit bewerteten Planpreisen in die Erzeugniskalkulation weiterverrechnet. Fertigungseinzel- und Fertigungsgemeinkosten werden über die Bezugsgrößen in die Erzeugniskalkulation verrechnet. Die Bewertung erfolgt bei der Plan- / Vorkalkulation (Nachkalkulation) auf Basis der Planverrechnungssätze der Bezugsgröße und der Fertigungszeit laut Arbeitsplan (Istarbeitszeit). Material- bzw. Verwaltungs- und Vertriebsgemeinkosten werden über prozentuale Zuschlagssätze verrechnet.

Die Planung der Gemeinkosten erfolgt in der flexiblen Plankostenrechnung auf der Basis von Bezugsgrößen. Sie werden in den Kostenstellen nach Kostenarten differenziert geplant. Bezugsgrößen sind als Maßgröße der Kostenverursachung für die Kostenstellenkosten definiert (vgl. Kilger, W. 1993, S. 140ff.). Homogene Kostenverursachung liegt vor, wenn eine Bezugsgröße existiert, zu der sich alle ausbringungsabhängigen Kostenarten einer Kostenstelle proportional zu dieser Bezugsgröße verhalten. Alle proportionalen Kostenarten der Kostenstelle werden dann über eine Bezugsgröße geplant. Bei heterogener Kostenverursachung sind mehrere Bezugsgrößen für eine Kostenstelle erforderlich. Für die Verrechnung der Kosten des indirekten Bereichs ist die Differenzierung in direkte und indirekte Bezugsgrößen von großer Bedeutung. Für Kostenstellen mit überwiegend dispositiver, planender und organisatorischer Tätigkeit werden indirekte Bezugsgrößen zur Kostenstellenplanung verwendet, während für Kostenstellen mit verwaltender Tätigkeit direkte Bezugsgrößen wie z.B. die Anzahl der Bearbeitungsfälle zum Einsatz kommen (vgl. Kilger, W. 1993, S. 326ff. und S. 447ff.). Im Unterschied zu den Bezugsgrößen der Fertigungsbereiche werden diese Bezugsgrößen aber nicht zur Weiterverrechnung auf die betrieblichen Erzeugnisse herangezogen. Die Gemeinkosten-Kostenstellen werden über prozentuale Zuschlagssätze den Kostenträgern zugerechnet.

4.1.2 Planung der Gemeinkosten im Rahmen des prozessorientierten Kostenmanagements

4.1.2.1 Ziele und Merkmale der Prozesskostenrechnung

Der Durchbruch der prozessorientierten Kostenrechnung in Deutschland begann 1989 mit der von *Horváth* und *Mayer* entwickelten Konzeption, die auf den Gedanken von *Cooper* und *Kaplan* zum Activity Based Costing aufbaut (vgl. Cooper, R., Kaplan, R.S. 1988, Horváth, P., Mayer, R., 1989, zur Entwicklung prozessorientierter Kostenrechnungssysteme vgl. Stoi, R. 1999, S. 7ff.). Der unterschiedliche Entwicklungsstand der Kostenrechnungssysteme in Deutschland und den USA führt zu Unterschieden im Anwendungsbereich und der methodischen Ausgestaltung (vgl. Mayer, R. 1998a, S. 133, sowie die Übersicht zur Entwicklung prozessorientierter Kostenrechnungssysteme bei Stoi, R., 1999, S. 11). Aufgrund der weiten Verbreitung und der im Vergleich zum amerikanischen Activity Based Costing umfassenderen Sichtweise (vgl. Stoi, R. 1999, S. 31ff., Horváth, P., Mayer, R. 1993, S. 15f.) wird die Konzeption von *Horváth* und *Mayer* den folgenden Ausführungen zugrunde gelegt.

Die Prozesskostenrechnung ist kein völlig neues Kostenrechnungssystem, sie baut vielmehr auf der traditionellen Kostenarten- und Kostenstellenrechnung auf und wird deshalb als Ergänzung (und nicht als Ersatz) der Plankostenrechnung im indirekten Bereich gesehen. (vgl. Horváth, P., Kieninger, M., et. al. 1993, S. 626, Mayer, R. 1993a, S. 532, Stoi, R. 1999, S. 24). Sie ergänzt die Systeme der Plankostenrechnung, indem sie die Planung und Steuerung der Gemeinkosten verbessert, sowie die verursachungsgerechtere Verrechnung der indirekten Gemeinkostenbereiche in die Kalkulation ermöglicht. Die wichtigsten Ziele der Prozesskostenrechnung sind:

- Schaffung von Transparenz der Gemeinkostenbereiche hinsichtlich der bestehenden Aktivitäten und der Ressourceninanspruchnahme.

- Optimierung der Prozesse hinsichtlich Qualität, Zeit und Effizienz.

- Permanentes Gemeinkostenmanagement im Sinne einer gezielten Beeinflussung der Gemeinkosten.

- Prozessorientierte Kalkulation durch die verursachungsgerechtere Zurechnung von Gemeinkosten auf Produkte, Kunden, Regionen etc.

- Strategische Kalkulation in den frühen Phasen der Produktentwicklung. In der prozessorientierten, strategischen Kalkulation wird die Verbindung zum Target Costing gesehen.

Die Prozesskostenrechnung lässt sich anhand folgender Merkmale charakterisieren (vgl. Horváth, P., Mayer, R. 1993, Mayer, R. 1998a, S. 136ff.):

- Der Anwendungsbereich der Prozesskostenrechnung liegt in den Teilen des indirekten Bereichs, in denen vorwiegend repetitive Tätigkeiten durchgeführt werden. Die Prozesse des indirekten Bereichs werden auch als Gemeinkostenprozesse bezeichnet. Darunter werden alle Bereiche eines Unternehmens verstanden, die nicht unmittelbar am Produktionsprozess beteiligt sind, sondern vorbereitende, planende, steuernde, überwachende und koordinierende Tätigkeiten ausführen. Genannt werden z.b. Beschaffung, Logistik, Arbeitsvorbereitung und Programmierung, Produktionsplanung und -steuerung, Instandhaltung, Qualitätssicherung, Auftragsabwicklung, Vertrieb und Rechnungswesen (siehe auch Abbildung 7, vgl. Mayer, R. 1998a, S. 132, Freidank, C-.C., Goetze, U., Huch, B., Weber, J. 1997, S. 405). Anzumerken ist, dass Prozesse in Dienstleistungsunternehmen ebenfalls ein wichtiges Einsatzfeld der Prozesskostenrechnung darstellen.

- Unter einem Prozess wird eine Folge von Aktivitäten, deren Ergebnis eine Leistung für einen (internen oder externen) Kunden darstellt, verstanden. Ein Prozess weist folgende Merkmale auf (vgl. Horváth, P. 1998b, S. 103, Mayer, R. 1998a, S. 136):
  - Es besteht eine Kunden-Lieferanten-Beziehung.
  - Der Prozess hat einen Input.
  - Der Prozess hat einen festgelegten Output.
  - Es sind mehrere Stellen beteiligt.
  - Der Prozess wird von mindestens einer Stelle verantwortet.

- Ein Prozessmodell kann hierarchisch in Geschäfts-, Haupt- und Teilprozesse, sowie Aktivitäten differenziert werden (vgl. Gaitanides, M. 1983, S. 75ff.). Für die Kalkulation bzw. die Ergebnisrechnung von großer Bedeutung sind die Hauptprozesse.

- Die Cost Driver (Maßgrößen auf Teilprozessebene) sind sowohl Messgröße für die Kostenverursachung bzw. Ressourceninanspruchnahme der Hauptprozesse (Teilprozesse) als auch Messgröße für den Leistungsoutput der Hauptprozesse (Teilprozesse) (vgl. Horváth, P., Mayer, R. 1993, S. 18f.). Dies entspricht der Doppelfunktion, welche die Bezugsgrößen in den Systemen der Plankostenrechnung übernehmen. Vergleichbar der Plankostenrechnung erfolgt in der Prozesskostenrechnung mit der Definition eines Cost Driver pro Hauptprozess eine Fokussierung auf wichtige Kosteneinflussfaktoren (vgl. Kilger, W. 1993, S. 141, Mayer, R. 1998a, S. 141). Eine analytische Kostenplanung für Teilprozesse bzw. Hauptprozesse ist grundsätzlich möglich, aufgrund des hohen Aufwands wurde zunächst vorgeschlagen, die Gesamtkosten der Kostenstelle über geeignete Schlüssel (z.B. Mitarbeiter-Jahre der Kostenstelle) den Teilprozessen zuzuordnen (vgl. Horváth, P., Kieninger, M., et. al. 1993, S. 613). In neueren Veröffentlichungen findet sich jedoch der Hinweis auf eine ressourcenorientierte Zusammenfassung der Kostenarten in den Kostenstellen. *Mayer* schlägt vor, die Ressourcenarten Personal- und personalabhängige Kosten, sonstige Sachkosten, Abschreibungen und EDV-Kosten zu differenzieren (zur Ressourcenorientierten Prozesskostenrechnung vgl. Schuh, G., Kaiser, A. 1994, S. 77ff., Mayer, R. 1998b, S. 11). Der Grundsatz der kostenartenspezifischen Planung in den Kostenstellen wird damit aufgegeben.

■ Die Prozesskostenrechnung verzichtet auf eine Kostenspaltung in fixe und proportionale Kosten. Den Prozessen werden beanspruchte Kapazitäten von intervallfixen Kosten zugerechnet. Sollkosten im Rahmen der Prozesskostenrechnung (Ist-Cost Driver-Menge x Plan-Prozesskostensatz) stellen im Gegensatz zur flexiblen Plankostenrechnung einen Maßstab für die Kapazitätsauslastung dar, da keine Kostenplanung in Abhängigkeit von der Beschäftigung erfolgt. Die Kostenabweichung lässt sich allerdings nicht in Abweichungen aufgrund von Unwirtschaftlichkeiten und Abweichungen aufgrund von Kapazitätsschwankungen aufteilen. Die Kostenspaltung der Prozesskostenrechnung erfolgt auf Teilprozessebene in leistungsmengeninduzierte (lmi) und leistungsmengenneutrale (lmn) Kosten. Bei den leistungsmengeninduzierten Teilprozessen verhalten sich Ressourceneinsatz und verrechnete Kosten proportional zum erbrachten Leistungsvolumen, gemessen durch die Maßgrößenmenge. Leistungsmengenneutrale Teilprozesse stellen die „Grundlast" der Kostenstelle dar. Als Beispiele wird der Ressourceneinsatz zur Mitarbeiterführung, zur Verwaltung der Kostenstelle und zur Weiterbildung angeführt (vgl. Mayer, R. 1998b, S. 12f.). Die lmn-Teilprozesse werden proportional zur Höhe der lmi-Kosten auf alle lmi-Teilprozesse der Kostenstelle verrechnet und somit anteilig auf die jeweils zugeordneten Hauptprozesse weiterverrechnet.

Die Prozesskostenrechnung unterstützt das prozessorientierte Kostenmanagement in drei Ansatzpunkten; bei der Gestaltung von Prozessstrukturen, bei der Reduktion des erforderlichen Prozessvolumens und bei der Steigerung der Prozesseffizienz (siehe Abbildung 6, vgl. Kieninger, M. 1998, S. 41).

Gestaltung der Prozessstruktur	Reduktion des Prozessvolumens	Steigerung der Prozesseffizienz

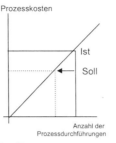 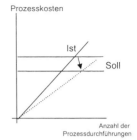

Abbildung 6:   Ansatzpunkte im Prozessmanagement

Im Rahmen des Target Costing können die Informationen der Prozesskosten-rechnung beispielsweise zur Gestaltung von Dienstleistungsprozessen Hin-weise geben (vgl. Niemand, S. 1996, S. 39ff.). Die Reduktion der durch ein zukünftiges Produkt ausgelösten Prozess-Durchführungen für einen Beschaf-fungsprozess kann im Target Costing z.b. durch die Verwendung von Standardteilen erreicht werden. Dagegen liegt die Steigerung der Prozesseffi-zienz normaler Weise nicht im Einflussbereich der Target Costing-Teams, sondern bei den Funktions- und Prozessverantwortlichen.

Dem dieser Arbeit zugrunde gelegten, umfassenden Verständnis des Gemein-kostenmanagements können folgende Instrumente des prozessorientierten Kostenmanagements zugeordnet werden, die auf den Informationen aus der Prozesskostenanalyse aufbauen:

■ Die **prozessorientierte Kalkulation** unterstützt die verursachungsgerechte Verrechnung von Gemeinkosten im Rahmen der entwicklungsbegleitenden und der laufenden Kalkulation.

■ Die **prozessorientierte Ergebnisrechnung** unterstützt das Gemeinkos-tenmanagement durch eine verfeinerte Verrechnung der fixen Gemeinkos-ten im Sinne einer stufenweisen Fixkostendeckungsrechnung (vgl. Horváth, P., Mayer, R. 1993, S. 25f., Mayer, R. 1998a, S. 184ff.).

■ Die **prozessorientierte Budgetierung** ermöglicht die mengenorientierte und output-bezogene Planung der Gemeinkosten (vgl. Horváth, P., Mayer, R. 1993, S. 23).

■ Die Prozesskostenrechnung liefert wichtige Prozesskennzahlen und Infor-mationen für ein **prozessorientiertes Performance Measurement** (vgl. Stoi, R. 1999, S. 41ff.).

Target Costing ist primär eine stückbezogene Rechnung, bei der die zeitliche Betrachtung aus der Stückbetrachtung abgeleitet wird. Sowohl in der Kosten-trägerstückrechnung, als auch in der Kostenträgerzeitrechnung (Ergebnisrechnung) kommt die gleiche Methodik zur verursachungsgerechten Verrechnung der Gemeinkosten zum Einsatz. Die durch die prozessorientierte Ergebnisrechnung unterstützten Fragestellungen nach Deckungsbeiträgen von Aufträgen, Vertriebswegen oder Kunden entsprechen nicht der im Target Costing relevanten Einprodukt-Sicht und entsprechende Sonderanalysen sind leicht zu erstellen. Deshalb wird in Bezug auf die Ergebnisrechnung auf die Literatur verwiesen.

Aufgrund der besonderen Relevanz im Zusammenhang mit der marktorientierten Gemeinkostenplanung im Rahmen des Target Costing wird die prozessorientierte Kalkulation, die prozessorientierte Budgetierung und das prozessorientierte Performance Measurement nachfolgend näher beleuchtet.

4.1.2.2 Prozessorientierte Kalkulation

Die Verrechnung der Einzelkosten (wie z.B. Material und Fertigungslöhne) im Rahmen der prozessorientierten Kalkulation erfolgt wie in den Systemen der Plankostenrechnung über Stücklisten und Arbeitspläne (vgl. Horváth, P., Mayer, R. 1993, S. 25ff., Horváth, P., Kieninger, M., et. al. 1993, S. 620f., Fischer, T.M. 1993, S. 204ff.). Produktnahe Gemeinkosten der indirekten Bereiche werden über die Hauptprozesskostensätze nach der in Prozessplänen dokumentierten Inanspruchnahme durch den Kostenträger mengenorientiert verrechnet. Zu beachten ist, dass in den Hauptprozesskostensätzen leistungsmengenneutrale Kostenbestandteile enthalten sind, die damit nur indirekt und nicht verursachungsgerecht verrechnet werden.

Hinsichtlich der Zurechnungsmethodik von Prozessen auf Kostenträger werden drei Prozess-Kategorien unterschieden. Vorleistungsprozesse werden als Vorleistungskosten in Lebenszyklusanalysen berücksichtigt. Betreuungsprozesse werden über die durchschnittlich geplante Jahresstückzahl oder über eine Lebenszyklusrechnung verrechnet und Abwicklungsprozesse über die geplante durchschnittliche Losgröße.

Nach dem Produktbezug werden produktnahe und produktferne Prozesse unterschieden. Produktnahe Prozesse lassen sich im Gegensatz zu den produktfernen Prozessen nach der finalen Interpretation des Verursachungsprinzips einem Kostenträger zurechnen (vgl. Horváth, P., Kieninger, M., et. al. 1993, S. 614, Mayer, R. 1998b, S. 15ff.).

Abbildung 7 (ähnlich bei Horváth, P., Mayer, R. 1993, S. 16ff., Schweitzer, M. 1998, S. 343) stellt die Verrechnung der Prozesskosten im Rahmen der Kostenträgerrechnung in der Übersicht dar.

				Vorleistungsprozesse	Betreuungsprozesse	Abwicklungsprozesse
Indirekter Bereich	Repetitive Prozesse	Produktnahe Prozesse	Beispiele	Neuteile oder Neuprodukte einführen	Produkte / Varianten / Teile betreuen	Teile beschaffen, Fertigungsaufträge planen/kommissionieren
			Verrechnung	Über Bezugsgrößen und Prozesskoeffizienten auf die Stückzahl im Produktlebenszyklus	Über Bezugsgrößen und Prozesskoeffizienten auf die Stückzahl in der Periode	Über Bezugsgrößen und Prozesskoeffizienten auf die Losgröße
			Ermittlung der Stückkosten	Zugerechnete Kosten : Stückzahl im Produktlebenszyklus	Zugerechnete Kosten : Stückzahl in der Periode	Zugerechnete Kosten : Losgröße
		Produktferne Prozesse	Beispiele	Lieferanten betreuen, Kunden betreuen, Länder / Regionen betreuen		
			Verrechnung	Über wertmäßige Bezugsgrößen (z.B. Material- / Fertigungseinzelkosten, Herstellkosten)		
	Nicht repetitive Prozesse			Wie z.B. Grundlagenforschung. Wird nicht in der Prozesskostenrechnung erfasst und verrechnet		
Direkter Bereich				Wie z.B. direkte Fertigungsprozesse in produzierenden Unternehmen. Diese werden nicht in der Prozesskostenrechnung erfasst und verrechnet (Ausnahme: Dienstleistungsunternehmen)		

Abbildung 7: *Anwendungsbereich und Regeln zur Verrechnung der Prozesskosten auf Kostenträger*

Zur Ausgestaltung der prozessorientierten Kalkulation finden sich in der Literatur unterschiedliche Lösungsansätze (vgl. Fischer, T.M. 1993, S. 224ff. Stoi, R. 1999, S. 43ff.):

- Bei der **prozessanalogen Kalkulation** werden alle Gemeinkosten mithilfe der Cost Driver auf die Produkte verrechnet. Die notwendige Voraussetzung, dass für sämtliche Gemeinkosten ein direkter Produktzusammenhang herstellbar ist, ist für bestimmte Prozesse in der Praxis (z.B. kaufmännische Leitung, Organisation,...) nicht erfüllt. Es handelt sich um einen theoretischen Modellfall.

- Bei der **prozessorientierten Zuschlagskalkulation** werden die Zuschlagssätze aufgrund prozessualer Aspekte und Überlegungen wie z.B. Komplexitätsgrade gebildet. Hierfür werden die Produkte in homogene Gruppen eingeteilt, für die dann ein einheitlicher Zuschlagssatz definiert wird. Gegen dieses Vorgehen spricht allerdings je nach Detaillierungsgrad entweder der geringe Informationsgewinn oder der hohe Durchführungsaufwand (vgl. Braun, S. 1996, S. 90ff.). D.h. zur Bildung der Zuschlagssätze benötigt man einerseits detaillierte Prozessanalysen. Sind diese verfügbar, dann ist der zusätzliche Aufwand für eine prozessorientierte Kalkulation andererseits kaum größer.

- Bei der **prozessorientierten Kalkulation** werden die Kosten der bedeutenden Prozesse, für die nach dem Verursachungsprinzip ein Produktbezug besteht, über die mit Prozesskostensätzen bewertete, mengenmäßige Inanspruchnahme verursachungsgerecht verrechnet. Die verbleibenden Gemeinkosten werden mit Zuschlagssätzen verrechnet.

Die prozessorientierte Kalkulation der Gemeinkosten bildet mehrere Effekte ab, die eine strategische Gestaltung des Produktprogramms unterstützen (vgl. Fischer, T.M. 1993, S. 213ff., Coenenberg, A. ,Fischer, T.-M. 1991, S. 31ff.).

Die prozessorientierte Zuordnung (Allokation) der Gemeinkosten erfolgt unabhängig von den traditionell wertorientierten Zuschlagsbasen (z.B. Material- und Lohneinzelkosten) nach der Inanspruchnahme der Gemeinkostenressourcen. Dies führt dazu, dass auf Produkte, die die Gemeinkostenressourcen stark in Anspruch nehmen, im Vergleich zur Zuschlagskalkulation höhere Gemeinkosten verrechnet werden. Diese Produkte weisen bei gegebenem Marktpreis ein geringeres Produktergebnis aus, wodurch Allokationseffekte unterstützt werden.

Die Zuschlagskalkulation verrechnet die Komplexitätskosten (vgl. Wäscher, D. 1987, S. 312) proportional zur Höhe der Zuschlagsbasis, d.h. der Material- und Lohneinzelkosten. Die verursachungsgerechte Verrechnung im Rahmen der prozessorientierten Kalkulation führt dazu, dass Produkten mit niedriger Komplexität (Standardprodukte) und geringer Wertschöpfung im Vergleich zur Zuschlagskalkulation weniger Komplexitätskosten zugerechnet werden. Somit können Komplexitätseffekte bewertet werden.

Die Zuschlagskalkulation verrechnet jeweils einen konstanten Gemeinkostensatz je Stück (bei gleicher Bezugsbasis), während sich die verrechneten Prozesskosten je Stück mit zunehmender Losgröße verringern. Produkte, die in geringen (großen) Mengen nachgefragt werden, müssen in der prozessorientierten Kalkulation höhere (niedrigere) Gemeinkosten tragen. Aufträge und Produkte mit geringen Stückzahlen werden, da sie die betrieblichen Ressourcen stärker belasten, mit hohen Gemeinkosten belastet und vice versa (Degressionseffekt).

4.1.2.3 Prozessorientierte Budgetierung

Die Budgetierung für Gemeinkostenbereiche, die keine unmittelbaren Marktleistungen erbringen, ist heute oftmals eine nicht-analytische und wertmäßige Kostenplanung (Horváth, P. 1994, S. 274f.). Charakteristisch ist das sog. „Incremental Budgeting" (auch Fortschreibungsmethode oder ex-post-plus Budgetierung, vgl. Göpfert, I. 1993, Sp. 569), bei dem die Plan- oder Ist-Werte aus der Vergangenheit fortgeschrieben werden. Allerdings existieren in den Gemeinkostenbereichen eine Vielzahl an repetitiven Vorgängen, die mengenorientiert geplant werden können.

Die prozessorientierte Budgetierung erlaubt es, Rationalisierungsziele und mengenmäßige Veränderungen in ihren Auswirkungen auf Haupt- und Teilprozessebene und damit auf Kostenstellenebene abzubilden (vgl. Mayer, R. 1998a, S. 116). Sie unterstützt damit eine mittel- bis langfristige mengenmäßige Beeinflussung der Gemeinkosten (vgl. Horváth, P., Mayer, R. 1993, S. 23, Mayer, R. 1998b, S. 26). Die Verwendung von Bezugsgrößen zur Kostenplanung erhöht die Transparenz und die Budgetfestlegung ist weniger vom Verhandlungsgeschick der Bereiche abhängig (vgl. Brimson, J., Antos, J. 1999, S. 12, Kaplan, R.S., Cooper, R. 1997, S. 302). Außerdem kann die Budgethöhe durch die Ausrichtung am Leistungsvolumen – und die damit mögliche Vorgabe relativer Budgets - schneller an Änderungen angepasst werden als bei der traditionellen, wertmäßigen Budgetierung (vgl. Braun, S. 1996, S. 129, Bunce, P., Fraser, R., Hope, J. 2001, S. 72). Auf diesem Wege wird die unkontrollierte Bildung von Budgetreserven verhindert und die Ressourcenverteilung in Richtung wertschöpfende Aktivitäten unterstützt (vgl. Dambrowski, J., Hieber, W. 1997, S. 310). Die prozessorientierte Sichtweise unterstützt darüber hinaus funktionsübergreifende Optimierungen, die in Form von Optimierungszielen in den Ablauf der prozessorientierten Budgetierung (Abbildung 8) eingebunden sind.

Abbildung 8:   Ablauf der prozessorientierten Budgetierung

4.1.2.4 Prozesskennzahlen und prozessorientiertes Performance Measurement

Unter Performance Measurement wird der Aufbau und Einsatz meist mehrerer Kennzahlen verschiedener Dimensionen verstanden, die zur Beurteilung der Effektivität („die richtigen Dinge tun") und Effizienz („die Dinge richtig tun") der Leistungen und Leistungspotenziale unterschiedlicher Leistungsebenen (z.B. Organisationseinheiten, Mitarbeiter, Prozesse) herangezogen werden (vgl.

Gleich, R. 1997, S. 114). Der zur Zeit wohl bekannteste Performance Measurement-Ansatz ist die Balanced Scorecard (vgl. Kaplan, R.S., Norton, D.P. 1992a, Kaplan, R.S., Norton, D.P. 1992b). Das Performance Measurement hat zum Ziel, über die Definition und Messung von Leistungsmessgrößen eine Verbesserung der Leistung des gesamten Unternehmens zu erreichen, Lerneffekte zu erzielen sowie eine verbesserte Kommunikation und Motivation der Mitarbeiter zu erreichen (vgl. Horváth, P., Gleich, R. 1998, S. 184, Gleich, R. 2001, S. 21ff.).

Im Rahmen der Prozesskostenrechnung werden neben den Prozesskosteninformationen auch nicht-finanzielle Maßgrößen (wie z.b. Cost Driver-/ Maßgrößenmengen, Prozesszeiten) erhoben, die zur Beurteilung der Prozesse verwendet werden können. Daneben bietet es sich an, im Rahmen der Prozessanalyse auch Qualitätskennzahlen wie z.B. Fehlerraten oder Reklamationsquoten zu erheben (vgl. Mitchell, F. 1997, S. 272f.). Während die absoluten Prozesskosten und die Prozesstreibermengen bereits Größen für ein Performance Measurement darstellen, kann der Prozesskostensatz zur Beurteilung der Prozesseffizienz dienen (siehe Abbildung 9, vgl. Coenenberg, A. Fischer, T.-M. 1991, S. 28f.). Der Prozesskostensatz, als Input-Output Relation ist der Kehrwert der Prozessproduktivität und damit ein Beurteilungsmaßstab zur Kostenkontrolle, zur Identifikation von Optimierungspotenzialen und zum Kostenvergleich. Zeitreihenvergleiche können außerdem zur Messung der Wirksamkeit von Maßnahmen und zur permanenten, abteilungsübergreifenden Steuerung eingesetzt werden.

$$\text{Prozesskostensatz} = \frac{\text{Prozesskosten}}{\text{Prozesstreibermenge}} = \frac{\text{Prozessinput}}{\text{Prozessoutput}} = \frac{1}{\text{Prozessproduktivität}} = \text{Prozesseffizienz}$$

Abbildung 9: Zusammenhang: Prozesskostensatz und Prozesseffizienz

4.1.3 Beurteilung der flexiblen Plankostenrechnung und der Prozesskostenrechnung zur Planung von Gemeinkosten im Target Costing

Nachfolgende Kritikpunkte gelten für alle Systeme der Vollkostenrechnung. Sie gelten somit für die flexible Plankostenrechnung und die Prozesskostenrechnung.

■ Haupteinwand der Vertreter der Teilkostenrechnung ist die rechnerische Proportionalisierung der fixen Kosten (vgl. Kilger, W. 1993, S. 48, Plaut, H. G. 1984, S. 23ff., Männel, W. 1997, S. 206). Hinsichtlich der zeitlichen Veränderbarkeit sind insbesondere für kurzfristige Entscheidungen die fixen Kosten nicht entscheidungsrelevant und die Aussagefähigkeit von Vollkostenrechnungssystemen gering. Für die langfristigen Entscheidungszeiträume im Target Costing kann dieses Argument jedoch entkräftet werden (vgl. auch Abschnitt 3.2).

■ Als weiteres Argument gegen die Systeme der Vollkostenrechnung wird die Schlüsselung der Gemeinkosten angeführt. Speziell die Befürworter der Teilkostenrechnung bemängeln, dass jede Vollkostenkalkulation problematisch ist, da Periodengemeinkosten, Kostenstellengemeinkosten, Kostenträgergemeinkosten und Prozessgemeinkosten anteilig aufgeschlüsselt werden (vgl. Männel, W. 1997, S. 206, Schweitzer, M. 1998, S. 136f.).

Als bedeutsamer Vorteil der flexiblen Plankostenrechnung sind die praktischen Möglichkeiten einer wirksamen Kostenkontrolle durch die flexible Sollkosten-Vorgabe auf Kostenstellenebene zu nennen. Weiterhin wird durch das System differenzierter Maßgrößen der Kostenverursachung (Bezugsgrößen) eine Verbesserung der Kalkulationsgenauigkeit erzielt (vgl. Kilger, W. 1993, S. 46ff.). Die Kosten der direkten Fertigungskostenstellen werden über Bezugsgrößen und nicht über wenig verursachungsgerechte Zuschlagssätze den Kostenträgern zugerechnet.

Kosten der Gemeinkosten-Bereiche können im System der flexiblen Plankostenrechnung zwar auf der Basis von indirekten Bezugsgrößen geplant werden, in die Produktkalkulation werden diese aber über Zuschlagssätze verrechnet. „Diese Zurechnungsmethodik ignoriert die wirklichen Gemeinkostenabhängigkeiten, da Planungs-, Steuerungs- und Kontrollkosten nicht durch wert- oder zeitabhängige Bezugsgrößen wie etwa Fertigungs-, Maschinenstunden und/oder Einzel- bzw. Herstellkosten ausgelöst werden, sondern beispielsweise durch die Anzahl der Aufträge oder die Komplexität bzw. Variantenvielfalt der Erzeugnisse" (Freidank, C.C. 1993, S. 388).

Über die oben genannte Kritik an den Systemen der Vollkostenrechnung hinaus wurden in der teilweise dogmatisch geführten wissenschaftlichen Diskussion zur Prozesskostenrechnung spezifische Problembereiche diskutiert (vgl. Glaser, H. 1996, Horváth, P., Kieninger, M., et. al. 1993, Kilger, W. 1993, S. 101ff., Kloock, J. 1991, Küpper, H.-U. 1991, Kütting, K., Lorson, P. 1991, S. 1422ff.).

■ Der Vorwurf, dass Kosten von Imn-Teilprozessen auf Hauptprozesse umgelegt und damit nicht verursachungsgerecht in die Kalkulation übernommen werden, konnte bislang nicht entkräftet werden. Bei einer theoretisch exakten Berücksichtigung der Gemeinkosten im Rahmen des Target Costing müssten die Kosten der Imn-Teilprozesse separat über Zuschlagssätze auf wertorientierte Bezugsgrößen an die Kostenträger verrechnet werden. Dies würde zumindest eine mehrfache Schlüsselung der Imn-Kosten verhindern.
Bei einem geringen Anteil an Imn-Teilprozesskosten (ca. 5% im Vergleich zu den untersuchten Imi-Teilprozessen, vgl. Horváth, P., Mayer, R. 1993, S. 22) wird im Verlauf dieser Arbeit auf eine separate Verrechnung verzichtet. Dies unterstützt zum einen die Forderungen nach leicht verständlichen Kosteninformationen im Target Costing, da auf eine teilprozessspezifische Suche nach der „korrekten" Bezugsgröße verzichtet werden kann. Zum anderen wird die Auffassung unterstrichen, dass sich die Aufmerksamkeit der

Gemeinkostenplanungen im Rahmen der langfristigen Planungshorizonte im Target Costing auf die Beeinflussung der wichtigsten Kostentreiber und nicht auf relativ unbedeutende Kostenpositionen fokussieren sollte.

■ Ein weiteres Problem in den Augen der Kritiker der Prozesskostenrechnung entsteht durch die Annahme der Dualfunktion der Bezugsgrößen (vgl. Reichmann, T., Fröhling, O. 1993, S. 66) für die Kostenkontrolle und die Kalkulation. Für produktnahe Bereiche wird diese inzwischen aber von vielen anfänglichen Kritikern der Prozesskostenrechnung bei längerfristigen Entscheidungen bestätigt. So spricht bspw. *Männel* diesen Bereichen nahezu den gleichen Produktbezug wie der Fertigung zu (vgl. Männel, W. 1993b, S. 77). Allerdings kann für produktferne Bereiche auch die Prozesskostenrechnung keine Verbesserung der Kalkulationsgenauigkeit erzielen.

■ Der Kritik der Schlüsselung aller Kostenarten einer Kostenstelle auf die Teilprozesse kann durch die konzeptionellen Anpassungen der ressourcenorientierten Prozesskostenrechnung begegnet werden (vgl. die Ausführungen auf S. 68).

Der Forderung, die Beziehung zwischen Ressourcen (Potenzialen), Prozessen und Produkten möglichst genau abzubilden und für Produkte genau zu zeigen, welche Ressourceninanspruchnahme sie auslösen und welche Kosten hierfür im Unternehmen entstehen (vgl. Männel, W. 1993b, S. 76), wird die Prozesskostenrechnung am Besten gerecht. Überdies unterstützt die Prozesskostenrechnung die konsequente Abbildung der für die Zielkostenplanung und -erreichung erforderliche Sicht der Kostentreiber sowie die funktionsübergreifende Prozesssicht. Die marktorientierte Planung der Gemeinkosten im Rahmen des Target Costing kann darüber hinaus durch die prozessorientierte Budgetierung und die Bereitstellung von Steuerungsgrößen für die Gemeinkostenprozesse unterstützt werden. Die der Prozesskostenrechnung inhärente Prozessorientierung unterstützt außerdem die Ausrichtung sämtlicher Prozesse und damit der Unternehmensaktivitäten an den Bedürfnissen des (internen oder externen) Kunden. Prozessorientierung bedeutet somit konsequente Marktorientierung der gesamten Unternehmung (vgl. Horváth, P. 1998b, S. 104).

4.2 Planung der Gemeinkosten in den Systemen der Teilkostenrechnung

4.2.1 Die flexible Grenzplankostenrechnung

Die mangelnde Eignung der flexiblen Plankostenrechnung zur Unterstützung unternehmerischer Entscheidungen wurde besonders deutlich, weil bereits eine Aufteilung der Kosten in fixe und proportionale Kosten zur Verfügung steht, die lediglich für die Zwecke der Kostenkontrolle, nicht aber für dispositive Aufgaben der Kostenrechnung genutzt wird (vgl. Kilger, W. 1993, S. 48). Die maßgeblich von *Plaut* entwickelte flexible Grenzplankostenrechnung baut auf dem System der flexiblen Plankostenrechnung auf und zeichnet sich durch folgende Merkmale aus (vgl. Plaut, H.G. 1984, S. 20ff., Plaut, H.G. 1987, S. 355ff., Kilger, W. 1993, S. 59ff.):

■ Neben der Spaltung der Kostenstellenkosten (und damit der Gemeinkosten) in fixe und proportionale Kosten wie im System der flexiblen Plankostenrechnung, werden die Plan-Verrechnungssätze zur innerbetrieblichen Leistungsverrechnung sowie zur Verrechnung der Hauptkostenstellen in die Produktkalkulation (Kostenträgerstückrechnung) auf Basis proportionaler Kosten gebildet. Die proportionalen Kosten verändern sich proportional mit der Bezugsgröße und sind innerhalb der Fristigkeit der Planung (1 Jahr) veränderbar.

■ Die Gemeinkosten werden im Rahmen der analytischen Kostenplanung der Kostenstellen in fixe und proportionale Anteile entsprechend der Verbrauchfunktion in Abhängigkeit der Bezugsgröße geplant.

■ Auch *Kilger* räumt indirekt die Notwendigkeit von Vollkostenkalkulationen in der Praxis ein. So hat die Entwicklung in der Praxis dazu geführt, dass die Grenzplankostenrechnung meist entweder durch eine stufenweise Fixkostendeckungsrechnung oder durch parallel erstellte Vollkostenkalkulationen ergänzt wird (vgl. Kilger, W. 1993, S. 112). Im System der Grenzplankostenrechnung wird die Bezugsgrößenkalkulation vorgeschlagen. Fixe Gemeinkosten werden nicht einer Kostenträgereinheit zugerechnet, während proportionale Gemeinkosten als prozentualer Zuschlagssatz auf die proportionalen Anteile der Materialeinzelkosten, der Fertigungseinzelkosten oder der Herstellkosten verrechnet werden (vgl. Kütting, K., Lorson, P. 1991, S. 1430).

4.2.2 Kostenrechnungssysteme mit differenzierter Fixkostenbetrachtung

Die Definition der proportionalen Kosten in der Grenzplankostenrechnung hat in der Wissenschaft zu Diskussionen und Weiterentwicklungen geführt. Insbesondere *Seicht* hat auf die Abhängigkeit der Kostenauflösung vom Fristigkeitsgrad der Planung hingewiesen (vgl. Seicht, G. 1963, S. 703ff.).

Kilger schlägt mit der Dynamischen Grenzplankostenrechnung Modifikationen der Grenzplankostenrechnung für Unternehmen vor, die häufiger auch Entscheidungen treffen müssen, die kürzere Zeiträume als ein Jahr betreffen. „Je nachdem, ob man einen längeren oder kürzeren Anpassungsspielraum festlegt, ist ein größerer oder geringerer Teil der Kosten den proportionalen Kosten zuzuordnen" (Kilger, W. 1993, S. 97). Die Kostenspaltung wird nach mehreren Fristigkeitsgraden differenziert, denen dann unterschiedliche Kalkulationssätze (für proportionale Kosten) in der Erzeugniskalkulation entsprechen (Kilger, W. 1993, S. 98ff.). Diese Modifikation der Grenzplankostenrechnung bezieht sich auf sehr kurze Planungszeiträume. Allerdings merkt *Kilger* selbst kritisch an, dass diese Verkomplizierung des Systems leicht zu Entscheidungsfehlern führen kann (Kilger, W. 1993, S. 98).

Das in der Praxis bislang wenig beachtete Konzept der Fixkostenmanagementorientierten Plankostenrechnung von *Reichmann* und *Scholl* ermöglicht in einem geschlossenen Konzept die

- sachliche Veränderbarkeit der Fixkosten in Abhängigkeit vom Betriebsbereitschaftsgrad und

- die zeitliche Veränderbarkeit der den Fixkosten zugrunde liegenden Verträge zu berücksichtigen.

Reichmann und *Scholl* unterscheiden in „automatisch veränderliche" (variable) Kosten und Fixkosten für Potenzialfaktoren, die wiederum in Klassen hinsichtlich der monatlichen, quartalsweisen, halbjährigen und längerfristigen Veränderbarkeit auf Basis der zugrunde liegenden Vertragspotenziale eingeteilt werden. Weiterhin wird davon ausgegangen, dass Fixkosten verschiedenen Stufen wie Erzeugnissen und Erzeugnisgruppen zugerechnet werden können (vgl. Reichmann, T. 1973, Reichmann, T., Scholl, H. J. 1984, S. 427ff.).

Innovativ ist die Einführung von „Betriebsbereitschaftsgraden" zur Planung der Kostenstellenfixkosten, die angeben, welcher Fixkostenbetrag innerhalb eines Monats (Quartals, Halbjahres oder einer längeren Frist) bei bestimmten Beschäftigungsgraden der Kostenstelle (z.B. 0%, 40%, 60%, 80%) abbaubar ist.

Als Kritik an der Fixkostenmanagementorientierten Plankostenrechnung (vgl. Mayer, R., 1998a, S. 32f.) sind insbesondere große Probleme bei der kostenartenbezogenen Planung der Fixkosten (in Abhängigkeit der Fristigkeit und der Betriebsbereitschaftsgrade) zu nennen, da in der Praxis Unschärfen durch individuelle Einzelverträge und ein sehr hoher Planungsaufwand entstehen können. Außerdem kann die Definition von Betriebsbereitschaftsgraden zu Fehlerquellen bei Kapazitätsveränderungen führen.

Im Gegensatz zu obigen Konzeptionen, welche die Höhe der fixen bzw. proportionalen Kosten in Abhängigkeit vom Planungszeitraum betrachten, wird in der stufenweisen Fixkostendeckungsrechnung nach *Agthe* und *Mellerowicz* der Fixkostenblock nach bestimmten Entscheidungsobjekten im Unternehmen aufgeteilt (vgl. Agthe, K. 1959, S. 406ff., Mellerowicz, K. 1979, S. 521ff.). Das Ziel der stufenweisen Fixkostendeckungsrechnung besteht darin, zu erkennen, bis zu welcher „Produktionstiefe" die Deckungsbeiträge der betrieblichen Erzeugnisse zur Deckung der Fixkosten ausreichen (vgl. Kilger, W. 1993, S. 88). Der nach Artikeln gegliederte Deckungsbeitrag wird stufenweise in die Erzeugnisfixkosten, die Erzeugnisgruppenfixkosten, die Bereichsfixkosten und die Unternehmungsfixkosten aufgeteilt (vgl. Agthe, K. 1959, S. 409ff.). Kosten einer Fertigungsanlage, die bezogen auf eine Produkteinheit als fix bezeichnet werden müssen und für eine Produktgruppe anfallen (d.h. Gemeinkosten darstellen), können bspw. der Produktgruppe direkt zugeordnet werden.

Der Anspruch der stufenweisen Fixkostendeckungsrechnung lässt sich um so eher erfüllen (vgl. Coenenberg, A. G. 1999, S. 256f., Kilger, W. 1993, S. 88, Mayer, R. 1998a, S. 29), je höher der Anteil der Produkt- oder Produktgruppenfixkosten ist, und um so eher die Kostenstelleneinteilung nach Produkten oder Produktgruppen segmentiert ist. Ist dies nicht der Fall, so muss mit fragwürdigen Fixkostenzuteilungen anhand von Verrechnungssätzen gearbeitet werden. Weiterhin ist zu beachten, dass bspw. die Streichung von Produkten, welche die zugeordneten Fixkosten nicht decken, erst nach der Überprüfung der Abbaubarkeit der relevanten Fixkosten auf der Basis von mehrperiodischen Sonderanalysen entschieden werden kann. Deshalb hat sich die stufenweise Fixkostendeckungsrechnung in der Praxis lediglich als Ergänzung der Erfolgsrechnung in der Grenzplankostenrechnung durchgesetzt (vgl. Müller, A. 1992, S. 30, Fischer, T.M. 1993, S. 149).

4.2.3 Beurteilung der Systeme der Teilkostenrechnung zur Planung von Gemeinkosten im Target Costing

Für kurzfristige Entscheidungen ist eine Grenzkostenbetrachtung erforderlich, die auf Basis von Vollkostenrechnungssystemen nicht generiert werden kann. Für langfristige Entscheidungen im Rahmen des Target Costing und insbesondere für die Berücksichtigung der Gemeinkosten ist die auf ein Jahr beschränkte Fristigkeit der Planung der oben genannten Teilkostenrechnungssysteme nicht relevant. Eine Ausweitung der zur Kostenspaltung angenommenen Fristigkeit wäre aufgrund des hohen Planungsaufwands und des dann geringen Anteils der langfristig nicht abbaubaren Kosten nicht gerechtfertigt.

Weiterhin werden den Erzeugnissen in diesen Systemen im Rahmen der Kalkulation nur die proportionalen Anteile der Gemeinkosten über Zuschlagssätze zugerechnet. Nennenswerte proportionale Kostenanteile finden sich aber fast ausschließlich in den Fertigungsbereichen (vgl. Horváth, P., Kieninger, M., et. al. 1993, S. 615). Der Umfang in der Kalkulation ausgewiesener produktnaher Gemeinkosten würde dadurch stark reduziert. Wie oben bereits ausgeführt (vgl. Abschnitt 3.2), unterstützt dies nicht den Gedanken der Marktorientierung in den Gemeinkostenbereichen.

4.3 Planung der Gemeinkosten in der Relativen Einzelkosten- und Deckungsbeitragsrechnung

Riebels Konzept der Relativen Einzelkosten- und Deckungsbeitragsrechnung basiert auf der konsequenten Interpretation und Weiterentwicklung der Entscheidungsunterstützungsfunktion der Kostenrechnung. Aufgrund der hohen Bedeutung für die Weiterentwicklung der Kostenrechnungstheorie und der spezifischen Definition des Einzelkostenbegriffs (und damit auch des Gemeinkostenbegriffs) wird dieses Kostenrechnungssystem näher beleuchtet.

4.3.1 Merkmale der Relativen Einzelkosten- und Deckungsbeitragsrechnung

Die Relative Einzelkosten- und Deckungsbeitragsrechnung zeichnet sich durch folgende Merkmale aus (vgl. Riebel, P. 1994a, S. 239f., 285ff.).

■ Grundsätzlich sieht *Riebel* die Hauptaufgabe der Kosten- und Leistungsrechnung in der Vorbereitung von Entscheidungen (vgl. Riebel, P. 1983, S. 22). Bei der Entscheidungsvorbereitung muss man sich deshalb „...auf solche Rechengrößen beschränken, die ausschließlich durch die betrachtete Maßnahme ausgelöst werden" (Riebel, P. 1994a, S. 600). Die Definition der relevanten Kosten hängt somit von der jeweiligen Fragestellung und Situation, den Zielsetzungen der Rechnung, den verfügbaren Potenzialen und dem Zeitraum ab. Riebel lehnt den wertmäßigen Kostenbegriff ab und legt seiner Konzeption den „entscheidungsorientierten Kostenbegriff" zugrunde (vgl. Riebel, P. 1994b, S. 15). Damit wird jede Periodisierung von Investitionsausgaben oder die pro-rata-Verteilung sonstiger Kosten strikt abgelehnt (vgl. Riebel, P. 1994a, S. 620).

■ Bzgl. der Zurechnung von Kosten erfolgt ein genereller Verzicht auf die Schlüsselung echter Gemeinkosten und die Proportionalisierung von Fixkosten. Nach dem Identitätsprinzip (siehe auch Abschnitt 3.2) können zwei Größen wie z.B. Kosten und Erlöse „...einander oder einem Bezugsobjekt nur dann logisch zwingend gegenübergestellt werden, wenn sie auf einen gemeinsamen dispositiven Ursprung, also einen identischen Entscheidungszusammenhang zurückgehen" (Riebel, P. 1994a, S. 627). Auf eine Kostenspaltung in fixe und variable Kosten wird im System der Relativen Einzelkosten- und Deckungsbeitragsrechnung verzichtet, da „...nicht generell und einfürallemal zwischen relevanten und nicht relevanten Kosten bzw. Informationen zu trennen" ist (Riebel, P. 1994a, S. 600).

Auf der Basis des entscheidungsorientierten Kostenbegriffs und des Identitätsprinzips hat *Riebel* die Relative Einzelkosten- und Deckungsbeitragsrechnung konzipiert.

Der traditionell an Produkten, Produktgruppen oder Organisationseinheiten geknüpfte Einzelkostenbegriff wird relativiert. Die Begriffe Einzelkosten und Einzelerlöse gelten nicht generell, sondern immer nur relativ zu einem bestimmten Objekt. Sämtliche Kosten werden als (relative) Einzelkosten der Bezugsgröße erfasst und ausgewiesen, die in der Hierarchie betrieblicher Bezugsobjekte möglichst weit unten stehen. Es werden geeignete Bezugsobjekte und Bezugsobjekt-Hierarchien aufgebaut, die gleichzeitig Dispositions- und Zurechnungshierarchien sind. Sie ermöglichen es, alle Kosten bei irgendeiner Leistung oder Leistungsgruppe, bei irgendeinem Kostenplatz, einer Kostenstelle, einer Abteilung oder einem übergeordneten Verantwortungsbereich oder bei einem sonstigen Objekt (z.B. Kunden, Lieferanten, Teilmärkten) direkt bezugsobjektspezifisch zu erfassen und zuzurechnen (vgl. Riebel, P. 1994a, S. 618). Zur Vermeidung von Schlüsselungen sind neben diesen sachlichen Bezugsobjekten auch zeitliche Bezugsobjekte erforderlich. Es wird bspw. zusätzlich in Tageseinzelkosten (z.B. Stromkosten einer Abteilung), Monatseinzelkosten (z.B. die Kosten einer kurzfristig kündbaren Aushilfe), Quartals- und Jahreseinzelkosten differenziert (Riebel, P. 1994a, S. 94ff.). Kosten, die aufgrund mehrjähriger Bindungsdauer entstehen, werden in einer „überjährigen Zeitablaufrechnung" gesammelt und in der Grundrechnung als „Gemeinkosten geschlossener Perioden" erfasst (Riebel, P. 1994a, S. 96f.).

Die erfassten Kostenarten werden in der Relativen Einzelkosten- und Deckungsbeitragsrechnung in Leistungs- und Bereitschaftskosten klassifiziert. Als Leistungskosten erfasst werden alle Kosten, die sich unmittelbar bei kurzfristiger Veränderung von Art, Menge und Erlös der tatsächlich erzeugten und abgesetzten Leistungen ändern, wie z.B. Fertigungsmaterialien oder direkte Energiekosten. Die einem Bezugsobjekt zugeordneten Kosten sind somit stets entscheidungsrelevant.
Bereitschaftskosten werden aufgrund von Planungen und Erwartungen über das Leistungsprogramm und Leistungsvolumen disponiert (vgl. Riebel, P. 1994a, S. 387ff.). Ob Bereitschaftskosten für eine Entscheidung relevant sind, hängt davon ab, ob sie dem betroffenen Bezugsobjekt als Einzelkosten zugeordnet werden können und ob sie im Zeithorizont disponierbar sind.

Ein wichtiges Merkmal der Relativen Einzelkosten- und Deckungsbeitragsrechnung ist die zweckneutrale Datenerfassung in einer Grundrechnung und zweckbezogene Auswertung für die verschiedenen Entscheidungssituationen (Riebel, P. 1994a, S. 433ff.). Die Struktur der zweckneutralen Grundrechnung wurde in der Literatur ausreichend beschrieben und wird deshalb an dieser Stelle nicht näher beleuchtet (vgl. Riebel, P. 1994a, S. 165-175, S. 395f., S. 436-439, S. 456-458).

Die konsequente Vermeidung von Gemeinkostenschlüsselungen führt zwangsläufig zum Verzicht auf Nettoergebnisrechnungen bzw. Vollkostenkalkulationen. *Riebel* empfiehlt Entscheidungen auf der Basis von retrograden Deckungsbeitragsrechnungen und Sonderauswertungen zu treffen (vgl. Riebel, P. 1994a, S. 188-202, S. 589-594, S. 759f.).

4.3.2 Beurteilung der Relativen Einzelkosten- und Deckungsbeitragsrechnung zur Planung von Gemeinkosten im Target Costing

Das revolutionäre Konzept der Relativen Einzelkosten- und Deckungsbeitragsrechnung hat in der Wissenschaft zu zahlreichen Diskussionen geführt und wurde vielfach kritisiert (vgl. Kilger, W. 1993, S. 93ff., Schweitzer, M. 1998, S. 512ff., Coenenberg, A.G. 1999, S. 279f., Mayer, R. 1998a, S. 39ff.).

Bezüglich der Anwendbarkeit der Relativen Einzelkosten- und Deckungsbeitragsrechnung zur Gemeinkostenplanung im Target Costing sind mehrere Problemfelder zu nennen.

■ Vorleistungskosten, wie z.B. Investitionen oder F&E-Aufwendungen werden in der Relativen Einzelkosten- und Deckungsbeitragsrechnung als „Gemeinkosten offener Perioden" ohne fest definierte Bezugsgröße ausgewiesen, da es nicht möglich ist, die Nutzungsdauer vorab zu ermitteln (vgl. Riebel, P. 1994a, S. 92). Die Bereitschaft zur Übernahme von Verantwortung für diese Kosten ist in den verursachenden Bereichen deshalb als gering einzuschätzen (Coenenberg, A.G. 1999, S. 270). Die gewünschte Verhaltenssteuerung im Target Costing kann für diese Gemeinkostenbereiche nicht erzielt werden.

■ Durch die fehlende Periodisierung der Kosten ist es nicht möglich, für eine Abrechnungsperiode den Betriebserfolg zu ermitteln, es werden lediglich sog. „Periodenbeiträge" bestimmt. Der Betriebserfolg ist im Prinzip nur für die Gesamtlebensdauer des Unternehmens darstellbar (vgl. Coenenberg, A. G. 1999, S. 271., Kilger, W. 1993, S. 86). Target Costing erfordert aber zumindest den Ausweis und die Vorgabe des Produkterfolges im Lebenszyklus.

■ Das Identitätsprinzip impliziert den Verzicht auf den Ausweis von Vollkosten. Im System der Relativen Einzelkosten- und Deckungsbeitragsrechnung ist der Ausweis einer Kalkulation auf der Basis von Vollkosten nicht möglich. Zur Vorgabe von entscheidungsrelevanten, relativen Einzelkosten müsste dann aber ein Zieldeckungsbeitrag definiert werden, damit eine marktorientierte Zielkostenbestimmung aus dem Marktpreis möglich ist (vgl. auch Abschnitt 3.2.).

■ Ein gewichtiger Kritikpunkt an der Relativen Einzelkosten- und Deckungsbeitragsrechnung ist, dass diese aufgrund der vielen Dimensionen und der differenzierten Kostenzurechnung für die praktische Anwendung nicht geeignet ist (vgl. Coenenberg, A. G. 1999, S. 271., Kilger, W. 1993, S. 86). Weiterhin sind die hohen Anforderungen an das betriebswirtschaftliche Wissen, die zur richtigen Interpretation der Auswertungen erforderlich sind, bei Entwicklern und Konstrukteuren in der Praxis sicherlich nicht flächendeckend vorhanden.

■ Abschließend ist der in diesem Konzept im Vordergrund stehende Aspekt der Zurechenbarkeit der Kosten zu betonen. Die relative Interpretation des

Einzelkostenbegriffs bzgl. der Bezugsobjekthierarchien unterstützt die Forderung nach der differenzierten Betrachtung der Gemeinkosten. Die einem Produkt zugerechneten Kosten verhalten sich aus einer Prozess-Sicht nicht nur variabel zur Ausbringungsmenge. Verschiedenste Prozesse verhalten sich proportional zu den Bezugsobjekten Fertigungslos, Auftrag oder Produktlebenszyklus (vgl. Scholl, K. 1998, S. 130f.) und bilden somit eine Bezugsobjekthierarchie für Gemeinkosten.

4.4 Instrumente des Gemeinkostenmanagements

4.4.1 Gemeinkostenwertanalyse

Die Gemeinkostenwertanalyse (GWA) wurde von der Unternehmensberatung McKinsey & Company auf Basis der Overhead-Value-Analysis (OVA) ent wickelt und an die Anforderungen des europäischen Marktes angepasst (vgl. Roever, M. 1980, Roever, M. 1982, Huber, R. 1987, Grünewald, H.-G. 1982). Die GWA verfolgt das Ziel, Kosten und Nutzen der Leistungen untersuchter Gemeinkostenbereiche zu beurteilen und Kosten zu reduzieren. Durch den Einbezug der Ideen und des Wissens des mittleren Managements und den systematischen, kreativitätsfördernden Ablauf werden die entsprechenden Maßnahmen generiert.

Der Ablauf der GWA vollzieht sich in drei Phasen (vgl. Jehle, E. 1992, S. 1509ff.) In der Vorbereitungsphase werden die zu untersuchenden Gemeinkostenbereiche in Einheiten aufgeteilt, die Projektorganisation etabliert (vgl. Gramoll, E., Lisson, F. 1989, S. 7) und die Projektbeteiligten geschult.

Die Durchführungsphase vollzieht sich in sogenannten Takten, in denen jeweils mehrere Einheiten parallel untersucht werden. Ein Takt unterteilt sich wiederum in vier Grundschritte:
Schritt 1: Erfassung und Strukturierung der Leistungen und Kosten der Einheit.
Schritt 2: Generierung von Einsparungsideen.
Schritt 3: Bewertung der Ideen.
Schritt 4: Dokumentation und Beantragung der Maßnahmenumsetzung.

Die Realisierungsphase beginnt mit der Entscheidung des Lenkungsausschusses für die verabschiedeten Maßnahmen.

Die Auflistung der Leistungen und Bewertung nach Kosten-/Nutzen-Gesichtspunkten weist große Analogien zur Vorgehensweise bei der Wertanalyse nach DIN 69910 und der Funktionsanalyse auf, die allerdings im Gegensatz zur GWA meist nur für Teile der Gemeinkostenbereiche eingesetzt wird (vgl. Yoshikawa, T. et. al. 1995, S. 191ff., Yoshikawa, T., Innes, J., Mitchell, F. 1994, S. 41ff.). Damit unterstützt die GWA den kreativen und heuristischen Prozess der Ideen- und Maßnahmengenerierung.

4.4.2 Zero-Base-Budgeting bzw. Zero-Base-Planning

Das Zero-Base-Budgeting (ZBB) bzw. Zero-Base-Planning wurde in den 60er Jahren bei der Firma *Texas Instruments* von *Phyrr* entwickelt (vgl. Phyrr, P.A. 1970, Meyer-Piening, A. 1990). ZBB hat zum Ziel, die Leistungen der Gemeinkostenbereiche zu hinterfragen, Gemeinkosten zu senken und im Sinne der operativen und strategischen Zielsetzungen umzuverteilen (vgl. Horváth, P. 1996, S. 258).

ZBB geht im Gegensatz zur herkömmlichen Budgetierung nicht von den Budgets der Vergangenheit zur inkrementalen Ableitung der neuen Budgets aus. Vielmehr werden Budgets vollständig von Grund auf, d.h. „zero-base" von den verantwortlichen Managern begründet. Die Beweislast umfasst damit nicht nur die zum vergangen Jahr zusätzlichen Kosten, sondern das gesamte Budget, die „Dominanz der alten Aufgaben" wird aufgelöst (vgl. Jehle, E. 1992, S. 1512).

Permanente Steuerung der Gemeinkosten zur Zielerreichung	9
Festlegung der Budgets und der entsprechenden Maßnahmen	8
Budgetschnitt durch die Unternehmensleitung	7
Festlegen der Rangordnung unter Abwägung von Kosten / Nutzen durch das übergeordnete Management	6
Beschreibung der Leistungsniveaus und Definition einer Rangordnung der Entscheidungspakete	5
Bestimmung der Alternativen zur Erreichung der Leistungsniveaus (Kostensenkungspotenziale)	4
Bestimmung der Leistungsniveaus nach Menge und Qualität (3 Ausprägungen)	3
Aufteilen von Entscheidungseinheiten, Ableiten von Teilzielen, Bestimmung der Aktivitäten und Ergebnisse, Leistungsempfänger und Kosten	2
Teambildung, Definition der Analyseziele und des Untersuchungsbereichs	1

Abbildung 10: Ablauf des Zero-Base-Budgeting

Der Ablauf des 9-stufigen Analyse- und Planungsprozesses, der sich durch eine enge Verknüpfung von Formalzielplanung und Sachzielplanung auszeichnet, ist in Abbildung 10 (ähnlich bei Meyer-Piening, A. 1990, S. 16) dargestellt (zum Ablauf des ZBB vgl. Meyer-Piening, A. 1990, S. 16ff., Horváth, P. 1996, S. 258ff., Jehle, E. 1992, S. 1512ff.)

4.4.3 Beurteilung der Gemeinkostenwertanalyse und des Zero-Base-Budgeting

Im Gegensatz zu den traditionellen Systemen der Kosten- und Leistungsrechnung werden die Gemeinkostenbereiche trotz des hohen Anteils fixer Gemeinkosten als kostenmäßig gestaltbarer Handlungsraum betrachtet (zur Beurteilung vgl. Horváth, P. 1996, S. 278ff., Jehle, E. 1992, S. 1516). Beide Verfahren zeichnen sich durch eine ausgeprägte Outputorientierung aus, d.h. die Leistung der Gemeinkostenbereiche ist expliziter Bestandteil der Untersuchungen. Beide Verfahren enthalten wesentliche Elemente des Führens durch Zielvorgabe und Partizipation. Sowohl das ZBB als auch die GWA können in Gemeinkostenbereichen mit repetitiven und innovativen Aufgaben eingesetzt werden. Während die GWA eindeutig auf kurz- und mittelfristige Kostensenkungen ausgerichtet ist, werden mit dem ZBB aufgrund des hohen Zeitaufwandes in der Regel Leistungsverbesserungen und Umverteilungen der Mittel im Sinne strategischer Zielsetzungen angestrebt. Deshalb ist das ZBB im Gegensatz zur GWA nicht zum Einsatz in akuten Krisensituationen geeignet. Prinzipiell können beide Verfahren permanent eingesetzt werden, obwohl der notwendige Zeitaufwand in der Praxis sicherlich Abstriche hinsichtlich Vollständigkeit, Breite und Tiefe der Untersuchung erfordert. Da beide Methoden häufig tiefe Einschnitte in die bestehende Organisationsstruktur zur Folge haben und insbesondere die GWA als „people reduction project" etikettiert wird, ergeben sich beim Einsatz oftmals Akzeptanzprobleme. Jedoch ist die Akzeptanz des ZBB aufgrund der mittelfristigen Ausrichtung, der partizipativen Einbindung des Managements der betroffenen Bereiche und der transparenten Vorgehensweise höher als bei der GWA einzuschätzen. Die Akzeptanzprobleme sowie die hohen Durchführungs- und Folgekosten führen dazu, dass die Anwendung beider Verfahren in der Praxis häufig auf Einmalaktionen beschränkt ist.

Beide Instrumente verfolgen im Vergleich zur Kosten- und Leistungsrechnung unterschiedliche Zielsetzungen. Der Beitrag des ZBB und der GWA für eine marktorientierte Steuerung der Gemeinkostenbereiche im Target Costing ist deshalb nicht in der Informationsversorgung für die Gemeinkostenplanung zu sehen. Dennoch ist der Einsatz des ZBB und der GWA für die Generierung von Maßnahmen im Gemeinkostenbereich zur Zielkostenerreichung denkbar.

4.5 Zusammenfassende Beurteilung der Eignung der untersuchten Kostenrechnungssysteme zur Unterstützung der Gemeinkostenplanung im Target Costing

Die Beurteilung der untersuchten Kostenrechnungssysteme und Kostenmanagement-Instrumente anhand der Anforderungen zur marktorientierten Gemeinkostenplanung im Rahmen des Target Costing (siehe Abschnitt 3.4) verdeutlicht mehrere Aspekte (siehe auch Abbildung 11).

- Die Systeme der Teilkostenrechnung, die Relative Einzelkosten- und Deckungsbeitragsrechnung sowie die GWA eignen sich zur Unterstützung kurzfristiger, operativer Fragestellungen, während insbesondere die Prozesskostenrechnung und das ZBB auf die für das Target Costing relevanten, langfristig-strategischen Fragestellungen ausgerichtet sind.

- Aufgrund des Einsatzes differenzierter Maßgrößen und Cost Driver sowohl zur Kostenplanung als auch zur Verrechnung in die Kalkulation erfüllt die Prozesskostenrechnung die Anforderungen bezüglich der Abbildung der Beziehungszusammenhänge für die Bestimmungsfaktoren der Gemeinkosten und der verursachungsgerechten sowie transparenten Verrechnung der Gemeinkosten am Besten.

- Die Prozesskostenrechnung eignet sich nur zur Abbildung repetitiver Leistungen der Gemeinkostenbereiche und nicht für innovative Leistungen.

- Der differenzierte Ausweis von Vorleistungs-, Betreuungs-, Nachleistungskosten und produktnaher sowie produktferner Gemeinkosten wird durch die prozessbezogene Zusammenfassung kostenstellenbezogener Teilprozesse in der Prozesskostenrechnung am Besten unterstützt. Durch eine geeignete Bezugsobjekthierarchie können diese Positionen teilweise auch in der Relativen Einzelkosten- und Deckungsbeitragsrechnung bestimmt werden.

- Da in der Prozesskostenrechnung die „vollen" Kosten mengenorientiert und outputbezogen geplant werden - und nicht nur die proportionalen Anteile wie bei den Systemen der Teilkostenrechnung - wird diese Anforderung in Bezug auf die Vollkostenverrechnung entsprechend erfüllt. Die Möglichkeit zur prozessorientierten Budgetierung anhand weniger, kostenstellenübergreifender Cost Driver, unterstützt diesen Aspekt.

Die Ausführungen verdeutlichen, dass die spezifischen Anforderungen an eine marktorientierte Gemeinkostenplanung im Rahmen des Target Costing am Besten durch die Prozesskostenrechnung unterstützt werden. Vor dem Hintergrund der vielfältigen Ziele und Aufgaben der Kosten- und Leistungsrechnung muss aber bedacht werden, dass z.B. die Informationen der flexiblen Grenzplankostenrechnung für kurzfristige Entscheidungssituationen unabkömmlich sind. Da die Prozesskostenrechnung der flexiblen Grenzplankostenrechnung näher als der Relativen Einzelkosten- und Deckungsbeitragsrechnung steht, ist eine Synthese der beiden Systeme ein erfolgversprechender Weg. Eine Ergänzung (und nicht der Ersatz) der in der Grenzplankostenrechnung darstellbaren Vollkostenseite um Prozesskosten im indirekten Bereich, bietet sich für die hier vorliegende Aufgabenstellung an (vgl. auch Horváth, P., Kieninger, M., et. al. 1993, S. 626, Kilger, W. 1993, S. 101ff., Fischer, T.M. 1993, S. 266).

	Flexible Plankosten-rechnung	Prozess-kosten-rechnung	Systeme der Teilkosten-rechnung	Relative Einzelkosten u. Deckungsbeitrags-rechnung	Gemein-kostenwert-analyse	ZBB
Unterstützung langfristig-strategischer Fragestellungen	◐	●	○	○	○	●
Abbildung der Beziehungszusammenhänge der Gemeinkostenbestimmungsfaktoren	◐	●	◐	◐	◐	◐
Anwendbar für repetitive Leistungen der Gemeinkostenbereiche	●	●	●	●	●	●
Anwendbar für innovative Leistungen der Gemeinkostenbereiche	●	○	●	●	●	●
Vollkostenverrechnung auf Produkte	●	●	○	○	nicht relevant	nicht relevant
Verursachungsgerechte/transparente Verrechnung der Gemeinkosten	○	◐	○	○	nicht relevant	nicht relevant
Differenzierter Ausweis für Vorleistungs-, Betreuungs- und Abwicklungsressourcen	○	●	○	◐	nicht relevant	nicht relevant
Differenzierter Ausweis produktnaher und produktferner Gemeinkosten	○	●	○	◐	nicht relevant	nicht relevant
Unterstützung einer outputorientierten, mengenbezogenen Kostenplanung	◐	●	◐	○	nicht relevant	nicht relevant
Wirtschaftliche Anwendbarkeit	●	◐	●	○	●	●
Hohe Akzeptanz beim Einsatz	●	●	●	○	○	◐
Regelmäßig / permanent einsetzbar	●	●	●	◐	◐	◐

Anforderungserfüllung: ● Anforderungen erfüllt   ◐ Anforderungen teilweise erfüllt   ○ Anforderungen nicht erfüllt

Abbildung 11: Bewertung der Kostenrechnungssysteme und der Instrumente des Gemeinkostenmanagements

5 State of the Art der Gemeinkostenplanung im Rahmen des Target Costing

5.1 State of the Art der empirischen Forschung zur Gemeinkostenplanung im Rahmen des Target Costing

Bei der Analyse des aktuellen Standes der Gemeinkostenplanung im Rahmen des Target Costing findet man in der Literatur eine Vielzahl veröffentlichter Praxisfallbeispiele (vgl. die Übersicht bei Arnaout, A. 2001 auf den Seiten 75-77 und 79-80). Außerdem wurden aufgrund der Neuheit des Instruments seit Anfang der 90er Jahre mehrere empirische Studien zum Target Costing durchgeführt. Bei nahezu allen Studien stand die Verbreitung des Target Costing in verschiedenen Branchen, methodische Aspekte der Zielkostenfindung und Zielkostenspaltung sowie organisatorische Aspekte hinsichtlich der Einbindung der Funktionsbereiche im Vordergrund der Analyse. Es finden sich jedoch nur wenige Hinweise auf die Einbindung der Gemeinkostenplanung im Rahmen des Target Costing, die nachfolgend dargestellt wird.

Die ersten empirischen Ergebnisse beziehen sich auf eine im Jahr 1991 von *Tani, T., et. al.* durchgeführten Befragung von 180 an der Tokio Stock Exchange notierten Unternehmen (vgl. Tani, T., et. al. 1994, S. 68ff.). Neben den direkten Kosten bezieht ein hoher Anteil der befragten japanischen Unternehmen sowohl produktunabhängige, als auch produktnahe und produktferne Gemeinkosten in das Target Costing ein (vgl. Abbildung 12, vgl. Tani, T., et. al. 1994, S. 73).

Cost elements of Target Costing Management	Share of companies
Direct material costs	98%
Purchased parts	97%
Direct conversion costs	99%
Overhead	81%
Depreciation of new investments	83%
Development cost	59%
Trial production cost	61%
Logistic cost	69%

Abbildung 12: Kostenarten des Target Costing bei japanischen Unternehmen

Ebenfalls ein hoher Anteil der Unternehmen bezieht Gemeinkosten in Cost Tables ein (siehe Abbildung 13, vgl. Tani, T., et. al. 1994, S. 78), weitere Hinweise auf die methodische bzw. instrumentale Behandlung der Gemeinkosten im Rahmen des Target Costing finden sich jedoch nicht.

Cost elements included in cost tables	Share of companies in %
Material costs	95%
Purchased parts	95%
Direct processing costs	95%
Overhead	82%
Depreciation of new investments	74%
Development cost	40%
Trial production cost	37%
Logistic cost	52%

Abbildung 13: In Cost Tables berücksichtigte Kostenarten bei japanischen Unternehmen

Im Rahmen eines internationalen Forschungsprojekts wurden 1995 zehn Unternehmen in Deutschland und der Schweiz in Intensivinterviews analysiert (vgl. Tani, T., Horváth, P., Wangenheim, S. v. 1996, S. 81ff.). Die nicht repräsentative Studie kam zum Ergebnis, dass der Umfang der in das Target Costing einbezogenen Gemeinkosten relativ gering war (siehe Abbildung 14, vgl. Tani, T., Horváth, P., Wangenheim, S. v. 1996).

Umfang der einbezogenen Kostenblöcke	Anteil (%)	Anzahl der Nennungen
Materialeinzelkosten	17%	10
Zulieferteile	17%	10
Fertigungslöhne	12%	7
Kosten für Versuchsserien	3%	2
Logistikkosten	7%	4
Entwicklungskosten	16%	9
Verwaltungskosten	3%	2
Vertriebskosten	7%	5
Fertigungsgemeinkosten	10%	6
Abschreibungen auf neue Maschinen	5%	3

Abbildung 14: Umfang der einbezogenen Kostenblöcke bei europäischen Unternehmen

Dies konnte damit erklärt werden, dass nur drei der befragten Unternehmen über ein prozessorientiertes Kostenrechnungssystem verfügten und die Gemeinkostenzuordnung zumeist auf der Basis anderer Produkte oder der Plankostenrechnung erfolgte (vgl. Tani, T., Horváth, P., Wangenheim, S. v. 1996, S. 84).

Eine umfangsreiche empirische Untersuchung wurde im Herbst 1997 im Rahmen eines Forschungsprogramms der Universität Stuttgart zu neuen Entwicklungen im Controlling und Kostenmanagement in Deutschland durchgeführt (vgl Arnaout, A., Gleich, R., Seidenschwarz, W., Stoi, R. 1997). Zur Gemeinkostenplanung im Rahmen des Target Costing ist das von *Arnaout* durchgeführte Teilforschungsprojekt zum Target Costing (Arnaout, A. 2001) und das Teilforschungsprojekt zum prozessorientierten Kostenmanagement (vgl. Stoi, R. 1999) von Interesse.

In einer mehrstufigen, schriftlichen Befragung wurden die Leiter Controlling / Rechnungswesen / Finanzen von 2.490 deutschen Unternehmen mit mehr als 1.000 Beschäftigten angeschrieben. Zum Teilforschungsprojekt Target Costing ergab sich lediglich ein Rücklauf von 68 auswertbaren Fragebögen, zum Teilforschungsprojekt prozessorientiertes Kostenmanagement ergab sich ein Rücklauf von 86 auswertbaren Fragebögen (vgl. Stoi, R. 1999, S. 141f). Da alle teilnehmenden Unternehmen bereits Target Costing einsetzten, ist dies die Studie mit der höchsten Fallzahl an Target Costing-Anwendern (vgl. Arnaout, A. 2001, S. 168f.).

Im Bezug auf die Gemeinkostenplanung im Rahmen des Target Costing ergaben sich folgende Ergebnisse:

- Die Höhe der Gemeinkosten bei den befragten Unternehmen war relativ hoch, was als Indikator für die Aktualität der Gemeinkostenplanung im Rahmen des Target Costing interpretiert werden kann. Über die Hälfte der befragten Unternehmen beider Teilforschungsprojekte verfügte über einen Gemeinkostenanteil von mehr als 35%, fast ein Drittel hatte sogar einen Gemeinkostenanteil von über 50% (vgl. Stoi, R. 1999, S. 147 sowie Arnaout, A. 2001, S. 174f.).

- Als eines der wichtigsten Probleme und Schwachstellen führten 36% der antwortenden Unternehmen die fehlende Verknüpfung des Target Costing mit den Instrumenten zur Zielkostenerreichung an (vgl. Arnaout, A. 2001, S. 253).

- Bereits knapp die Hälfte der im Teilforschungsprojekt Target Costing befragten Unternehmen setzt Target Costing in Verbindung mit Benchmarking (53%) und der Prozesskostenrechnung (43%) ein (vgl. Arnaout, A. 2001, S. 236). Dies deutet darauf hin, dass die Unternehmenspraxis der Forderung nach dem Einbezug der Gemeinkosten in das Target Costing bereits weitgehend nachkommt.

- Konkretere Hinweise, wie die Prozesskostenrechnung mit dem Target Costing instrumental verknüpft wird, lassen sich aus dem Teilforschungsprojekt prozessorientierte Kostenrechnung nicht entnehmen. Die Ausprägung zu den Einsatzfeldern der Prozesskostenrechnung in der Produktentwicklung „Einbezug in das Target Costing" wird nicht weiter konkretisiert. Als Haupteinsatzfelder wurde insbesondere die Verbesserung der Schätz- und Kalkulationsgenauigkeit in den frühen Phasen der Produktentwicklung sowie der Einbezug in das Target Costing genannt (siehe Abbildung 15, vgl. Stoi, R. 1999, S. 189.). Die Tatsache, dass zwei Drittel der Unternehmen, die die prozessorientierte Kostenrechnung im Rahmen der Produktentwicklung einsetzen, diese in das Target Costing einbeziehen, ist bemerkenswert. Weiterhin konnte empirisch nachgewiesen werden, dass der Einsatz einer prozessorientierten Kostenrechnung in der Produktentwicklung die Erhöhung der Produktrentabilität sowie die Senkung der Komplexität der Produkte und der Produktion fördert und tendenziell auch zur Senkung des Gemeinkostenanteils beiträgt (vgl. Stoi, R. 1999, S. 206). Der Einsatz der prozessorientierten Kostenrechnung im Rahmen der Produktentwicklung zeigt vor allem auf die Produkt- und Produktionskomplexität, aber auch auf die Produktrentabilität positive Auswirkungen (vgl. Stoi, R. 1999, S. 212).

Einsatzfelder der prozessorientierten Kostenrechnung	Anzahl Nennungen	%
Verbesserung der Schätz-/Kalkulationsgenauigkeit	33	77%
Einbezug im Rahmen des Target Costing	29	67%
Konstruktionsbegleitende Kalkulation	13	30%
Berücksichtigung der Auswirkungen konstruktiver Entscheidungen auf die Höhe der Gemeinkosten	10	23%
Aufbau von Cost Tables für Prozesse	8	2%

Abbildung 15: Einsatzfelder der prozessorientierten Kostenrechnung im Rahmen der Produktentwicklung

■ Detaillierte Erkenntnisse mit Blick auf den Umfang der in der Retrograden Kalkulation berücksichtigten Gemeinkosten ergeben sich aus dem Teilforschungsprojekt Target Costing (siehe Abbildung 16, vgl. Arnaout, A. 2001, S. 204). Alle antwortenden Unternehmen berücksichtigen Material- und Fertigungseinzelkosten sowie Kosten für Zulieferteile (ebenfalls Einzelkosten). Über 90% der Unternehmen schließen zusätzlich Material- und Fertigungsgemeinkosten sowie Verwaltungs- und Vertriebsgemeinkosten in die Retrograde Kalkulation ein. Interessant ist, dass die Gemeinkosten bereits von 20 bis 40 % der Unternehmen mithilfe der Prozesskostenrechnung berücksichtigt werden.

Ein Großteil der relevanten Kostenarten wird entsprechend in der Retrograden Kalkulation ausgewiesen. Die Absicht zur Erweiterung und Verfeinerung der Kalkulation und zur Erhöhung des im Target Costing berücksichtigten Gemeinkostenanteils ist ebenfalls relativ hoch.

Kostenart	heute		davon als Prozesskosten		zukünftig	
	n	%	n	%	n	%
Materialeinzelkosten	60	60	100,0	-	-	-	-
Materialgemeinkosten	53	50	94,3	17	34,0	3	5,7
Fertigungseinzelkosten	60	60	100,0	-	-	-	-
Fertigungsgemeinkosten	56	52	92,9	18	34,6	4	7,1
Kosten für Zulieferteile	56	56	100,0	-	-	-	-
Entwicklungskosten	49	40	81,6	12	30,0	9	18,4
Versuchskosten	42	31	73,8	10	32,3	11	26.2
Logistikkosten	53	46	86,8	18	39,1	7	13,2
Verwaltungskosten	53	49	92,5	11	22,4	4	7,5
Vertriebskosten	52	48	92,3	12	25,0	4	7,7
Qualitätssicherungskosten	49	38	77,6	13	34,2	11	22,4
Garantiekosten	39	25	64,1	6	24,0	14	35,9
Entsorgungskosten	18	4	22,2	-	-	14	77,8
Betriebskosten	19	7	36,8	-	-	12	63,2
Wartungskosten	17	6	35,3	-	-	11	64,7

Abbildung 16: Berücksichtigte Kostenarten in der Retrograden Kalkulation bei deutschen Unternehmen

■ Auch die Ergebnisse zur Zielkostenspaltung liefern Hinweise darauf, dass den Gemeinkostenbereichen bei der Operationalisierung der Zielvorgaben und der Zielkostenerreichung in der deutschen Unternehmenspraxis hohe Aufmerksamkeit geschenkt wird. Bereits 62,8% der antwortenden Unternehmen führen eine Zielkostenspaltung auf Prozesse durch (siehe Abbildung 17, vgl. Arnaout, A. 2001, S. 213). Allerdings kann dies nicht, wie bei *Arnaout* durch die weite Verbreitung der Prozesskostenrechnung begründet werden (vgl. Arnaout, A. 2001, S. 212ff.). Die Auswertung der Ergebnisse nach Branchen verdeutlicht, dass einige Unternehmen der Prozessindustrie (wie z.B. die chemische Industrie) eine Zielkostenspaltung auf Prozesse durchführen. Dies könnte darauf hinweisen, dass mit den Angaben nicht die Kosten der Prozesse im indirekten Bereich, sondern die Kosten der Fertigungsprozesse gemeint sind.
Bemerkenswert ist weiterhin, dass die befragten Unternehmen mit hohem bzw. mittlerem Gemeinkostenanteil häufiger eine Zielkostenspaltung durchführen als Unternehmen mit geringem Gemeinkostenanteil (vgl. Arnaout, A. 2001, S. 211).

Bezugsebene		n	%
Funktionen	47	38	80,9
Baugruppen	46	37	80,4
Komponenten	46	36	78,3
Einzelteile	41	26	63,4
Prozesse	43	27	62,8
Kostenarten	44	31	70,5
Bereiche	41	24	58,5

Abbildung 17: Bezugsebenen der Zielkostenspaltung bei deutschen Unternehmen

■ Ein weiterer Hinweis auf die Notwendigkeit zum Einbezug der Gemeinkosten in das Target Costing leitet sich daraus ab, dass die Befragten den Informationsstand vor Einführung des Target Costing umso schlechter ein-
schätzen, desto höher der Anteil der Gemeinkosten an den Gesamtkosten
ist.

Zusammenfassend kann festgestellt werden, dass die Ergebnisse der empirischen Untersuchungen die Notwendigkeit des Einbezugs der Gemeinkosten in
das Target Costing unterstreichen. Die Ergebnisse der umfassendsten Studie
zeigen auf, dass die Prozesskostenrechnung in der Unternehmenspraxis bereits teilweise zur Unterstützung des Target Costing herangezogen wird und
die Absicht zur umfassenderen Einbindung der Gemeinkosten vorhanden ist.

5.2 State of the Art der methodisch-konzeptionellen Forschung zur Gemeinkostenplanung im Rahmen des Target Costing

5.2.1 Umfang der Zielvorgabe für Gemeinkosten im Rahmen der Zielkostenbestimmung

Da es sich beim Target Costing um einen Vollkostenansatz handelt, müssen
auch Gemeinkosten ohne direkten Produktbezug den Produkten anteilig an-
gelastet werden (vgl. stellvertretend Horváth, P., Seidenschwarz, W. 1992, S.
144., Seidenschwarz, W. 1993, S. 33, Schweitzer, M. 1998, S. 81, Monden, Y.
1989, S. 29). Auf Teilkosten basierende Beispiele beziehen sich auf Sonderfälle wie Modelländerungen bei Toyota (vgl. Sakurai, M. 1997a, S. 64) oder auf
spezifische Entscheidungssituationen wie z.B. die Bestimmung der Preisuntergrenze bei Automobilzulieferern (vgl. Listl, A. 1998). Da diese Fragestellungen nicht dem hier zugrunde gelegten Verständnis des Target Costing entsprechen, bzw. Sonderthemen im Rahmen des Target Costing aufgreifen,
sollen diese nicht weiter vertieft werden.

Zur Frage, für welchen Umfang Zielkosten vorgegeben werden sollen, finden sich in der Literatur allerdings unterschiedliche Handlungsanweisungen.

Einigkeit besteht darüber, dass einer Produkteinheit direkt zurechenbare Kosten (Produkt-Einzelkosten) im Target Costing zu berücksichtigen sind. Dies betrifft den Materialeinsatz und die Fertigungslöhne, die sich über Stücklisten und Arbeitspläne relativ problemlos verrechnen lassen und entspricht dem ursprünglichen japanischen Target Costing-Ansatz der Fokussierung auf den Produktionsbereich (vgl. Sakurai, M. 1989, S. 43). Der japanische Ansatz legt das Hauptaugenmerk der Kostenreduktion beim Target Costing auf die Material- und Fertigungseinzelkosten, deshalb beziehen einige Unternehmen nur diese Kosten in die Zielkosten ein (vgl. Sakurai, M. 1990, S. 57, Sakurai, M. 1997a, S. 63, Tanaka 1989, S. 49ff.). Dies kann durch die unterschiedlichen Kostenstrukturen in japanischen und europäischen Unternehmen begründet werden (vgl. Horváth, P., Niemand, S., et. al. 1993, S. 21). Die Gemeinkosten der Fertigungsbereiche werden ebenfalls häufig in die Zielvorgabe einbezogen (vgl. *Cooper, R., Slagmulder, R.* 1997, S. 79).

Insbesondere im deutschsprachigen Raum wird vielfach auch die Berücksichtigung von produktnahen Gemeinkosten, die über die Gemeinkosten der Fertigungsbereiche hinausgehen, gefordert, wie z.B. die Kosten der Bereiche Forschung und Entwicklung, Beschaffung, Logistik, Arbeitsvorbereitung und Programmierung, Produktionsplanung und -steuerung, Instandhaltung, Qualitätssicherung, Auftragsabwicklung, Vertrieb etc. Da die produktnahen Gemeinkosten durch konstruktive und produktgestalterische Entscheidungen beeinflusst werden, wird diesen in Literatur und Praxis erhöhte Aufmerksamkeit geschenkt (vgl. Mayer, R. 1993b, S. 82, Horváth, P., et. al. 1993, S. 5, Franz, K.-P. 1992b, S. 1497, Dambrowski, J. 1992, S. 286).

Dem Einbezug von produktfernen Gemeinkosten in die Zielvorgaben, wie z.B. den Bereichen Unternehmensleitung, Controlling, Personal etc., wird dagegen wenig Aufmerksamkeit geschenkt. Beim japanischen Target Costing-Ansatz wird die Problematik der produktfernen Gemeinkosten umgangen, indem produktferne Gemeinkosten nicht explizit im Zielkostenansatz berücksichtigt werden und stattdessen eine entsprechend höhere Gewinnspanne angesetzt wird. (vgl. Sakurai, M. 1990, S. 48). *Seidenschwarz* weist für die produktfernen Gemeinkosten lediglich auf die Ableitung marktorientierter Budgets z.B. im Rahmen eines Benchmarking hin (vgl. Seidenschwarz, W. 1997b, S. 50ff., Dittmar, J. 1996, S. 187).

5.2.2 Einbindung der Gemeinkosten in der Retrograden Kalkulation

5.2.2.1 Notwendigkeit zur marktorientierten Bestimmung von Zielgemeinkosten in der Retrograden Kalkulation

Bevor die direkten Produktzielkosten (als Ausgangspunkt zur Ermittlung der Komponenten-Zielkosten) bestimmt werden können, müssen in der Retrograden Kalkulation die Zielvorgaben für die produktnahen und produktfernen Prozesse bzw. die entsprechenden Zieloverheads definiert werden. Leitet man diese ohne Marktbezug (z.B. aus den Plan-Zuschlagssätzen der aktuellen Kostenstruktur) ab, so können sich für die direkten Produktzielkosten unrealistische und nicht erreichbare Zielvorgaben ergeben (Abbildung 18 veranschaulicht den Sachverhalt). „Deshalb vernachlässigen Produktgestaltungen ohne Kosteninformationen über gemeinkostentreibende Prozesse einen möglicherweise wettbewerbsentscheidenden - wenn auch in vielen Fällen nicht sichtbar gemachten - Kostenblock" (Seidenschwarz, W. 1993, S. 193).

So schlägt z.B. *Dittmar* vor, dass die Höhe des marktgerechten Anteils für die Wertschöpfungsprozesse, die sich auf das Produkt insgesamt beziehen (z.B. für Werbung, Vertrieb oder produktbegleitende Dienstleistungen), durch das Management oder das Produktentwicklungsteam bestimmt werden sollen (vgl. Dittmar, J. 1997, S. 11). Neben der fehlenden, marktorientierten Absicherung der Zielvorgaben und den sich daraus ergebenden Gefahren ist infrage zu stellen, ob sich das Produktentwicklungsteam mit der Definition der Zielkosten für produktferne oder produktnahe Prozesse die Höhe der eigenen Zielvorgabe indirekt selbst bestimmen sollte.

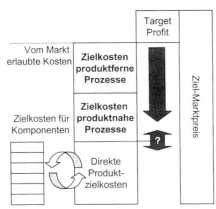

Abbildung 18: Bestimmung der direkten Produktzielkosten

Für Kostenbestandteile wie z.B. Kosten für Verwaltungstätigkeiten oder für die Geschäftsleitung, für die sich kein direkter Produktbezug und somit auch kein direkter Marktbezug herstellen lässt, wird die Anbindung an das Prozess-

Benchmarking als unbedingt erforderlich angesehen (vgl. Seidenschwarz, W. 1994, S. 75, Listl, A. 1998, S. 122). Konkrete Hinweise, wie z.b. aus dem Best Practice-Vergleich ermittelte Zielprozesskostensätze in die Zuschläge der Retrograden Kalkulation überführt werden können, finden sich allerdings nicht.

5.2.2.2 Aufbau und Funktion der Retrograden Kalkulation

Stimmen im Sinne des Market into Company die vom Markt erlaubten Kosten (Allowable Costs) mit den Zielkosten überein, so wird durch die Umkehrung der traditionellen „Cost-Plus-Kalkulation" die Retrograde Kalkulation erstellt. Nicht mehr die Frage „Was wird ein Produkt kosten?" sondern „Was darf ein Produkt kosten?" steht im Vordergrund (vgl. Horváth, P. 1996, S. 478).

Damit übernimmt die Retrograde Kalkulation die Aufgabe der `marktgetriebenen Ressourceneinsatzrechnung´ (vgl. Seidenschwarz, W. 1997b, S. 37) bzw. der frühzeitigen Planung aller zur Produktrealisierung erforderlichen Ressourcen aus Marktsicht (vgl. auch Männel, W. 1997, S. 209).

Der Aufbau der Retrograden Kalkulation (siehe Abbildung 19, vgl. Seidenschwarz, W. 1997b, S. 38 und 41) liefert den Hinweis auf eine weitere Funktion.

Abbildung 19: Vergleich der traditionellen Cost-Plus-Kalkulation mit der Retrograden Kalkulation

Die Zielkostenlücke ergibt sich aus den retrograd bzw. Top Down ermittelten Zielkosten für die direkten Produktzielkosten (Vom Markt erlaubte Kosten abzüglich den Zieloverheads und den Kosten für produktnahe Prozesse, vgl. Abbildung 18) und den progressiv bzw. Bottom Up ermittelten geschätzten Kosten aus der konstruktionsbegleitenden Kalkulation (vgl. Gleich, R. 1998a, S. 34ff., Seidenschwarz, W. 1997b, S. 43).

Die Retrograde Kalkulation nimmt somit die zentrale Funktion des Zielkosten-controlling auf Produktebene ein. Damit diese Funktion unterstützt werden kann, müssen die aus dem Markt abgeleiteten Zielkosten laufend den geschätzten Kosten gegenübergestellt werden können. Deshalb müssen die Kostenbestandteile in beiden Kalkulationen - der Top Down-Zielkostenvorgabe und der Bottom Up-Kalkulation – abbildbar und vergleichbar sein (vgl. Gleich, R. 1998a, S. 34f).

Im Schrifttum finden sich zwei Argumentationen zum Aufbau der Retrograden Kalkulation. Es wird aus Sicht der Zurechenbarkeit und aus der Perspektive der Beeinflussbarkeit der Kosten argumentiert.

Nach der Zurechenbarkeit der Gemeinkosten wird die Trennung in direkte Produktkosten und indirekte Produktkosten gefordert (siehe auch Abbildung 19). Allerdings finden sich in der Target Costing-Literatur aufgrund der Unbestimmtheit des Verursachungsprinzips lediglich enumerative Definitionsansätze. Danach enthalten direkte Produktkosten Materialeinzelkosten, Fertigungseinzelkosten, projektspezifische Entwicklungs- und Konstruktionskosten und Einzelkosten für Spezialwerkzeuge (vgl. insbes. Seidenschwarz, W. 1997b, S. 42). Andere Autoren erweitern die Aufzählung um die Kosten der Arbeitsvorbereitung, der Produktionsplanung und -steuerung, der Qualitätssicherung und der Logistik (vgl. Zehbold, C. 1995, S. 236). Zwei Gründe sprechen dagegen, diese Kosten ebenfalls den direkten Produktkosten zuzuordnen. Im System der Vollkostenrechnung wird die Unterscheidung der direkten und indirekten Kosten hinsichtlich der Verrechnung der Kosten in die Kostenträgerrechnung verwendet. Während direkte Kosten „direkt" von der Kostenarten- in die Kostenträgerrechnung verrechnet werden (und Einzelkosten darstellen), werden indirekte Kosten über die Kostenstellenrechnung verrechnet (vgl. Hummel, S., Männel, W. 1993, S. 19). Im Gegensatz zu den von *Zehbold* genannten Kostenpositionen können alle Produkteinzelkosten und alle Einzelkosten des Entwicklungsprojekts „direkt" über die Stückliste, bzw. eine Projektkostenrechnung dem Target Costing-Projekt zugerechnet werden. Bezogen auf ein Target Costing-Projekt enthalten die direkten Kosten Produkteinzelkosten und entwicklungsprojektbezogene Einzelkosten bezogen auf den Produktlebenszyklus. Außerdem können die von *Zehbold* vorgeschlagenen Kostenpositionen den nachfolgend durchleuchteten produktnahen Prozessen zugeordnet werden.

Aus der zweiten Perspektive wird die Gliederung der verbleibenden, indirekten Kosten in Abhängigkeit der Beeinflussbarkeit, zur Herstellung der Kongruenz zwischen Kompetenz und Verantwortung hinsichtlich des Projektteams, gefordert (vgl. Seidenschwarz, W. 1997b, S. 40ff., Zehbold, C. 1995, S. 235ff., Listl, A. 1998, S. 169f.). Zielkosten, die einem Target Costing-Team vorgegeben werden, sollten realistisch bzw. erreichbar (damit ist die Höhe der Zielvorgabe angesprochen) und von diesem beeinflussbar sein, damit sie eine motivierende Wirkung entfalten können. Nachdem Verantwortung nur derjenige übernehmen kann, der über die Auswirkungen seiner Handlungen informiert ist (vgl. Horváth, P., et. al. 1996, S. 53), impliziert dies aus Sicht der Kostenrechnung zunächst die verursachungsgerechte Verrechnung der Gemeinkosten, z.B. mittels der prozessorientierten Kalkulation. Weil nicht alle Gemeinkosten verursachungerecht einem Produkt zugerechnet werden können, werden die indirekten Kosten in produktferne Gemeinkosten (Zieloverhead I und II) und produktnahe Gemeinkosten aufgeteilt (siehe Abbildung 19, vgl. Seidenschwarz, W. 1997b, S. 40ff.). Beispielsweise können bei divisional organisierten Unternehmen Umlagen der Zentrale nicht von einer Division (im Sinne einer marktnahen Organisationseinheit; vgl. Seidenschwarz, W. 1997b, S. 41) beeinflusst werden. Damit nimmt in der Retrograden Kalkulation sowohl die Zurechenbarkeit der Kosten als auch die Beeinflussbarkeit aus Sicht des Target Costing-Teams nach oben ab.

Aufgrund der fehlenden Definition dieser Begriffe in der Literatur, werden in dieser Arbeit folgende Definitionen zugrunde gelegt (vgl. dazu auch Abschnitt 3.2).

Produktnahe Gemeinkosten *sind Gemeinkosten, die lediglich nach der finalen Interpretation des Verursachungsprinzips auf Kostenträger verrechnet werden können.*

Produktferne Gemeinkosten *sind Gemeinkosten, die auch nicht nach der finalen Interpretation des Verursachungsprinzips sondern lediglich über das Durchschnitts- oder Tragfähigkeitsprinzip auf Kostenträger verrechnet werden können.*

Damit die Forderung nach einer Kongruenz zwischen Kompetenz und Verantwortung erfüllt wird, muss noch der Aspekt der Kompetenz bedacht werden, der bislang in der Literatur nur am Rande bzw. indirekt angesprochen wird.

Die Untersuchungen von *Scholl* zur Beeinflussbarkeit und Prognostizierbarkeit der Kostentreiber in der entwicklungsbegleitenden Kalkulation veranschaulichen den Sachverhalt. Danach kann aus Sicht des Konstrukteurs zwischen vorgegebenen, beeinflussbaren, bedingt beeinflussbaren und unbeeinflussbaren Kostentreibern unterschieden werden (vgl. Scholl, K. 1998, S. 99ff., siehe Abbildung 20). Vorgegebene Kostentreiber (wie z.B. die Anzahl von Produktvarianten) werden aus den Marktanforderungen abgeleitet und mit der Verabschiedung der Produktanforderungen fixiert. Zu einem späteren Zeitpunkt sind sie dann z.B. für einen Konstrukteur nicht mehr beeinflussbar. Über beeinflussbare Kostentreiber entscheidet der Konstrukteur im Laufe der fortschreitenden Produktentwicklung, während bedingt beeinflussbare Kostentreiber nach der Produktentwicklung definiert werden und somit nicht dem direkten Einfluss des Konstrukteurs unterliegen. Allerdings kann z.B. die Anzahl der durch ein Produkt ausgelösten Beschaffungsprozesse durch den Konstrukteur (bedingt) beeinflusst werden, indem er Gleichteile wählt, die in hohen Stückzahlen beschafft werden. Unbeeinflussbare Kostentreiber beschreiben die Kostenfunktion von Prozessen, die in keinem Bezug zu dem zukünftigen Produkt stehen, wie z.B. die produktfernen Prozesse.

Klassifizierung	Beschreibung und Beispiel
Vorgegebene Kostentreiber	Ausgangsinformation für den Konstrukteur Bsp: Anzahl Varianten, Anzahl Baugrößen
Beeinflussbare Kostentreiber	Werden **während** der Entwicklung bestimmt Bsp: Anzahl Lieferanten, Anzahl Teile, ...
Bedingt beeinflussbare Kostentreiber	Werden **nach** der Entwicklung bestimmt Bsp: Anzahl Arbeitsplanänderungen, Anzahl Fertigungsaufträge, Anzahl Bestellungen,...
Unbeeinfluss-bare Kostentreiber	Kein direkter oder indirekter Bezug zu konstruktiven Entscheidungen Bsp: Anzahl Planungsrunden

Abbildung 20: *Arten von Kostentreibern nach der Beeinflussbarkeit und Prognostizierbarkeit*

Einerseits verändert sich die Beeinflussbarkeit der Kostentreiber im Zeitablauf mit zunehmender Konkretisierung und Umsetzung des Produktkonzepts. Andererseits ist eine eindeutige Zielkostenvorgabe mit der entsprechenden Kompetenz und Verantwortung zur Zielkostenerreichung nicht für alle Gemeinkosten möglich. Soll diese Kongruenz hergestellt werden, dann müssten die Gemeinkostenziele so aufgeteilt und zugeordnet werden, dass jeder Personenkreis (z.B. Konstrukteur, Kostenstellenleiter, Process Owner) nur Zielvorgaben erhält, für die er auch im Sinne seiner Aufgaben verantwortlich ist, d.h. die sein Budget betreffen.

Für Gemeinkosten, die durch beeinflussbare Kostentreiber bestimmt werden, lässt sich dies dadurch erreichen, dass der Konstrukteur die in seinem Kompetenzbereich befindliche und von ihm beeinflussbare Kostentreibermenge als Zielvorgabe erhält, während z.B. der Process Owner kongruent zu seinem Verantwortungsbereich für die Erreichung eines Zielprozesskostensatzes die Verantwortung übernimmt. Die Optimierung der Prozesse und die dafür erforderlichen Ressourcen liegen allgemein nicht im „Hoheitsbereich" bzw. in der Kompetenz des Konstrukteurs. Für Gemeinkosten, deren Kostenfunktion aus Sicht des Konstrukteurs oder des Target Costing-Teams durch bedingt beeinflussbare Kostentreiber bestimmt sind, wird eine eindeutige und im Sinne obiger Forderung, korrekte Aufteilung der Zielkosten unter vertretbarem Aufwand nicht erreichbar sein; eine pragmatische Näherungslösung muss ausreichen.

Folgende Problembereiche der Retrograden Kalkulation werden offensichtlich:

■ Eine Vorabklassifizierung aller Kosteneinflussgrößen für die Gemeinkosten mit einer Zuordnung der entsprechenden Kompetenz und Verantwortung zur Zielkostenerreichung ist in der Praxis nicht möglich. Zur Koordination der Zielkostenvorgaben zwischen den Target Costing-Teams und den Verantwortlichen der Gemeinkostenbereiche werden deshalb aus instrumentaler Sicht Zielvereinbarungsblätter vorgeschlagen, mit denen ein pragmatischer Weg zur Vereinbarung der wichtigsten Kosteneinflussgrößen angestrebt wird.

■ Neben der mengenmäßigen Beeinflussung der Gemeinkosten (z.B. durch eine Konstruktion, die Gleichteile verwendet) stehen den Verantwortlichen der Gemeinkostenbereiche die Möglichkeiten zur Gestaltung der Prozessstruktur und der Steigerung der Prozesseffizienz als Hebel zur Zielkostenerreichung zur Verfügung (vgl. Abbildung 6). Schließt man die theoretischen Sonderfälle eines Ein-Produkt-Unternehmens und Dienstleistungsprozesse, die lediglich für ein Produkt erbracht werden, aus, so entsteht aus der Sicht eines Prozessverantwortlichen ein Koordinationsbedarf hinsichtlich der produkt- und prozessbezogenen Zielkostenvorgaben sowie der Zielkostenerreichung. Kostenstellen- oder Prozessverantwortliche müssen sowohl über die Auswirkungen der mit den einzelnen Target Costing-Projekten vereinbarten Ziele auf „ihr" Budget als auch über den Beitrag bereits ergriffener Maßnahmen zur Zielkostenerreichung informiert sein. Die Ausweitung der Planungen auf die Mehrproduktsicht im Sinne eines produktübergreifenden Multi-Target Costing reicht dazu nicht aus, die Prozess- oder Kostenstellenverantwortlichen benötigen spezifische Informationen zur Steuerung (siehe dazu Abschnitt 5.2.6.2, vgl. Seidenschwarz, W. 1997b, S. 41, Seidenschwarz, W., et. al. 1997, S. 10, Gleich, R. 1998a, S. 117f., Listl, A. 1998, S. 173ff.).

5.2.2.3 Notwendigkeit zur Koordination der produkt-, prozess- und stellenbezogenen Kostenplanungen

Aufgrund der Mehrdeutigkeit der Beziehungen zwischen der Bereitstellung von Leistungspotenzialen und den mit ihnen erstellten Produkten werden Gemeinkosten in der Kostenrechnung über Kostenstellen abgerechnet. Eine wichtige Aufgabe der Kostenstellenrechnung ist die Kontrolle der Wirtschaftlichkeit nach Kostenentstehungsbereichen. Die Planung, Steuerung und Kontrolle der Kosten und Erlöse muss sich auf einzelne Stellen und deren Prozesse beziehen, damit sie für die verantwortlichen Aufgabenträger steuerbar sind (vgl. Männel, W. 1992, S. 193ff., Schweitzer, M. 1998, S. 66).

Prozess- und Kostenstellenkosten werden in der Regel durch mehrere Produkte verursacht, ein Target Costing-Projekt bezieht sich aber nur auf ein Produkt oder eine Produktgruppe. Veranschaulicht werden kann dies am Beispiel einer Kostenstelle (vgl. Abbildung 21), für die im Jahr 0 die Kostenstellenplanung für das Jahr 1 erstellt wird. Ein im Jahr 0 im Entwicklungsprozess befindliches Produkt 3 wird im Jahr 1 eingeführt. Damit die Erreichung der Zielgemeinkosten im Sinne eines Soll-Ist-Vergleichs vom Kostenstellenleiter oder

Prozessverantwortlichen gesteuert werden kann, müssen sowohl die durch die einzelnen Projekte verursachten (prognostizierten) Plankosten als auch die aus Marktsicht erlaubten Zielkosten auf Kostenstellen- und Prozessebene transparent sein.

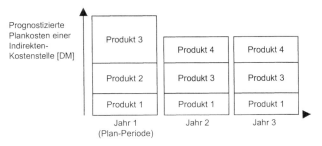

Abbildung 21: *Produktorientierter Ausweis der verursachten Kostenstellenkosten am Beispiel einer Gemeinkosten-Kostenstelle*

Mit der Koordination der produkt-, prozess- und stellenbezogenen Planungen, wird auch die Forderung nach einer Verbindung des Target Costing mit der strategischen Planung und der operativen Planungen im Kaizen Costing unterstützt. Die Gefahr, dass durch den Projektcharakter vieler Kostenmanagement-Instrumente zwar im Projektverlauf Kostensenkungspotenziale erarbeitet werden, diese nach Ende des Projekts aber nicht konsequent genutzt werden, wird gebannt (vgl. Gleich, R. 1998a, S. 110).

5.2.2.4 *Notwendigkeit zur mehrperiodischen Kostenplanung im Target Costing aus Sicht des Gemeinkostenmanagements*

Target Costing - und damit auch die Retrograde Kalkulation - bezieht sich auf den gesamten Produktlebenszyklus. Diese Forderung wird durch das Gemeinkostenmanagement unterstützt. Allerdings erfolgt in den Systemen der Kostenrechnung eine detaillierte Planung der Kostenarten-, Kostenstellen- und Kostenträgerkosten zumeist nur für die jeweils aktuelle Periode. So empfiehlt bspw. *Kilger*, die Fristigkeit der Plankostenrechnung nicht größer als ein Jahr zu wählen (vgl. Kilger, W. 1993, S. 139). Die Notwendigkeit zur mehrperiodischen Planung der Gemeinkosten im Rahmen des Target Costing ergibt sich aus mehreren Aspekten.

■ Produktentwicklungsprojekte dauern oftmals mehrere Jahre, die Einführung der Produkte in der Produktion liegt dann in zukünftigen Perioden, für die keine detaillierte Kostenplanung vorliegt. Ausgehend vom obigen Beispiel (vgl. Abbildung 21), beeinflusst ein Target Costing-Team für das Produkt 4 in der Periode 0 einen hohen Anteil der erforderlichen produktnahen Gemeinkosten durch die Konzeptdefinition. Bezogen auf eine Kostenstelle bedeutet dies, dass im Sinne einer frühzeitigen Kostenbeeinflussung ein hoher Anteil der Kostenstellenkosten, die für das Produkt 4 anfallen, definiert wird.

▪ Der wesentliche Unterschied zwischen abbaubaren Materialkosten und den (Gemein-) Kosten z.B. für die Fertigungssteuerung besteht darin, dass die ersteren aufgrund konstruktiver Maßnahmen unmittelbar und automatisch entfallen können, während zum Abbau der letzteren dispositive Maßnahmen einzuleiten sind (vgl. auch Franz, K.-P. 1992b, S. 1497). Ergibt sich aus einem Target Costing-Projekt die Notwendigkeit zur Kostensenkung aus Marktsicht für bestimmte Gemeinkostenbereiche, so müssen diese für eine durchgängige Steuerung der Zielerreichung in den entsprechenden Perioden geplant und die erforderlichen dispositiven Entscheidungen vom Kostenstellenverantwortlichen frühzeitig getroffen werden.

Damit erfordert insbesondere die marktorientierte Steuerung der Gemeinkosten im Rahmen des Target Costing die Ausweitung der einperiodischen Sichtweise der Kostenrechnung auf mehrere Perioden.

5.2.3 Berücksichtigung der Gemeinkosten in der Zielkostenspaltung

Zur Behandlung der Gemeinkosten im Rahmen der Zielkostenspaltung finden sich in der Literatur sowohl unterschiedliche methodische Ansätze als auch unterschiedliche Handlungsempfehlungen hinsichtlich des zu berücksichtigenden Kostenumfangs. Deshalb ist für die Zielkostenspaltung aus Sicht der Gemeinkosten zu untersuchen, welcher Umfang an Gemeinkosten in der Zielkostenspaltung zu berücksichtigen ist und welche Methoden zur Zielkostenspaltung zum Einsatz kommen.

5.2.3.1 Umfang der in die Zielkostenspaltung einzubeziehenden Gemeinkosten

Zur Beantwortung der Frage nach dem Umfang der in die Zielkostenspaltung einzubeziehenden Gemeinkosten, werden im Schrifttum drei Korrekturen für die Herstellkosten gefordert (vgl. Reichmann, T. 1995a, S. 421ff., Fröhling, O. 1994a, S. 423ff., Rösler, F. 1996, S. 115ff.).

Zum einen wird eine Korrektur der Herstellkosten um Vorlauf- und Folgekosten vorgeschlagen (vgl. Fröhling, O. 1994a, S. 423ff., Rösler, F. 1996, S. 115ff.). Diese Vorgehensweise vermindert jedoch die Beeinflussungspotenziale für das Target Costing-Team. Gerade in den frühen Phasen der Produktentwicklung sind Vorlaufkosten z.B. für die Qualifizierung von neuen Lieferanten oder die Entwicklung neuer Teile bzw. Baugruppen beeinflussbar. Im Sinne einer Lebenszyklusbetrachtung müssen diese Kosten aus Marktsicht hinterfragt und in der Zielkostenspaltung berücksichtigt werden. Ein pauschales Ausblenden dieser Kosten entspricht nicht der hier verfolgten Zielsetzung. Die differenzierte, periodengerechte Planung der Vorlauf- und Folgekosten ist für ein funktionierendes Zielkostencontrolling somit unbedingt erforderlich.

Als weitere Korrektur wird die Bereinigung der zu spaltenden Zielkosten um herstellkostenfremde Bestandteile wie z.B. anteilige Verwaltungs- und Vertriebskosten zur Einhaltung des Verursachungsprinzips (vgl. Abschnitt 3.2) verlangt. Da eine nicht marktorientierte Korrektur der intern ermittelten Verwaltungs- und Vertriebskosten zu unrealistischen Vorgaben für die direkten Zielkosten führen kann (vgl. Abbildung 18) und sich gerade in den Verwaltungsbereichen oftmals große Optimierungspotenziale verbergen, ist diese pauschale Vorgehensweise abzulehnen. Die Vorgehensweise der Praxis, die Realisierung der Zielgemeinkosten dem Verantwortungsbereich des produzierenden Werkes zu überlassen (vgl. Claassen, U., Ellssel, R. 1997, S. 130ff.), bedarf einer methodischen Unterstützung. Es ist zu fordern, dass auch die einem Produkt nicht verursachungsgerecht zurechenbaren Gemeinkosten aus Marktsicht hinterfragt und mit entsprechenden Zielkosten bzw. Zielbudgets hinterlegt werden. Eine Erweiterung des rein herstellungsbezogenen Target Costing um die Planung der Kosten von Entwicklung, Konstruktion, Beschaffung, Vertrieb, Marketing und Verwaltung erscheint erforderlich (vgl. Stahl, H.-W. 1995, S. 114).

In einer dritten Korrektur wird eine Bereinigung um Fremdleistungskosten vorgeschlagen. Begründet wird dies damit, dass diese Kosten nicht flexibel, d.h. nicht abbaubar sind (vgl. Reichmann, T. 1995a, S. 422f.). Da die so ermittelten ´kostensenkungsrelevanten´ Herstellkosten „...das kurzfristig ausschöpfbare Kostensenkungspotenzial..." (Reichmann, T. 1995a, S. 423) darstellen, wird dieser Argumentation im Rahmen des hier verfolgten frühzeitigen Kostenmanagement-Ansatzes, der auf eine langfristige Kostenbeeinflussung abzielt, nicht gefolgt. Weiterhin würde damit die vielfach geforderte Einbindung von Lieferanten ins Target Costing (vgl. Seidenschwarz, W., Niemand, S. 1994, S. 262ff., Ellram, L.M. 1999, S. 34ff.) infrage gestellt.

5.2.3.2 *Methodische Einbindung der Gemeinkosten in der Zielkostenspaltung*

Niemand berücksichtigt in einem modifizierten Target Costing-Ansatz für industrielle Dienstleistungen auch Dienstleistungskomponenten im Rahmen der Funktionskostenmethode (vgl. Niemand, S. 1996, S. 38ff., *Reichmann* spricht in diesem Zusammenhang von "Dienstleistungsbaukästen", vgl. Reichmann, T. 1995, S. 422). In Anlehnung an die QFD-Methode werden im „House of Services" Zielkosten für Dienstleistungskomponenten marktorientiert bestimmt. Zur Unterstützung der Zielkostenerreichung für industrielle Dienstleistungen dient das Prozessmanagement. Basierend auf den Überlegungen von *Mayer*, der die Gemeinkosten der Produktmontage, die Produkteinführungs- und -betreuungskosten sowie vertriebsrelevante Gemeinkosten als zusätzliche, gedankliche Komponente auf Gesamtproduktebene interpretiert, berücksichtigt *Gleich* die Kosten der Montage in der Zielkostenspaltung (vgl. Mayer, R. 1993b, S. 88, Gleich, R. 1996, S. 101ff.). In einer Zielkostenmatrix wird der

Beitrag der gedanklichen Komponente Montage zur Erfüllung der Produktfunktionen ermittelt. Dieser, der Wertschätzung der Montage durch den Kunden entsprechende Betrag, wird auf der Grundlage der Kostenstellenverrechnungssätze ähnlicher Vorgängerprodukte auf die Kostenstellen verteilt (vgl. Gleich, R. 1996, S. 102). Die Montagekosten werden dafür in Einzelkosten, prozessorientierte Einzelkosten und Restgemeinkosten unterschieden, auf die Kostenstellen der Montage verrechnet und mit der Kostenstellenplanung abgebildet.

Dienstleistungsprozesse werden vom Kunden wahrgenommen, d.h. die Bedeutung der Dienstleistungen aus Kundensicht kann oftmals in Form von gewichteten Kundenanforderungen z.B. im Rahmen einer Conjoint Analyse bestimmt und als Eingangsgröße für eine Zielkostenspaltung nach der Funktionskostenmethode verwendet werden, oder es lassen sich in Kundenbefragungen Preisbereitschaften für Dienstleistungsangebote ermitteln (vgl. das Beispiel bei *Niemand*, S. 1996, S. 61ff.). Damit kann für beide Ansätze ein Marktbezug hergestellt werden.

Dagegen besteht bei der von *Gleich* vorgeschlagenen Vorgehensweise kein direkter Marktbezug mehr. Die Montageprozesse setzen auf Komponentenebene an, aufgrund des hohen Einflusses der Montageprozesse auf die Erfüllung der Produktfunktionen lässt sich der Beitrag der gedanklichen Komponente Montage aber durch interne Einschätzungen bestimmen. Allerdings findet sich in seinen Veröffentlichungen kein Beispiel für die Funktionskosten matrix, es wird lediglich das Ergebnis in Form des Zielkostenkontrolldiagramms dargestellt (vgl. Gleich, R. 1998a, S. 65).

Mehrere Argumente sprechen gegen eine darüber hinausgehende Berücksichtigung von Gemeinkostenprozessen in der Funktionskostenmethode. Zunächst lässt sich schon für produktnahe Prozesse kein originärer Marktbezug herstellen, da diese Prozesse vom Kunden nicht wahrgenommen werden (vgl. Gleich, R. 1998a, S. 116, Dittmar, J. 1997, S. 14). Darüber hinaus setzen viele produktnahe Prozesse (wie z.B. Beschaffungsprozesse) auf der Komponenten- und Teileebene an und die Zielkostenspaltung müsste um diese Ebenen (im Sinne neuer QFD-Häuser) erweitert werden. Dies würde dann einen hohen Aufwand für die Erstellung der Funktionskostenmethode für ein Produkt implizieren. Da die Steuerung der Gemeinkosten auf Prozess- oder Stellenebene erfolgt, wäre die Erstellung und Koordination der Funktionskostenmethode für alle Produkte notwendig, wodurch der Aufwand nochmals steigen würde.

Aufgrund der konzeptionellen Schwierigkeiten der Funktionskostenmethode wird sowohl von Wissenschaftlern als auch von Praktikern empfohlen, die Ergebnisse der Funktionskostenmethode mit den Ergebnissen aus Analysen von Vorgängerprodukten, Konkurrenzprodukten (über Product Reverse Engineering) oder von Best Practice-Vergleichen abzugleichen (siehe auch Abschnitt 2.2.2, vgl. Seidenschwarz, W. 1993, S. 219ff., Heßen, H.-P., Wesseler, S. 1994, S. 150, Listl, A. 186ff.). Primär ist bei der Zielkostenspaltung zwar immer eine möglichst hohe Marktorientierung anzustreben, doch kann es sinnvoll sein, die durch eine detaillierte Funktionsgewichtung erzielte Scheingenauigkeit zugunsten einer robusten Methodik aufzugeben (vgl. Arnaout, A. 2001, S. 52f.). Eine aussagekräftige Kostenplanung, die nur auf Marktinformationen aufbaut, ist momentan nicht möglich (vgl. Deisenhofer, T. 1993, S. 117). Damit wird deutlich, dass im Target Costing sowohl die Funktionskostenmethode als auch die Komponentenmethode parallel zum Einsatz kommen müssen.

5.2.3.3 Target Investment zur Ermittlung des produktspezifischen Investitionsvolumens

In der Zielkostenspaltung müssen die hinter den produktspezifischen Investitionen stehenden Abschreibungen für Betriebsmittel differenziert behandelt werden. Unter dem Begriff des Target Investment werden in der Literatur verschiedene Verfahren diskutiert (vgl. Claassen, U., Hilbert, H. 1994, S. 153ff., Claassen, U., Ellssel, R. 1997, S. 132ff., Claassen, U. 1998, S. 151ff.). Das Target Investment wurde entwickelt, da nicht nur allein die ab Serieneinsatz laufend anfallenden Einzelkosten, wie Fertigungspersonal oder Fertigungsmaterial, sondern auch die in der Frühphase des Produktentstehungsprozesses einmalig anfallenden, produktspezifischen Aufwendungen für Spezialbetriebsmittel oder Entwicklungsressourcen der kundenorientierten Zuordnung bedürfen (vgl. Claassen, U., Hilbert, H. 1994, S. 153). Die von *Wittmann* vorgestellte Methode des Target Project Budgeting, die auf die Entwicklungsaufwendungen fokussiert, weist große Parallelen zum Target Budgeting auf und wird deshalb nicht explizit behandelt (vgl. Wittmann, J. 1998, S. 156).

Gegenstand des Target Investments sind produktspezifische Investitionen, die bezogen auf das Entwicklungsprojekt Einzelkosten darstellen, bezogen auf eine Produkteinheit aber Gemeinkosten sind. Da diese Kosten zu Beginn der Produktentwicklung durch das Team beeinflusst werden können, sind sie den direkten Produktzielkosten zuordenbar. Target Investment bezieht sich lediglich auf die produktspezifischen Investitionen, es ist kein Ersatz für ein Target Costing. Damit kann es als ein ergänzendes Verfahren zur Spaltung der Zielkosten betrachtet werden.

Zur Ableitung von Zielgrößen für bereichs- und teilebezogene Investitionen im Rahmen der Entwicklung eines Neufahrzeuges in der Automobilbranche, werden fünf Methoden vorgeschlagen.

■ Die **Bedarfsmethode** entspricht der traditionellen Investitionsplanung aufgrund von korrigierten Schätzungen der Investitionsbedarfe der operativen Bereiche. Da diese Vorgehensweise nicht marktorientiert ist und sich an den Erfahrungen und Werten der Vergangenheit orientiert, wird sie bei der Volkswagen AG lediglich als Ergänzung zu den nachfolgenden Methoden eingesetzt.

■ Bei der **Ertragsmethode** wird die Höhe der produktspezifischen Investitionen aus der Kapitalrentabilität (Return on Assets; RoA) und der Umsatzrentabilität, gemessen durch das operativen Ergebnis, ermittelt. Ausgangspunkts sind die marktorientiert geplanten Zielnettoerlöse, die Zielvorgaben für den Return on Assets sowie das operative Ergebnis. Unter Annahme der Zielrelation für Umlauf- und Anlagevermögen und des Anteils des produktgebunden Anlagevermögens können die Target Investments bestimmt werden.

■ Bei der **Kostenmethode** wird das Target Investment aus der Residualgröße „Spezialbetriebsmittel", die den Abschreibungen der produktspezifischen Neuinvestitionen entspricht, abgeleitet. Dazu müssen die Zielnettoerlöse und die Zielgemeinkostenstruktur bekannt sein. Als Basis zur Ermittlung der Zielgemeinkostenstruktur dient die Kostenstruktur des Referenzmodells der aktuellen Serie.

■ Bei der **Benchmark-Methode** werden die Target Investments der Wettbewerber bezüglich der durchschnittlichen, produktbezogenen Sachinvestitionen in Prozent vom Umsatz über einen längeren Zeitraum, unter Annahme eines Produktanteils an diesen Investitionen, bestimmt.

■ Bei der **Verzinsungsmethode** werden die Target Investments unter Berücksichtigung der abgezinsten Zielrückflüsse (Ergebnisbeiträge) der einzelnen Perioden, der Nutzungsdauer sowie einer Soll-Struktur für die produktspezifischen Aufwendungen bestimmt. Die Höhe der Target Investments ist so zu bestimmen, dass sich ein interner Zinsfuß ergibt, der größer als die aus langfristigen, ökonomischen Zielsetzungen abgeleitete Soll-Verzinsung ist.

Hervorzuheben ist, dass lediglich die Verzinsungsmethode auf dynamische Rechenverfahren zurückgreift. *Claasen* empfiehlt, die Ableitung der Target Investments über den Einsatz mehrerer der oben aufgeführten Methoden zu plausibilisieren, auch wenn die Praxis gezeigt hat, dass sich die Ergebnisse aller Methoden innerhalb einer Bandbreite mit geringer Streuung bewegen. Weiterhin wird auf die Notwendigkeit zur Abstimmung der Target Investments mit den interdisziplinären Projektteams zur Schaffung von Akzeptanz in den verantwortlichen Bereichen hingewiesen (vgl. Claasen, U. 1998, S. 162) und empfohlen, den robusten Verfahren aufgrund der Einfachheit und Verständlichkeit den Vorzug zu geben, „...da genaues Rechnen mit ungenauen Zahlen wenig Sinn macht" (Claassen, U., Hilbert, H. 1994, S. 157). Target Investment wurde speziell für die Automobilbranche entwickelt, wodurch die Frage nach der Zurechenbarkeit von Investitionsanteilen (im Sinne eines Target Investment Splitting) bei einer Nutzung der Investition durch mehrere Produkte (aufgrund der starken Produktorientierung) umgangen wird. Eine umfassende Beleuchtung dieser Fragestellung würde den Rahmen der Arbeit sprengen. Für diesen Sachverhalt wird auf die Ergebnisse aktueller Forschungsanstrengungen verwiesen (vgl. Esser, J. 1999).

5.2.4 Einsatz der Prozesskostenrechnung zur Gemeinkostenplanung im Target Costing

Aus instrumentaler Sicht wird die Prozesskostenrechnung (vgl. Mayer, R. 1993a, S. 532ff.) als wichtigstes Instrument zur Berücksichtigung der Gemeinkosten im Rahmen des Target Costing genannt. Folgende Einsatzbereiche werden vorgeschlagen (vgl. Horváth, P., et. al. 1993, S. 19ff., Mayer, R. 1993b, S. 84ff., Seidenschwarz, W. 1993, S. 191ff., Fischer, J. et. al. 1993, S. 267, Niemand, S. 1996, S. 69ff., Scholl, K. 1998, S. 89ff.):

- Verursachungsgerechte Verrechnung der Gemeinkosten bei der Bestimmung der Drifting Costs (bzw. prognostizieren Plankosten, siehe Abschnitt 2.2.1): Im Gegensatz zur traditionellen Zuschlagskalkulation können mithilfe einer prozessorientierten Kalkulation im Target Costing produktgestalterische bzw. konstruktive Maßnahmen quantifiziert werden (vgl. insbesondere die Ausführungen von Ehrlenspiel, K. 1995 und Scholl, K. 1998 zur konstruktionsbegleitenden Kalkulation).

- Unterstützung der Zielkostenerreichung durch die Identifikation von Kostentreibern und Prozessstrukturen, die zur Zielkostenerreichung bzw. zur Realisierung von Produkteigenschaften erforderlich sind.

- Marktorientierte Planung und Bestimmung der Drifting Costs für industrielle Dienstleistungen (vgl. Niemand, S. 1996).

- Erhöhung der im Target Costing beeinflussbaren Kosten durch die Transparenz der Gemeinkostenbereiche (vgl. Seidenschwarz, W. 1997b, S. 40). Werden Gemeinkosten als Zuschläge auf die geschätzten Material- oder Fertigungseinzelkosten geplant, besteht einerseits die Gefahr, dass sich Fehler in der Planung der Einzelkosten durch die Zuschlagssätze verstärken (vgl. Scholl, K. 1998, S. 93). Andererseits erfolgt keine Entscheidungsunterstützung der Konstrukteure und Entwickler z.B. hinsichtlich der Verwendung von Standardteilen, da die Quantifizierung der Auswirkungen auf den Gemeinkostenbereich nicht möglich ist. Das Target Costing-Team kann aufgrund der fehlenden Kostentransparenz keine Kostenverantwortung für die produktnahen Gemeinkosten übernehmen (vgl. Horváth, P., et. al. 1996, S. 53, Cooper, R. 1997, S. 452, Fischer, J. et al 1993, S. 266ff., Scholl, K. 1998, S. 93, Sauter, R. 1999, S. 109ff.). Dagegen gelingt es durch eine prozessorientierte Kalkulation, eine Brücke zwischen den Entscheidungen des Konstrukteurs und den daraus resultierenden Gemeinkosten-Prozessen zu schlagen (vgl. Fischer, J. et. al 1993, S. 266f.).

- Bewertung von Konzeptalternativen durch die Abschätzung zukünftiger, durch das Produkt verursachter Gemeinkosten auf der Basis von Cost Tables, Gemeinkostenchecklisten und Prozesskostenblättter (vgl. Gleich, R. 1996, S. 48ff., Seidenschwarz, W. 1994, S. 81ff., Seidenschwarz, W. 1997b, S. 98ff.).

Die Einsatzbereiche der Prozesskostenrechnung im Target Costing verdeutlichen, dass sie überwiegend im Sinne einer Bottom Up-Vorgehensweise für die Kalkulation eingesetzt wird (siehe Abbildung 22).

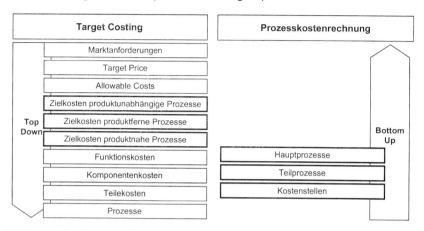

Abbildung 22: Dekompositionelle Sichtweise des Target Costing im Vergleich zur kompositionellen Perspektive der Prozesskostenrechnung

Die Systeme der Kosten- und Leistungsrechnung und die Prozesskostenrechnung sind von einer kompositionellen Denkweise geprägt (vgl. Seidenschwarz, W. 1993, S. 192f.). Es steht die Frage im Vordergrund, „Welche Teilprozesse werden zu welchen Hauptprozessen verknüpft und wie können die Hauptprozesse verursachungsgerecht auf Produkte verrechnet werden?" Mithilfe der prozessorientierten Kalkulation in den frühen Phasen der Produktentwicklung wird die Perspektive erweitert zu der Frage: „Wie ist das Produkt zu gestalten, damit die Prozesse und deren Kosten minimiert werden" (Fischer, J., Koch, R., Schmidt-Faber, B., u.a. 1993, S. 263).

Für die konsequente Übertragung der im Target Costing typischen, dekompositionellen Sichtweise auf die Gemeinkostenbereiche reicht dies jedoch nicht aus. Die Frage muss lauten: „Welche Kosten sind aus Produktsicht für die Prozesse erlaubt und welchen Anforderungen müssen die Prozesse genügen?" Erst mit der Vorgabe von Zielkosten für Prozesse und der Koordination mit den produktorientierten Zielen des Target Costing kann einen durchgängige Marktorientierung erreicht werden.

5.2.5 Benchmarking zur Unterstützung des Target Costing

In der Literatur wird insbesondere mit Bezug auf die Gemeinkostenplanung häufig auf das Benchmarking verwiesen, denn letztlich unterstützt das Benchmarking die Planung zielkosten-adäquater Kostenstrukturen (vgl. Lamla, J. 1995, S. 92). Es besteht ein wechselseitiger Bezug zwischen den beiden Instrumenten. Benchmarking unterstützt das Target Costing insbesondere bei der Zielkostenerreichung, es ergeben sich aber aus dem Target Costing auch wichtige Bezugspunkte und Ziele für das Benchmarking (vgl. Sabisch, H., Tintelnot, C. 1997, S. 42).

Zunächst lassen sich zwei Berührungspunkte zwischen dem Benchmarking und dem Target Costing ausmachen. Einerseits kann das Target Costing selbst Objekt des Benchmarking sein, andererseits können die Phasen des Target Costing durch Benchmarking unterstützt werden (vgl. Listl, A. 1998, S. 121). Für den zuerst genannten Fall wird allerdings auf die Literatur verwiesen (vgl. stellvertretend Listl, A. 1998, S. 121ff., Sabisch, H., Tintelnot, C. 1997, S. 175ff.).

Nachfolgend werden zunächst begriffliche Grundlagen, Ziele und Formen des Benchmarking kurz dargestellt, bevor im Anschluss die Anknüpfungspunkte zwischen der marktorientierten Gemeinkostenplanung im Target Costing und dem Benchmarking näher beleuchtet werden.

5.2.5.1 Begriffliche Grundlagen, Ziele, Formen und Ablauf des Benchmarking

Seitdem der Begriff Benchmarking erstmalig 1979 bei einer Untersuchung des Kopiergeräteherstellers *Xerox* verwendet wurde, finden sich in der Literatur zahlreiche Veröffentlichungen zu dieser Methode (zur Entstehungsgeschichte und Entwicklungsstufen des Benchmarking vgl. Camp, R.C. 1989, S. 10ff., Sabisch, H., Tintelnot, C. 1997, S. 11ff., Horváth, P., Herter, R.N. 1992, S. 4f., Watson, G. 1993, S. 24ff.).

Allen Definitionen des Benchmarking ist gemein, dass sich der Vergleich auf Leistungen in Form von Produkten, Dienstleistungen oder Prozessen der besten Unternehmen bezieht, um Verbesserungsmöglichkeiten hinsichtlich bestimmter Beurteilungskriterien aufzuzeigen (vgl. Mensch, G. 1998, S. 205).

Bereits bei *Xerox* findet sich eine detaillierte Definition des Benchmarking: „Benchmarking is the continuous process of measuring our products, services and practices against our toughest competitors or those companies renowned as industry leaders" (Xerox 1989, S. 11). *Camp* betont den über den Wettbewerbsvergleich hinausgehenden Vergleich mit dem „Besten der Besten": „Benchmarking is the search for industry best practice that lead to superior performance" (Camp, R.C. 1989, S. 12).

Die Vereinigung des Prozessdenkens mit dem Benchmarking ist eine ideale Ergänzung zum produktorientierten Ansatz des Target Costing, da die produkt- und prozessorientierte Sichtweise sich gegenseitig durchdringen (siehe auch Abbildung 5, vgl. Lamla, J. 1995, S. 92). Da die Definition von *Horváth* und *Herter* mit der Betonung von Produkten und Prozessen als Benchmarking-Objekt diese Aspekte explizit berücksichtigt, soll sie dieser Arbeit zugrunde gelegt werden:

„Benchmarking ist ein kontinuierlicher Prozess, bei dem Produkte, Dienst leistungen und insbesondere Prozesse und Methoden betrieblicher Funktionen über mehrere Unternehmen hinweg verglichen werden. Dabei sollen die Unterschiede zu anderen Unternehmen offengelegt, die Ursachen für die Unterschiede und Möglichkeiten zur Verbesserung aufgezeigt, sowie wettbewerbsorientierte Zielvorgaben ermittelt werden. Der Vergleich findet dabei mit Unternehmen statt, die die zu untersuchende Methode oder den Prozess hervorragend beherrschen." (Horváth, P., Herter, R.N. 1992, S. 5).

Zum Ablauf des Benchmarking findet man in der Literatur eine Vielzahl unterschiedlicher Darstellungen, die sich allerdings hauptsächlich in der Detaillierung der einzelnen Schritte und kaum im formal-logischen Ablauf unterscheiden. Während *Camp* von einem 10-Stufen-Modell ausgeht, schlagen *Karlöf* und *Östblom* 5 Phasen, *Watson* 4 Phasen und *Horváth* und *Herter* 3 Phasen vor (vgl. Camp, R.C. 1994, S. 49ff., Karlöf, B., Östblom, S. 1994, S. 86ff., Watson, G. 1993, S. 82ff., Horváth, P., Herter, R.N. 1992, S. 7ff.). Eine vom Amercian Productivity & Quality Center (APQC) durchgeführte Studie zu den einzelnen Schritten des Benchmarking bestätigt dies und zeigt gar eine Spanne von 4 bis 33 Ablaufschritten (vgl. Homburg, C., Harald-Englisch, M. 1997, S. 49). Nachfolgende Abbildung veranschaulicht den Ablauf eines Benchmarking-Prozesses anhand des in der Literatur weit verbreiteten Phasenschemas von *Horváth* und *Herter* (vgl. Horváth, P., Herter, R.N. 1992, S. 8ff.).

Vorbereitungsphase	Analysephase	Umsetzungsphase
Bestimmung/Auswahl: ■ Benchmarking-Objekt ■ Benchmarking-Team ■ Kriterien zur Leistungsbeurteilung ■ Vergleichsunternehmen ■ Informationsquellen ■ Datenerhebungsmethoden	Datenvergleich Identifikation der Leistungslücke Identifikation der Ursachen der Leistungslücke Aufzeigen von Verbesserungsmaßnahmen	Bestimmung der Wirkung auf Ziele / Strategien Erstellung der Aktionspläne Implementierung der Verbesserungsmaßnahmen Laufende Fortschrittskontrolle Wiederholung des Benchmarking

Abbildung 23: Ablauf des Benchmarking

Die zahlreichen Ansätze zur Klassifizierung der unterschiedlichen Formen des Benchmarking können in einem morphologischen Kasten abgebildet werden (siehe Abbildung 24, vgl. Horváth, P., Gleich, R. 1998, S. 176f., Sabisch, H., Tintelnot, C. 1997, S. 19ff.).

Der Denkansatz des Target Costing steht in enger Beziehung zum Cost Benchmarking (vgl. Männel, W. 1997, S. 201). Insbesondere die Praxis hat dies schon früh erkannt. Knapp die Hälfte der im Rahmen der Stuttgarter Studie befragten Unternehmen setzt Target Costing in Verbindung mit

Benchmarking ein (siehe Abschnitt 5.1, vgl. Arnaout, A. 2001, S. 236.). Die Gemeinsamkeiten der Ansätze bestehen zum einen im Bestreben beider Methoden, von Dritten (Konkurrenten, Branchenfremden, Wettbewerbern,..) abgeleitete, wettbewerbsorientierte Kostenziele in die gesamte Organisation hineinzutragen. Benchmarking sorgt für die konsequente Marktorientierung, wenn auch nicht direkt an den Kundenwünschen abgeleitetet, sondern aus Best Practice-Vergleichen (vgl. Seidenschwarz, W., Esser, J., Niemand, S., Rauch, M. 1997, S. 110). Aus funktionaler Sicht (vgl. Sabisch, H., Tintelnot, C. 1997, S. 14) entspricht dies der Mess- und Maßstabsfunktion sowie der Zielfunktion. Wie beim Target Costing werden Ziele nicht durch interne Entscheidungen erzeugt, sondern vielmehr extern aus dem Markt abgeleitet und ins Unternehmen getragen. Der Ablauf des Benchmarking (vgl. Abbildung 23) verdeutlicht zum anderen, dass beide Ansätze mit der Einbindung interdisziplinärer Teams Aspekte des Behavioral Accounting hinsichtlich der Akzeptanz der Ziele berücksichtigen (vgl. auch Horváth, P., Herter, R.N. 1992, S. 7). Weiterhin betont sowohl das Target Costing als auch das Benchmarking die Zielerreichung, indem Instrumente und Methoden zur Identifikation von Optimierungspotenzialen feste Bestandteile sind. Beide Instrumente unterstützen damit die Erkenntnisfunktion zum Aufdecken der Ursachen für die Leistungslücke und die Implementierungsfunktion.

Vergleichsobjekt	Produkte (Product Reverse Engineering)	Methoden	Funktionen (Funktionales Benchmarking)	Prozesse (Prozess-Benchmarking)	Aufgaben	Unternehmen	Dienstleistungen	Strategien
Vergleichs-dimensionen	Kosten (Cost Benchmarking)		Qualität	Zeit		Kunden-zufriedenheit		andere
Benchmarking Partner	Internes Benchmarking		Externes Benchmarking Konkurrenten		Externes Benchmarking branchenbezogen		Externes Benchmarking branchenübergreifend	
Erhebungsform	Fremderhebung durch neutrale Stelle		Fremderhebung durch beteiligte Unternehmen			Eigenerhebung		
Erhebungs-methodik	Direkt Interview/Vor-Ort-Analyse		Indirekt interne Unterlagen			Indirekt externe Unterlagen		
Aufbereitungs-form	Offene Darstellung		Indirekt interne Unterlagen			Indirekt externe Unterlagen		
Informations-quellen	Unternehmensinterne Informationen		Öffentlich zugängliche Informationen			Informationen externer Unternehmenspartner		

Abbildung 24: Morphologischer Kasten zur Einordnung der Formen des Benchmarking

5.2.5.2 *Anknüpfungspunkte zwischen Target Costing und Benchmarking*

Zur Unterstützung des Target Costing durch Benchmarking finden sich in der Literatur Ausführungen, die sich

■ auf die für das Target Costing relevanten Formen des Benchmarking

■ und auf die Unterstützung der einzelnen Target Costing-Instrumente beziehen.

Ausführungen, die sich auf ablauforganisatorische Aspekte des Zusammenwirkens von Target Costing und Benchmarking und auf aufbauorganisatorische Aspekte konzentrieren, fehlen.

Für das Target Costing von besonderer Bedeutung ist das Produkt-Benchmarking und das Prozess-Benchmarking (vgl. stellvertretend: Horváth, P., Niemand, S., et. al. 1993, S. 19, Seidenschwarz, W. 1997b, S. 47ff., Listl, A. 1998, S. 116ff. Rösler, F. 1996, S. 63ff., vgl. Sabisch, H., Tintelnot, C. 1997, S. 42).

Im Rahmen des Produkt-Benchmarking, in der Literatur geläufiger unter der Bezeichnung Product Reverse Engineering (vgl. Seidenschwarz, W. 1997b, S. 47ff.), auch Reverse Product Engineering (vgl. Horváth, P., Herter, R.N. 1992, S. 5 und Herter, R. 1992, S. 254) oder Reverse Engineering (vgl. Kleinfeld, K. 1994, S. 30), werden unterschiedliche technische Konstruktionen und Lösungen hinsichtlich der Produkte sowie deren Kostenstrukturen untersucht. Allgemein wird darunter die konstruktive Zerlegung der Konkurrenzprodukte verstanden, um durch den Vergleich mit dem eigenen Produkt die zugrunde liegenden Funktions-, Design- und Fertigungsunterschiede zu analysieren, wertanalytisch zu betrachten und zu klären, wie viel an Herstellungskosten das Wettbewerbsprodukt im eigenen Unternehmen verursachen würden (vgl. Wildemann, H. 1996, S. 42, Kleinfeld, K. 1994, S. 30). Für den Vergleich im Product Reverse Engineering sollten nur hervorragende Produkte oder Produkte neuer Wettbewerber ausgewählt werden. Auswahlkriterien können die technische Leistungsfähigkeit, ein niedriger Marktpreis oder der Markterfolg des Produktes sein (vgl. Kleinfeld, K. 1994, S. 34). Im Vordergrund stehen Untersuchungen in Bezug auf Material, Teilestruktur, Montageverfahren, Fertigungsverfahren und Leistungsdaten zur Beurteilung der Anforderungserfüllung durch das Konkurrenzprodukt sowie des Funktionsumfangs und dessen technische Umsetzung. Ziel ist es zu bestimmen, ob und wie es dem Wettbewerbsprodukt gelingt, die Kundenwünsche besser und kostengünstiger im Sinne einer marktgerechteren Kosten-Nutzen Relation zu erfüllen (vgl. Buggert, W., Wielpütz, A. 1995, S. 98, Schaaf, A. 1999, S. 119). Im Verlauf eines Product Reverse Engineering-Prozesses (zum Ablauf des Product Reverse Engineering vgl. Kleinfeld, K. 1994, S. 34ff.) geht es darum, folgende Informationen zu generieren (siehe Abbildung 25, vgl. Seidenschwarz, W. 1994, S. 166ff.):

■ Identifikation der Funktionen und der dafür anfallenden Kosten im eigenen Produkt, die der Kunde nicht honoriert und die deshalb im Wettbewerbsprodukt nicht enthalten sind. In diesem Fall beinhaltet das eigene Produkt irrelevante Leistungsmerkmale, die das Produkt mit unnötigen Kosten aufgrund einer Fehlinterpretation der Kundenanforderungen belasten.

- Erkennen von honorierten Produktfunktionen und der dafür anfallenden Kosten im eigenen Produkt, die vom Konkurrenzprodukt nicht erfüllt werden.

- Aufzeigen der Kosten, die durch eine nachteilige, konstruktive oder technische Lösung im Vergleich zum Wettbewerbsprodukt entstehen.

- Identifikation von Kostenunterschieden, die sich aus Unterschieden in den Faktorpreisen (z.B. aufgrund unterschiedlicher Produktionsstandorte) oder aus Nachteilen in der Prozess-Effizienz ergeben. Diese Kostenunterschiede liefern erste Hinweise auf mögliche Strukturprobleme in den eigenen Unternehmensprozessen und in den Gemeinkostenbereichen.

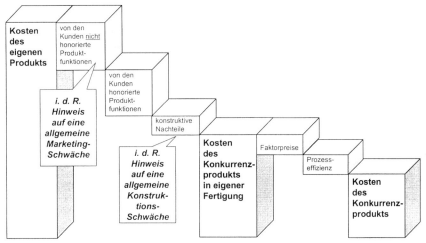

Abbildung 25: Die Product Reverse Engineering-Treppe

Damit wird deutlich, dass der Fokus der Kostenabschätzungen nicht auf Genauigkeit liegt, da schon alleine aufgrund unterschiedlicher Stückzahlen, Komplexitätsgraden, Standorten und Faktorkosten eine exakte Vergleichbarkeit der Produkte nicht möglich ist. Vielmehr geht es darum, für relevante, technische Konzeptionen einen Überblick über die Kostenstrukturen zu erhalten und die Ursachen für die Kostenunterschiede herauszufinden (vgl. Schaaf, A. 1999, S. 119). Aus diesem Grunde liefert das Product Reverse Engineering wertvolle Hinweise zur Zielkostenspaltung und -erreichung und unterstützt die Sichtweise für eine permanente Wettbewerbspositionierung (vgl. Seidenschwarz, W. 1994, S. 166).

Da Kostenunterschiede nicht nur aus dem Produktkonzept, sondern auch aus den Prozessen resultieren, sollte das Product Reverse Engineering in Kombination mit einem Prozess-Benchmarking oder einem Cost Benchmarking durchgeführt werden. Insbesondere zur Bewertung der aus den Faktorpreisen und der Prozesseffizienz resultierenden Leistungslücke sind diese Instrumente als Endphase des Reverse Engineering unerlässlich (vgl. Listl, A. 1998, S. 118).

Als Anknüpfungspunkt des Product Reverse Engineering zum Target Costing wird die Zielkostenspaltung und die Unterstützung der Zielkostenerreichung durch die Identifikation von Verbesserungsmaßnahmen im Produktkonzept angeführt. Bei der Zielkostenspaltung dienen die Ergebnisse aus dem Product Reverse Engineering wegen der konzeptionellen Schwierigkeiten der Funktionsmethode zur Unterstützung und Validierung (vgl. Heßen, H.-P., Wesseler, S. 1994, S. 150, Listl, A. S. 190, Seidenschwarz, W. 1997b, S. 73ff.).

Insbesondere zur Optimierung der Gemeinkosten und der mit ihnen in Verbindung stehenden kritischen Prozesse kann das Prozess-Benchmarking herangezogen werden, das die Leistungsfähigkeit der Geschäftsprozesse durch den kontinuierlichen Vergleich der Prozesse steigern kann (vgl. Kavandi, S. 1998, S. 34). Der Schwerpunkt liegt dabei auf den erfolgskritischen Prozessen, das Ziel ist die Steigerung der Leistungsfähigkeit der Geschäftsprozesse. Eine wertvolle, unterstützende Funktion für das Prozess-Benchmarking nimmt die Prozesskostenrechnung ein, deren Daten eine gute Ausgangsbasis für Prozess-Benchmarks bilden. Voraussetzung ist, dass alle wesentlichen Prozesse der beteiligten Unternehmen analysiert und in ihren Merkmalen genau beschrieben sind (vgl. Rieg, R. 1999, S. 45). Die aus der Prozesskostenrechnung gewonnene Informationen können folgende Hinweise auf die Effizienz und Effektivität von Prozessen liefern (vgl. Brokemper, A., Gleich, R. 1998, S. 20, Rieg, R. 1999, S. 45):

- Vergleich der Prozesskosten und Prozesskostensätze auf der Hauptprozessebene.

- Vergleich der Prozesskosten und der Prozesskostensätze auf der Teilprozessebene.

- Vergleich der Kosten für Ressourcen, wie z.B. Pro-Kopf-Kostensätze um Rückschlüsse auf Gehalts- / Altersstrukturen oder Technologien zu ziehen.

- Gegenüberstellung von Ressourcenprofilen von Funktionsbereichen und Prozessen zur Abbildung der Kapazitätsverteilung.

- Vergleich von weiteren nicht monetären Kennzahlen wie Durchlaufzeiten oder Qualitätsgrößen der Prozesse.

Zur Auswahl des Benchmarking-Partners schlägt *Brokemper* vor, einen „Best of Class" Unternehmen auszuwählen, das die relevanten Prozesse besonders häufig abwickelt und somit über eine höhere Erfahrung in der Prozessdurchführung verfügt (vgl. Brokemper, A. 1998, S. 191ff.). Die Reduktion der Auswahl des Benchmarking-Partners auf die Formel: *„Wähle jenes Unternehmen, das mit diesem Prozess die größte Erfahrung hat. Es weist aller Voraussicht* *nach aufgrund der hohen kumulierten Prozessmenge auch den geringsten Prozesskostensatz auf"* (Brokemper, A. 1998, S. 192; im Original kursiv) beruht auf den Erkenntnissen des Erfahrungskurvengesetzes und der Annahme, dass auch Zeit- und Qualitätsgrößen diesem unterliegen.

Für die marktorientierte Gemeinkostenplanung im Rahmen des Target Costing ergeben sich folgende Ansatzpunkte:

- Die Informationen und Kenngrößen aus dem Prozess-Benchmarking können zur Bestimmung marktorientierter Zielgemeinkosten genutzt werden. Insbesondere für produktferne Prozesse, für die sich kein direkter Produktbezug und somit auch kein direkt produktorientierter Marktbezug herstellen lässt, erweist sich eine Anbindung an das Benchmarking ohnehin als unbedingt erforderlich (vgl. Listl, A. 1998, S. 122f.).

- Die Erkenntnisse aus dem Prozess-Benchmarking können im Rahmen der Zielkostenerreichung zur Generierung von Maßnahmen zur Kostensenkung im Gemeinkostenbereich genutzt werden.

- Beim Prozess-Benchmarking geht es speziell um die Neugestaltung von innovativen und leistungsfähigen Prozessen (vgl. Lamla, J. 1995, S. 91).

5.2.6 Das Konzept des Target Budgeting

Mit dem Target Budgeting überträgt *Gleich* die Konzeption des Target Costing für die Antriebsbranche auf den Gemeinkostenbereich (vgl. Gleich, R. 1998b). Der Grundgedanke des Target Budgeting besteht in der Weiterentwicklung des Planungs- und Kontrollsystems entsprechend den Anforderungen des Target Costing, indem das Target Costing mit der Prozesskostenrechnung verknüpft und die Informationen zur Budgetierung der Gemeinkosten eingesetzt werden (vgl. Gleich, R. 1998a, S. 112ff). Die Zielkostenvorgaben für Komponenten werden um Vorgaben für Prozesse und Kostenstellenbudgets erweitert.

Ziel des Target Budgeting „...ist die markt- und prozessorientierte Planung, Steuerung und Bewertung der betrieblichen Infrastruktur in der Weise, dass das markterforderliche Kosten- und Leistungsniveau und damit eine strategieadäquate Ressourcenverteilung nachhaltig erreicht wird" (Gleich, R. 1998a, S. 112).

Gleich fokussiert sich in seinen Ausführungen auf das Zusammenspiel von Target Costing und Target Budgeting im Rahmen des Planungsprozesses.

5.2.6.1 Ablauf des Target Budgeting

Im Rahmen der Zielkostenfindung im Target Costing erfolgt die Zielbildung auf Produktebene, im Target Budgeting durch die Ableitung der Hauptprozess-Zielkosten aus den Zielkosten der Gesamtleistung (siehe Abbildung 26, vgl. Gleich, R. 1998a, S. 115ff.). In zeitlicher Hinsicht läuft das Target Costing parallel zum Target Budgeting ab: Die Phasen der Zielkostenspaltung und der Zielkostenerreichung im Target Costing laufen zeitlich gleichzeitig zur Ermittlung der Hauptprozess-Zielkosten, Planung der Hauptprozesskosten, Budgetkoordination und -verhandlung sowie Kontrolle und Abweichungsanalyse ab.

Abbildung 26: Die Verzahnung des Target Costing mit dem
Target Budgeting-Prozess

Die Bestimmung der Hauptprozess-Zielkosten für industrielle Dienstleistungen erfolgt auf der Basis der Funktionskostenmethode nach dem Ansatz von *Niemand* (vgl. dazu das Beispiel von Niemand, 1996, S. 61ff.). Montageprozesse werden nach der gleichen Methode als nicht-physische Komponenten in der Zielkostenspaltung integriert (vgl. dazu das Beispiel von Gleich, R. 1996, S. 158ff.). Da zwischen den meisten internen Dienstleistungen bzw. den Gemeinkostenprozessen und den extern vom Kunden vorgegebenen Kundenanforderungen kein unmittelbarer Zusammenhang hergestellt werden kann, „...können kosten- und leistungsbezogene Gestaltungsanforderungen an die Prozesse nicht direkt marktorientiert, sondern nur indirekt über die anteilige Inanspruchnahme der physischen Komponenten und externen Dienstleistungen abgeleitet werden" (Gleich, R. 1998a, S. 116).

Für die verbleibenden, nicht marktbezogenen Prozesse im Gemeinkostenbereich wird die Gemeinkostenstruktur eines Referenzproduktes um identifizierte Kostensenkungspotenziale modifiziert. Die Kostensenkungspotenziale können dabei über verschiedene Instrumente wie Prozess-Benchmarking, Prozesskostenrechnung, prozessorientierte Funktionsanalyse und Prozessgestaltung identifiziert werden.

Diese Top Down-Ermittlung der vorläufigen, projektspezifischen Zielkostenvorgaben wird durch eine Bottom Up-Planung der Hauptprozesskosten verifiziert. In der weiteren Vorgehensweise vermischt sich allerdings die Sicht der aus dem Markt abgeleiteten Zielkosten mit den intern bestimmten Prozesskostensätzen, die durch die in Anspruch genommen Prozessmengen bewertet werden. Das Problem wird durch die Budgetverhandlungen offensichtlich (siehe Abbildung 27, vgl. Gleich, R. 1998a, S. 122). „Die Hauptprozessebene stellt bei der Planung der Gemeinkosten dabei eine Pufferebene dar, auf der die vertikale Abstimmung zwischen Top Down-Zielvorgaben und Bottom Up-Prozesskosten erfolgt" (Gleich, R. 1998a, S. 121). Die Höhe der vereinbarten Hauptprozesskosten richtet sich nach den internen Einschätzungen.

Abbildung 27: Budgetverhandlung zur Abstimmung zwischen Top Down- und Bottom Up-Planung

5.2.6.2 Erweiterung des Target Costing zum Multi-Target Costing

Da die Prozesse in den indirekten Bereichen in der Regel nicht nur für ein Produkt, sondern z.B. für das gesamte Unternehmen, Produktgruppen, Fertigungslose oder Beschaffungslose erbracht werden, muss die Gestaltung und Kostenplanung der Prozesse produkt- bzw. projektübergreifend erfolgen (vgl. Seidenschwarz, W. 1995, S. 112). Das Multi-Target Costing verdichtet die in den einzelnen Projekten pro Jahresscheibe geplanten Kosten im Lebenszyklus (siehe Abbildung 28, vgl. Listl, A. 1998, S. 176). Erst damit können die Zielkostenpositionen künftiger Perioden summarisch bestimmt und in Budgets überführt werden. Das Multi-Target Costing ist damit die rechnerische Voraussetzung für die marktorientierte Planung und Budgetierung der Gemeinkosten im Rahmen des Target Costing. Deshalb verweist auch *Gleich* in der Arbeit zum Target Budgeting auf die Notwendigkeit eines Multi-Target Costing.

Das Multi-Target Costing entspricht damit der Forderung von *Männel*, dass produktbezogene Kalküle die periodenbezogenen Kosten-, Erlös- und Ergebnisrechnung nicht ablösen, sondern ergänzen sollen (vgl. Männel, W. 1994, S. 110). Letztendlich dient das Multi-Target Costing der systembildenden Koordination hinsichtlich der produkt- und prozessbezogenen Zielkostenvorgaben sowie der Zielkostenerreichung. Damit Zielkonflikte vermieden werden, muss darüber hinaus eine Koordination der prozessbezogenen Ziele mit den Zielen der strategischen Unternehmensplanung erfolgen. Die Veröffentlichungen zum Multi-Target Costing sind allerdings lediglich konzeptioneller Natur. Konkrete Anwendungsbeispiele und Anwendungsberichte, die auf die rechnerische Verknüpfung eingehen, finden sich bislang nicht.

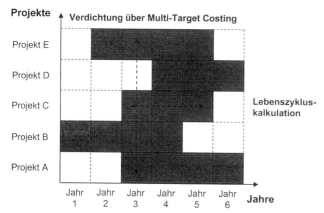

Abbildung 28: *Verdichtung der einzelnen Lebenszykluskalkulationen im Target Costing zum Multi-Target Costing*

5.2.6.3 Kritische Würdigung des Target Budgeting

Die konzeptionellen Überlegungen zum Target Budgeting versuchen erstmalig, den Forderungen nach einem umfassenden Einbezug der Gemeinkosten mithilfe der Prozesskostenrechnung in das Target Costing, Rechnung zu tragen. Durch das Konzept des Target Budgeting und des Multi-Target Costing wird die Notwendigkeit zur Verknüpfung des Target Costing mit den laufenden stellen- und periodenbezogenen Planungen im Planungs- und Kontrollsystem deutlich. Dies stellt sicher, dass die in den Projekten identifizierten Kostensenkungspotenziale konsequent genutzt und umgesetzt werden (vgl. Gleich, R. 1998a, S. 112ff.). Das Target Budgeting stellt somit eine Schnittstelle zur jahresbezogenen, operativen Budgetierung dar. Es bleiben allerdings einige Fragen offen, die im weiteren Verlauf der Arbeit zu klären sind:

- Mit dem Hinweis, dass die indirekten Bereiche i.d.R. nicht direkt oder nicht ausschließlich für ein Produkt, sondern für mehrere Produkte Leistungen erbringen, wird die Notwendigkeit des Multi-Target Costing begründet (vgl. Gleich, R. 1998a, S. 117). Offen bleibt jedoch, ob und wie die produktübergreifenden Zielgemeinkosten ermittelt und den geschätzten bzw. geplanten Zielgemeinkosten gegenüber gestellt werden.

■ Die Problematik der nur mittel- bis langfristigen Abbaubarkeit großer Teile der Gemeinkosten wird nicht bedacht. Damit werden u.U. Zielgemeinkosten in die (auf eine Periode bezogene) operative Planung übernommen, obwohl sie aufgrund des Fixkostencharakters nicht erreichbar sind.

■ Der Vorschlag, die Planung von Prozessmengen und Prozesskostensätzen simultan vorzunehmen und laufend zu koordinieren macht es unmöglich, die in der Konzeption vorgesehenen Phasen zur Ermittlung der Hauptprozess-Zielkosten, zur Planung der Prozesskosten (d.h. Planung der Prozesskostensätze und -mengen), und zur Budgetkoordination / -verhandlung zeitlich und inhaltlich zu trennen (siehe auch Abbildung 26).

■ Geht man davon aus, dass im Sinne eines Multi-Target Costing mehrere Target Costing-Projekte parallel und zeitlich versetzt ablaufen, so ergibt sich das Problem, dass dann alle Target Costing-Teams (bzw. die Projektleiter) jeweils in Budgetverhandlungen mit den Verantwortlichen der Gemeinkostenbereiche treten müssten. Da der Planungsprozess im Target Budgeting keine Zielkostenverabschiedung für Gemeinkosten vorsieht, können sich die direkt verantwortbaren Zielkosten für das Target Costing-Team im Verlaufe der Budgetverhandlung mit den Verantwortlichen der Gemeinkostenbereiche verändern. Letztendlich verbirgt sich hinter der Schwachstelle die Frage nach der Hierarchiedynamik. Es bleibt zu klären, „...welche Stellen der einzelnen Hierarchieebenen, in welcher Reihenfolge, wie (Teilfunktionen, Kompetenzen), an den verschiedenen Teilprozessen der Planung mitwirken sollen...“ (vgl. Wild, J. 1974, S. 189, vgl. Horváth, P. 1996, S. 218ff.).

Insgesamt greift das Konzept einige innovative Ideen auf, die aber weder in ein Gesamtkonzept zur Zielkostenfindung und Zielkostenerreichung integriert sind, noch anhand praktischer Beispiele veranschaulicht und hinsichtlich der Umsetzbarkeit überprüft werden.

5.2.7 Das Konzept zur Zielkostenvorgabe nach Berens, et. al.

Für Unternehmen, die über keine Prozesskosteninformationen verfügen, haben *Berens* et. al. ein in der Praxis entwickeltes Verfahren zur Berücksichtigung von Gemeinkosten im Target Costing vorgestellt, das an eine rückwärtslaufende Zuschlagskalkulation erinnert (vgl. *Berens*, et. al. 1995, S. 261ff.). Das Verfahren wurde in Zusammenarbeit mit einem Werk der *Robert Bosch Fahrzeugelektrik GmbH* konzipiert.

5.2.7.1 Die Behandlung der Gemeinkosten im Konzept der rückwärts-laufenden Zuschlagskalkulation

Kennzeichnend für diese Konzeption ist die Annahme eines vom Automobilhersteller vorgegebenen (Markt-) Preises und die Ausrichtung des Target Costing-Systems an den Wertkomponenten der flexiblen Plankostenrechnung. Die Kalkulation setzt sich aus folgenden Kostenarten zusammen (vgl. Abbildung 29, Gemeinkosten sind grau markiert), wobei die Werksverwaltungsgemeinkosten in den Fertigungsgemeinkosten enthalten sind und nicht separat ausgewiesen werden.

Kostenart		Kostenumfang	Verrechnung
Materialeinzelkosten		Mit prognostizierten Preisen bewertete Material-Verbrauchsmengen	Stückliste
Materialgemeinkosten		Kosten für Beschaffung, Ein-/Auslagerung, Lieferantenauswahl, Engangsprüfung, Lagerbestandsführung,...	Zuschlagssatz auf Basis der Materialeinzelkosten
Fertigungslohn-einzelkosten		Bewertete Lohnzeiten	Kostensatz pro Fertigungs-minute
Fertigungsgemein-kosten (inkl. Werksverwaltung)	Wek skosten	Fertigungsorganisation, -disposition, -steuerung, Instandhaltung, Qualitätssicherung	Zuschlagssatz auf Basis der Fertigungslohn-einzelkosten
Entwicklungs-gemeinkosten		Werden nicht näher beschrieben	
Vertriebs-gemeinkosten		Werden nicht näher beschrieben	

Abbildung 29: Aufbau der rückwärts-laufenden Kalkulation nach Berens et. al.

Als Ebenen der Zielkostenspaltung dienen neben den Einzelkosten die Material- und Fertigungsgemeinkosten. Den Ausgangspunkt der Kostenspaltung bildet die Kostenstellenplanung der flexiblen Plankostenrechnung auf Vollkostenbasis (bei Planbeschäftigung). Berens et. al. schlagen folgende Schritt zur Spaltung der Zielgemeinkosten vor (siehe auch Abbildung 30):

1. Zusammenfassung von funktionsgleichen Produkten zu Produktgruppen und Aufbau eines Fertigungskontos je Produktgruppe.

2. Verrechnung der Kostenstellen auf die abnehmenden Fertigungskonten durch die kostenartenspezifische Schlüsselung der Gemeinkostenarten und Zusammenfassung verschiedener Gemeinkostenarten zu Gemeinkosten-arten-Obergruppen.

3. Ermittlung der „Standardrelationen", die unter Annahme der Standardbeschäftigung den Anteil der Materialeinzelkosten, der Fertigungslohneinzelkosten bzw. der Material- und Fertigungsgemeinkosten an den Standardkosten des Produkts beschreiben.

4. Die Standardrelation für die Material- und Fertigungsgemeinkosten wird dann nochmals auf die Kostenarten und die Gemeinkostenartengruppen heruntergebrochen.

Als Ergebnis liegt dann für jede Kostenart der Anteil an den Standardkosten für eine Produktgruppe vor. Letztlich bilden die so ermittelten Prozentsätze die Standardkostenstruktur für die einzelnen Produktgruppen auf Basis der Plan-Zuschlagskalkulation ab.

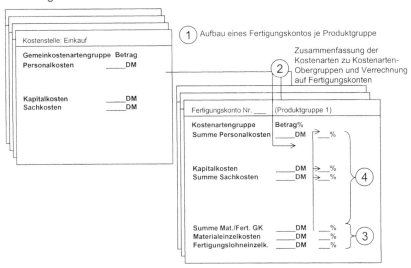

Abbildung 30: Vorgehensweise zur Zielkostenspaltung nach Berens et. al.

Zur Bestimmung der Zielkosten für ein Produkt oder einen Auftrag wird der aus den Forderungen des Automobilherstellers gebildete strategische Zielpreis um den geplanten Gewinn und die geplanten Entwicklungs- und Vertriebsgemeinkosten reduziert. Allerdings finden sich keine Hinweise, wie die Höhe dieser Zielentwicklungs- und Vertriebsgemeinkosten bestimmt wird. Die auf diesem Wege abgeleiteten Produktzielkosten werden dann über die ermittelten Kostenrelationen auf die Kostenarten und Kostenartengruppen heruntergebrochen und den geschätzten Standardkosten gegenüber gestellt.

Bei Auftreten einer Zielkostenlücke schlagen die Autoren vor, alle Wertkomponenten linear um den ermittelten Kostensenkungsprozentsatz zu kürzen und diesen als Grundlage für die verbindliche Zielkostenfestlegung zu verwenden.

5.2.7.2 Kritische Würdigung des Konzepts

Das von Berens et. al. dargestellte Verfahren zur Behandlung von Gemeinkosten im Target Costing-Prozess weist folgende Schwachstellen auf:

■ Insgesamt fokussiert sich das Konzept auf die Ermittlung der kurzfristigen Zielkosten für die Gemeinkostenarten des Werkes. Hinweise auf eine instrumentale Unterstützung der Zielkostenerreichung im Gemeinkostenbereich finden sich nicht. Der Vorschlag zur linearen Kürzung aller Kosten um den sich aus der Zielkostenlücke ergebenden Kostensenkungsprozentsatz ist bei dieser auf eine Periode bezogene Betrachtung sogar gefährlich. Sie bedeutet nämlich, dass im Rahmen der betrachteten Periode (es wird nur jeweils die aktuelle Periode geplant) nicht abbaubare, fixe Kosten „gekürzt" werden. Damit wird weder eine strategische Umverteilung der Ressourcen noch eine Vorgabe von erreichbaren bzw. realistischen Zielkosten für die Gemeinkostenbereiche erreicht.

■ Die Zielkostenvorgabe auf allen Spaltungsebenen basiert auf den internen Daten der Plankostenrechnung. Die in der Planung hinterlegte Kostenstruktur wird zementiert und nicht auf der Basis von marktorientierten Vorgaben hinterfragt.

■ In den Ausführungen finden sich keine Angaben zur Bestimmung der Zielkosten für die Entwicklungs- und Vertriebsgemeinkosten. Dies hat zur Folge, dass diese im Target Costing-Prozess nicht betrachtet und somit auch nicht beeinflusst werden.

■ Mit der durchgängigen Verwendung des Gedankenguts der Zuschlagskalkulation werden neuere Erkenntnisse des Kostenmanagements nicht genutzt. Alle Gemeinkostenarten werden undifferenziert und nicht verursachungsgerecht über mehrfache Schlüsselungen zur Bestimmung von Zielrelationen verwendet. Dies hat zur Folge, dass z.B. bei einer komplexen Produktvariante, die in geringen Stückzahlen gefertigt wird, die gleiche Zielgemeinkostenstruktur vorgegeben wird, wie für ein wenig komplexe Standard-Variante.

■ Durch die Beschränkung auf die detailliert geplante Periode kann dieses Instrumentarium letztendlich nur für Produkte eingesetzt werden, die innerhalb des geplanten Jahres in die Produktion eingeführt werden. Dies schränkt den Anwendungsbereich vor dem Hintergrund der oftmals mehrjährigen Produktentwicklungsphasen und der Notwendigkeit zum Einsatz des Target Costing in den frühen Phasen der Produktentwicklung stark ein. Eine lebenszyklusorientierte Verrechnung und Beeinflussung der Kosten wird nicht unterstützt.

■ Es finden sich keine Hinweise darauf, wie Zielgemeinkosten im Falle eines innovativen Produktes ermittelt werden können. Die Verwendung der operativ geplanten Kostenstruktur zur Bestimmung der Zielgemeinkosten kann bei innovativen Produkten zu falschen Signalen im Target Costing-Prozess führen.

Insgesamt stellen die Autoren eine durchgängige, pragmatische Konzeption zur Ableitung von Zielkosten für Gemeinkostenbereiche im Rahmen des Target Costing dar. Durch die methodische Anlehnung der Zielkostenspaltung für Gemeinkosten an die Plankostenrechnung, ist eine Überleitung der Einproduktsicht in die Mehrproduktsicht möglich. Allerdings sind sowohl aus praktischer als auch aus wissenschaftlicher Sicht elementare Schwachstellen in der Vorgehensweise zu konstatieren.

5.3 Zusammenfassung

Anhand der bisherigen Ausführungen konnte zunächst der zu Beginn der Arbeit angesprochene Forschungsbedarf weiter konkretisiert werden. Aufgrund der Anforderungen aus dem Target Costing an die Gemeinkostenplanung und der Charakteristika der Gemeinkosten können drei übergreifende Problemkomplexe identifiziert werden (vgl. Abbildung 31).

Aus Sicht der traditionellen Kostenrechnung steht die Frage der **Zurechenbarkeit** der Gemeinkosten zu den einzelnen Target Costing-Projekten im Mittelpunkt (vgl. dazu die Ausführungen in Abschnitt 3 und 4). Die Frage nach der **Beeinflussbarkeit** von Gemeinkosten durch die einzelnen Target Costing-Teams bzw. durch die Kostenstellen- oder Prozessverantwortlichen hinsichtlich Kompetenz und Verantwortung spricht Aspekte des Kostenmanagements an. Der marktorientierte Target Costing-Ansatz wirft die Frage nach den Instrumenten und Methoden zur **Herstellung des Marktbezugs** für Gemeinkostenbereiche auf.

Im Einzelnen sind mehrere Anpassungen und Erweiterungen der Target Costing-Instrumente für eine marktorientierte Planung der Gemeinkosten erforderlich. Die instrumentalen Aspekte lassen sich wie folgt zusammenfassen:

- Die Prozesskostenrechnung erfüllt die Anforderungen für repetitive Prozesse im indirekten Bereich hinsichtlich der verursachungsgerechten Verrechnung der Gemeinkosten, der Bereitstellung von Kostentreiberinformationen zur Kostenplanung und -beeinflussung sowie der Unterstützung der Marktsicht am Besten. Da sich für nicht repetitive Prozesse und Einzelkosten durch die Prozesskostenrechnung keine Verbesserung ergibt, bietet sich ein kombinierter Einsatz mit der Grenzplankostenrechnung an. Die Retrograde Kalkulation wird nach der Methode der prozessorientierten Kalkulation zu einer prozessorientierten Retrograden Kalkulation erweitert. Zur Abbildung langfristig-strategischer und produktlebenszyklusorientierter Fragestellungen wird von einem mehrjährigen Planungszeitraum ausgegangen.

- Aufgrund des zumeist fehlenden Marktbezugs der Gemeinkosten und der konzeptionellen Schwierigkeiten bei der Bestimmung der Zielkosten wird vorgeschlagen, mehrere unterschiedliche Methoden und Instrumente zur Bestimmung der Zielgemeinkosten einzusetzen. Im weiteren Verlauf bleibt zu prüfen, welche Instrumente sich für verschiedene Kategorien der Gemeinkosten eignen. Dennoch wird eine marktorientierte Bestimmung aller Zielgemeinkosten nicht möglich sein.

- Da das Herstellen der entsprechenden Kompetenz und Verantwortung zur Zielkostenerreichung für Gemeinkosten in der Praxis nicht möglich ist, sollen Zielvereinbarungsblätter die Kostenvorgaben ergänzen. Mit der Vereinbarung geeigneter Kosteneinflussgrößen wird darin die Zielvorgabe und somit der Beitrag des Target Costing-Teams, der Prozess- / Kostenstellenverantwortlichen zur Zielkostenerreichung vereinbart und dokumentiert.

- Das aufgrund der prozess- bzw. stellenbezogenen Planung und Steuerung der Gemeinkosten erforderliche Multi-Target Costing wurde in der Literatur bislang nicht konkretisiert und bezüglich der Umsetzbarkeit überprüft. Zur Koordination der produkt-, prozess- und kostenstellenorientierten Planungen werden die prozessorientierten Retrograden Kalkulationen zu einer Retrograden Ergebnisrechnung verdichtet. Die Koordination der prozessbezogenen Planung mit der stellenbezogenen Planung soll mittels einer Retrograden Prozesskosten-Matrix erreicht werden.

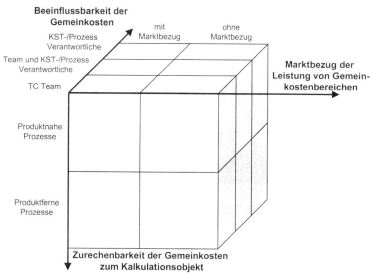

Abbildung 31: Problemkomplexe der Gemeinkostenplanung im Rahmen des Target Costing

Organisatorisch gesehen ist Target Costing durch zwei weitere Aspekte gekennzeichnet: Target Costing ist ein Prozess und es ist interdisziplinär (vgl. Horváth, P. 1998c, S. 80).

Mit Blick auf den Prozess bzw. den Ablauf der marktorientierten Gemeinkostenplanung im Rahmen des Target Costing sind mehrere Sachverhalte von Bedeutung.

- Zunächst ist die marktorientierte Gemeinkostenplanung in den Target Costing-Prozess der einzelnen Produkte bzw. Projekte zu integrieren.

- Darüber hinaus ist aus der Mehrproduktsicht (im Sinne des Multi-Target Costing) die Koordination der aperiodischen, unterjährigen Planungen im Rahmen des Target Costing mit den periodischen Planungen im Rahmen der operativen und strategischen Planung erforderlich (vgl. Hahn, D. 1996, S. 92ff.). Aufgrund der Charakteristika der Gemeinkosten kann erst dann die von *Gleich* geforderte Schnittstelle zur Planung realisiert werden. Damit wird vermieden, dass im Target Costing identifizierte Kostensenkungspotenziale nicht in die stellenbezogene Planung einfließen (vgl. Abschnitt 5.2.6).

Mit der Interdisziplinarität des Target Costing werden aufbauorganisatorische Aspekte angesprochen. Für eine Übertragung der Prinzipien des Target Costing auf die Gemeinkostenbereiche ist zu klären, wie eine adäquate Einbindung der Gemeinkostenbereiche in die Planungen des Target Costing erfolgen kann. Es geht um die Frage, wie Projekt-, Produkt- und Prozessverantwortliche bei der Entwicklung neuer Produkte kooperieren (vgl. Reiss, M. 1992, S. 25). Übertragen auf die marktorientierte Gemeinkostenplanung ist damit der Aspekt der Hierarchiedynamik angesprochen. Dahinter verbirgt sich die Frage, „...welche Stellen der einzelnen Hierarchieebenen, in welcher Reihenfolge, wie (Teilfunktionen, Kompetenzen), an den verschiedenen Teilprozessen der Planung mitwirken sollen..." (vgl. Wild, J. 1974, S. 189).

Wie die Planung (vgl. Bleicher, K. 1963, S. 121ff., Horváth, P. 1996, S. 209ff.), so ist auch die marktorientierte Gemeinkostenplanung sowohl Instrument als auch Gegenstand der Koordination. Soll die marktorientierte Gemeinkostenplanung koordinieren, so bedarf sie selbst der Koordination.

Der instrumentale Koordinationsbedarf betrifft die Frage nach dem Instrumenteneinsatz zur marktorientierten Gemeinkostenplanung. In Bezug auf die Hierarchieebenen der Organisation besteht ein Bedarf zur vertikalen Koordination der Planungen der Target Costing-Teams, der Prozessverantwortlichen und der Kostenstellenverantwortlichen. Horizontaler Koordinationsbedarf besteht in der Abstimmung der einproduktbezogen Planungen der Produkt-, Prozess- und Kostenstellenebene im Sinne des Multi-Target Costing. In zeitlicher Hinsicht besteht die Notwendigkeit zur Koordination der aperiodischen Planungen im Target Costing mit den periodischen Planungen des Planungssystems. In Bezug auf die Planungsstufen besteht der Bedarf zur Koordination der Planungen mit den strategischen und operativen Planungen im PK-System. Damit die marktorientierten Zielkostenvorgaben eine motivierende Wirkung erzielen können, müssen sie zur Überprüfung ihrer Erreichbarkeit den prognostizierten Plankosten gegenübergestellt werden. Dies spricht die Koordination der internen Planungen mit den Marktzielen an.

6 Systemaufbau zur marktorientierten Gemeinkostenplanung im Rahmen des Target Costing

6.1 Kapitelübersicht

Nachdem in den vorherigen Kapiteln eine Analyse der Anforderungen und des State of the Art der Gemeinkostenplanung im Rahmen des Target Costing durchgeführt wurde, stellt sich nun die Frage, wie die unterschiedlichen Aspekte und Zusammenhänge mithilfe des systemtheoretischen Forschungsansatzes im Sinne der Zielsetzung in die Systemgestaltung übertragen werden können.

Die allgemeine Definition des Systems als „...eine geordnete Gesamtheit von Elementen, zwischen denen irgendwelche Beziehungen bestehen oder hergestellt werden können" (Ulrich, H. 1970, S. 105), sagt nichts darüber aus (vgl. Ulrich, H. 1970, S. 106),

- welchen Zweck das System hat,

- in welchem Bezug das System zur Umwelt steht,

- wie die Elemente angeordnet und abgegrenzt sind,

- in welcher Beziehung die Systemelemente zueinander stehen und

- wie sich das System verhält.

Da sich die systembildende Aufgabe des Controlling auf die Metaplanung bezieht, handelt es sich bei der zu bewältigenden Aufgabe um einen Teilbereich der Controllingaufgaben. Deshalb wird in Abschnitt 6.2.1 zunächst der Bezug der marktorientierten Gemeinkostenplanung im Rahmen des Target Costing zum Controllingsystem hergestellt und der Zweck des Systems verdeutlicht. Diese Überlegungen zur Einordnung der marktorientierten Gemeinkostenplanung im Rahmen des Target Costing werden in den Abschnitten 6.2.2 und 6.2.3 hinsichtlich des IV- und des PK-Systems vertieft.

Abschnitt 6.3 beschäftigt sich mit der Frage nach der Abgrenzung von näher zu betrachtenden Teilsystemen, bevor in den sich anschließenden Abschnitten 6.4 bis 6.6 auf die Anordnung und Beschreibung der Systemelemente sowie deren Beziehung zueinander eingegangen wird.

6.2 Einordnung und Zielsetzung des Systems zur marktorientierten Gemeinkostenplanung im Rahmen des Target Costing

6.2.1 Marktorientierte Gemeinkostenplanung im Rahmen des Target Costing als Subsystem des Controllingsystems

Target Costing ist ein umfassender kunden- und kostenfokussierter Planungs- und Steuerungsprozess, der in der Produktentstehung einsetzt (vgl. Horváth, P. 1998c, S. 75). Da das Controlling Aufgabenkomplexe im Hinblick auf die Planung, Steuerung und Überwachung wahrnimmt und eine Planung, Steuerung und Überwachung nicht ohne autonom gesetzte oder geplante Ziele möglich ist (vgl. Hahn, D. 1996, S. 175), bietet sich die Einordnung des hier zu schaffenden Systems in das Controllingsystem an. Der Forderung, Target Costing in das Controllingsystem einzubinden (vgl. Horváth, P. 1998c, S. 76), wird damit Rechnung getragen und die Nutzung bestehenden Wissens ermöglicht. Darüber hinaus lässt sich die Aufgabe der marktorientierten Gemeinkostenplanung im Rahmen des Target Costing als Metaplanungsaufgabe einordnen, sie gehört damit zu den Kernaufgaben des Controlling (vgl. Horváth, P. 1996, S. 189f.).

Es stellt sich die Frage, welches der Controllingsysteme sich für die hier verfolgte Aufgabe eignet. Da sich lediglich im Detail abweichende Auffassungen im Hinblick auf die Ziele, Aufgaben, Instrumente und Organisation des Controlling finden und eine umfassende Diskussion den Rahmen der Arbeit sprengen würde, wird an dieser Stelle auf die Literatur verwiesen (zu den Gemeinsamkeiten und Unterschieden der wichtigsten Controllingkonzepte vgl. Hahn, D. 1996, S. 182ff., Hahn, D. 1997, S. 16ff., Horváth, P. 1998b, S. 17ff., Küpper, H.-U., Weber, J., Zünd, A. 1990, S. 281ff., Weber, J., Schäffer, U. 2000, S. 109ff.). Aus folgenden Gründen wird dieser Arbeit das Controllingsystem von *Horváth* zugrunde gelegt:

- Die weite **Verbreitung** dieses Konzepts unterstützt die Verwendung der Ergebnisse. Die systemtheoretische Fundierung erleichtert dem Leser die Einordnung der hier gewonnenen Ergebnisse. Die Einordnung in ein Controllingkonzept, das auf die systemtheoretische Fundierung verzichtet, würde dies behindern. Auch dann, wenn wie bei *Weber* lediglich auf das Wort „System" verzichtet wird und nur noch von Planung, Kontrolle, etc. die Rede ist; Weber verzichtet seit der 7. Auflage auf das Wort „System" und spricht (nur) noch von Planung, Kontrolle, etc. (vgl. Weber, J. 1998, Weber, J., Schäffer, U. 2000, S. 110).

- Die hohe **Akzeptanz** des Konzepts wird zum einen durch die Vielzahl der wissenschaftlichen Beiträge, die sich auf dieses Konzept beziehen, dokumentiert. Zum anderen stimmen die wichtigsten Controllingkonzepte im Hinblick auf die grundlegenden Aspekte der Ergebniszielorientierung und der Koordinationsaufgabe des Controlling überein (vgl. Hahn, D. 1997, S. 16f.).

■ Das Controllingsystem von *Horváth* ist **kompatibel** zu dem von *Hahn* konzipierten Planungs- und Kontrollsystem (vgl. Hahn, D. 1997, S. 184). Die
Einordnung der Planungsaspekte des Target Costing in dieses Planungs-
und Kontrollsystem (PK-System) bietet sich an, da in diesem die koordi-
nierte sachziel- und formalzielorientierte Planung und Kontrolle auf allen
Planungsstufen realisiert ist (vgl. Gleich, R. 1998a, S. 112). *Hahn* berücksichtigt außerdem, dass die Gestaltung des PK-Systems von der Aufbauorganisation des Unternehmens abhängig ist. Auf diese Erkenntnisse kann
somit ebenfalls zurückgegriffen werden.

■ Der dieser Arbeit zugrunde liegende, gestaltungsorientierte Systemansatz
schließt den Rückgriff auf eine breite empirische Basis aus. Allerdings bietet sich mit der Einordnung des Systems zur marktorientierten Gemeinkostenplanung im Rahmen des Target Costing in das Controllingsystem
von *Horváth* die Möglichkeit, den Bezug zu den empirischen Ergebnissen
der Stuttgarter Studie herzustellen, da dort das gleiche Controllingver-
ständnis zugrunde gelegt wurde (vgl. Arnaout, A., Gleich, R., Seidenschwarz, W., Stoi, R. 1997, S. 12). Die dort auf Basis des situativen bzw.
kontingenztheoretischen Ansatzes (vgl. Kieser, A., Kubicek, H. 1992, S.
33ff., Horváth, P. 1996, S. 100ff., Küpper, H.-U., Weber, J., Zünd, A. 1990,
S. 286) gewonnenen Erkenntnisse ermöglichen die Einordnung der Ergebnisse in Abhängigkeit des Zusammenwirkens interner und externer
Faktoren im Hinblick auf das Controllingsystem.

Folgende systemische Definition des Controlling bildet den Bezugsrahmen für
das System zur marktorientierten Gemeinkostenplanung.

„Controlling ist - funktional gesehen – dasjenige Subsystem der Führung, das
Planung und Kontrolle sowie Informationsversorgung systembildend und sys-
temkoppelnd ergebniszielorientiert koordiniert und so die Adaption und Koordination des Gesamtsystems unterstützt." (Horváth, P. 1998b, S. 144). Das
Controlling dient der Führungsunterstützung, es ermöglicht ihr, das Unternehmen ergebniszielorientiert an Umweltveränderungen anzupassen (vgl.
Horvath, P. 1994, S. 143).

Das System zur marktorientierten Gemeinkostenplanung wird als Subsystem
des Controlling eingeordnet, es ist damit Bestandteil des Controllingsystems.
Im Rahmen der Aufgabenstellung sind sowohl Koordinationsaufgaben hinsichtlich des IV- als auch des PK-Systems zu erfüllen. Die Forderung nach einer umfassenden Verknüpfung der Instrumente des Kostenmanagements - die
über die instrumentale Sicht hinaus geht - wird somit aufgegriffen (vgl.
Brokemper, A. 1998, S. 47). Ausgehend von der Funktion des Target Costing
als Bindeglied zwischen den Kunden und dem Controllingsystem (vgl.
Horváth, P. 1998c, S. 75) unterstützt das System zur marktorientierten Gemeinkostenplanung die Funktion der frühzeitigen, markt- und ergebniszielbe-
zogenen Koordination der Gemeinkostenbereiche.

6.2.2 Einordnung der marktorientierten Gemeinkostenplanung in das IV-System

Während es im PK-System darum geht, bestimmte Informationen, deren Beschaffung und Erfassung bereits erfolgt ist, zu verknüpfen und in Plangrößen umzuformen, steht im Informationsversorgungssystem (IV-System) die Frage nach den zur Planung benötigten Informationen, deren Beschaffung und deren Übermittlung an die Planer im Vordergrund (vgl. Horváth, P. 1996, S. 347). Die wichtigste Herausforderung im Target Costing aus Sicht der Informationsversorgung ist die Einbeziehung der indirekten Kosten (vgl. Horváth, P. 1998c, S. 76). Die eindeutige Fokussierung der Literatur auf die Instrumente des Target Costing, des Gemeinkostenmanagements und der Kostenrechnung belegt, dass aus Sicht der Informationsversorgung die instrumentalen Aspekte von größter Bedeutung sind. Mit den Charakteristika der Gemeinkosten und den Anforderungen an das Gemeinkostenmanagement (siehe Abschnitt 3), wurden diese Aspekte in Bezug auf die marktorientierte Gemeinkostenplanung im Rahmen des Target Costing bereits umfassend diskutiert. Die daraus entstehenden, instrumentalen Anforderungen an das IV-System werden in Abschnitt 6.4.2.2 zusammengefasst. Dies darf aber nicht den Eindruck erwecken, dass damit alle für das Target Costing relevanten Aspekte angesprochen wurden. Einen guten Überblick über den weiteren - über die Aufgabenstellung hinausgehenden - Informationsbedarf im Rahmen des Target Costing vermitteln die Ausführungen zu den Input-Output-Beziehungen im Target Costing von *Listl* (vgl. Listl, A. 1998, S. 243f.) und die Ausführungen zu typischen Informationslücken im Target Costing (vgl. Ansari, S., Bell, J., CAM-I Target Cost Core Group 1997, S. 114).

Aufgrund folgender Sachverhalte sind aus einer weiteren detaillierten Betrachtung des IV-Systems keine neuen Erkenntnisse zu erwarten:

■ Der Projektcharakter des Target Costing führt dazu, dass die Informationsversorgung des Target Costing nur bis zu einem gewissen Grad standardisiert werden kann. Über die Informationsversorgung durch ein adäquates Instrumentarium zur Unterstützung der marktorientierten Gemeinkostenplanung hinaus, bleibt ein hoher Anteil an einzelfallbezogenen, systemkoppelnden Koordinationsaufgaben bestehen.

■ Durch die interdisziplinäre Teamorganisation des Target Costing zur frühzeitigen Einbindung der Funktionsbereiche, zur Nutzung des Detailwissens der Funktionsbereiche sowie zur schnellen und effizienten Kommunikation, erscheint eine weitere Trennung der Aktivitäten zur Informationsversorgung und zur Planung wenig erfolgversprechend.

■ Mit der nachfolgenden Betrachtung des PK-Systems ergeben sich weitere Aspekte, die aufgrund des Servicecharakters des IV-Systems (vgl. Horváth, P. 1996, S. 365) direkte Rückschlüsse auf dieses zulassen. Zur Vermeidung von Redundanzen wird auf eine weitergehende Detaillierung verzichtet.

6.2.3 Einordnung der marktorientierten Gemeinkostenplanung in das Planungs- und Kontrollsystem

Die hohe Komplexität von Planungssystemen wird durch eine Vielzahl von Parametern (vgl. stellvertretend Al-Laham 1997, S. 281f.) dokumentiert, die den Gestaltungsraum in Kombination mit den jeweiligen Ausprägungen aufspannen. Da das Ziel der Arbeit nicht in der Gestaltung eines neuen, umfassenden Planungs- und Kontrollsystems, sondern in der Gestaltung des Systems zur marktorientierten Gemeinkostenplanung im Rahmen des Target Costing und der Schnittstelle zum PK-System zu sehen ist, können nachfolgend nur die dafür relevanten Aspekte betrachtet werden.

Zur Strukturierung wird, entsprechend des zugrunde gelegten Controlling-verständnisses, auf den dort dargestellten Systemaufbau des PK-Systems zurückgegriffen (vgl. Horváth, P. 1996, S. 188ff.). Da das Target Costing als wesentliches Grundprinzip kurze Feedback- und Feed-Forward-Zyklen und damit die unmittelbare Überprüfung der Wirkungen von Aktionen auf die Formalzielplanung erfordert (vgl. Seidenschwarz, W. 1993, S. 83f.), wird das System zur marktorientierten Gemeinkostenplanung nicht weiter nach dem Zielbezug in ein Aktionsplanungssystem und ein Budgetierungssystem (vgl. Horváth, P. 1996, S. 189) differenziert.

Das PK-System kann nach funktionalen, institutionalen und instrumentalen Aspekten weiter unterschieden werden (vgl. Horváth. P. 1998, S. 192ff.). Zur Einordnung der marktorientierten Gemeinkostenplanung im Rahmen des Target Costing ist das **funktionale** Subsystem weiter nach objektorientierten (Pläne) und verrichtungsbezogenen Aspekten (Planungsaktivitäten) zu differenzieren. Objektorientiert kann die marktorientierte Gemeinkostenplanung im Rahmen des Target Costing folgenden Gestaltungsparametern der Planung zugeordnet werden:

- „An important feature of TCM is said to be its linkage to long-range planning..." (Tani, T., et. al. 1994, S. 73). Somit kann Target Costing der strategischen Planungsstufe zugeordnet werden (zur Abgrenzung der Planungsstufen vgl. Hahn, D. 1996, S. 100ff.). Die nähere Betrachtung der Kernfragen im Rahmen des Target Costing ermöglicht eine weitere Konkretisierung. Es stehen zwei Fragen im Mittelpunkt (vgl. Seidenschwarz, W. 1994, S. 76): Welche strategischen Ziele verfolgt ein Unternehmen bzw. ein Geschäftsbereich und wie müssen die Produkte als Erfolgspotenziale hinsichtlich Leistung und Kosten gestaltet sein, um diese Ziele zu erreichen? Target Costing beginnt nach der Beantwortung der ersten Frage, bzw. mit den sich daraus ergebenden strategischen Zielen, die der Ebene der generellen Zielplanung zugeordnet werden können. Target Costing ist damit der Ebene der Programm- und Potenzialplanung zuzuordnen (vgl. Hahn, D. 1996, S. 98 und S. 288ff.).

- Die Fristigkeit der Gemeinkostenplanung im Rahmen des Target Costing bezieht sich typischerweise auf mittelfristige (drei bis fünf Jahre), in Ab hängigkeit vom Produktlebenszyklus auf langfristige Zeiträume (bis 10 Jahre oder länger; vgl. Hahn, D. 1996, S. 80).

■ Die Forderung nach der Koordination der aperiodischen, unterjährigen Planungen im Rahmen des Target Costing mit den periodischen Planungen spricht den Aspekt der Periodizität bzw. der zeitlichen Integration an. Abbildung 32 veranschaulicht die Einordnung dieser Aspekte in das PK-System (ähnlich bei Hahn, D. 1996, S. 98).

Planungs-komplexe	Periodische Planung und Kontrolle für das Unternehmen und Subsysteme	Aperiodische Planung und Kontrolle für Projekte
Generelle Zielplanung	Zielplanung	Zielplanung
Programm- u. Potenzialplanung (Strategische Planung im engeren Sinne)	Zielorientierte Aktionsplanung mit Potenzialänderungen	Zielorientierte Aktionsplanung mit Potenzialänderungen
Programm- u. Aktionsplanung (Operative Planung im engeren Sinne)	Zielorientierte Aktionsplanung bei gegebenen Potenzialen	Zielorientierte Aktionsplanung bei gegebenen Potenzialen

Abbildung 32: Einordnung der marktorientierten Gemeinkostenplanung im Rahmen des Target Costing nach Planungsebene und Periodizität

■ Hinsichtlich der Planungsobjekte (vgl. Szyperski, N., Müller-Böling, D. 1984, S. 360) stehen für die marktorientierte Gemeinkostenplanung produktbezogene Pläne im Vordergrund, die mit den prozess- und kostenstellenbezogenen Plänen koordiniert werden müssen.

■ Obwohl Planung und Kontrolle den Charakter einer „Zwillingsfunktion" aufweisen (vgl. Wild, J. 1982, S. 39, Zahn, E. 1997, S. 68), besteht die aus der Controllingfunktion abgeleitete Kontrollaufgabe im Rahmen der marktorientierten Gemeinkostenplanung im Aufbau des Messinstruments und der Bereitstellung von Kontrollinformationen (vgl. Horváth, P. 1996, S. 158). Die Kontrollen können nach den Kriterien Gegenstände, Fristigkeit und Vergleichsmaßstab differenziert werden (vgl. Krystek, U., Zumbrock, S. 1993, S. 49f.). Aufgrund der im Target Costing anzustrebenden kurzen Feedback-Zyklen ist für die marktorientierte Gemeinkostenplanung insbesondere die Fristigkeit der Kontrollen von Bedeutung. Zur Unterstützung einer permanenten Steuerung stehen vorauseilende, antizipierende (feed forward) und gleich- bzw. mitlaufende Kontrollen im Vordergrund. Nachlaufende Kontrollen (feedback) kommen lediglich zur Ursachenanalyse im Sinne des Lernens zum Einsatz.

Für die verrichtungsorientierte Differenzierung der Planungsaufgaben ergibt sich mit der interdisziplinären Ausrichtung des Target Costing für die Inhalte der Planungsaufgaben eine Besonderheit. Es wird vorgeschlagen, die materielle inhaltliche Planung in der Verantwortung des interdisziplinären Teams mit einzelfallbezogener Abstimmung bzw. Unterstützung durch die Funktionsbereiche zu verankern. Die Aufgabe des laufenden Planungsmanagements und der Gestaltung der marktorientierten Gemeinkostenplanung im Rahmen des Target Costing wird dem Controlling zugeordnet (zur Differenzierung der Planungsaufgaben vgl. Szyperski, N., Müller-Böling, D. 1984, S. 124ff., Horváth, P. 1996, S. 198).

Aus **institutionaler Sicht** geht es um die Frage (vgl. Horváth, P. 1998, S. 205f.), wer bestimmte Planungsaufgaben an welcher Stelle der Organisation wahrnimmt (Aufbauorganisation) und um die raumzeitliche Verknüpfung der Planungsaktivitäten (Ablauforganisation). Aus aufbauorganisatorischer Sicht geht es inhaltlich um die Auswahl der Planungsorgane, die Anbindung der Planungsorgane an die Gesamtorganisation und die Zuordnung der Planungsaufgaben zu Planungsorganen. Dabei sind Fragen hinsichtlich der Zentralisierung oder Dezentralisierung von Planungsaufgaben, der Spezialisierung von Planungsaufgaben sowie der Partizipation und Koordination (vgl. Fürtjes, H.T. 1989, Sp. 1464) zu klären.

Die inhaltlichen Fragen können aus der Perspektive der zu bewältigenden Anbindung der marktorientierten Gemeinkostenplanung im Rahmen des Target Costing aufgrund der vielfältigen Gestaltungsmöglichkeiten, der dafür erforderlichen Diskussion zahlreicher organisationstheoretischer Einflüsse und Überlegungen sowie der hier gebotenen Kürze nicht umfassend diskutiert werden. Im Folgenden wird deshalb davon ausgegangen, dass, wie z.B. in japanischen Unternehmen, ein spezielles „target costing office" (vgl. Ansari, S., Bell, J., CAM-I Target Cost Core Group 1997, S. 106ff.) die Rolle des Process Owner für das Target Costing übernimmt, bzw. wie in deutschen Unternehmen die Zuständigkeit für solche Aufgaben im Controllingbereich angesiedelt ist (vgl. Horváth, P. 1998c, S. 79). Zur Vertiefung der organisatorischen Einbindung des Controlling muss auf die Literatur verwiesen werden (vgl. stellvertretend Horváth, P. 1996, S. 209ff., Hahn, D. 1996, S. 779ff.). Zur Übertragung der Prinzipien des Target Costing auf die Gemeinkostenbereiche steht aus organisatorischer Sicht die Einbindung der Kostenstellenleiter bzw. Process Owner in die Planungen des Target Costing im Zentrum der Überlegungen. Letztendlich verbirgt sich dahinter die Frage, „...welche Stellen der einzelnen Hierarchieebenen, in welcher Reihenfolge, wie (Teilfunktionen, Kompetenzen), an den verschiedenen Teilprozessen der Planung mitwirken sollen..." (vgl. Wild, J. 1974, S. 189) bzw. die Frage der Hierarchiedynamik.

Unter dem Aspekt der raumzeitlichen Verknüpfung der Planungsaktivitäten steht die Koordination der Planungsprozesse in den einzelnen Target Costing-Projekten im Mittelpunkt der Überlegungen. Die Verknüpfung der marktorientierten Gemeinkostenplanung mit den periodischen, operativen und strategischen Plänen des PK-System zielt auf die ablaufbezogene Schnittstelle zwischen den Systemen ab.

Aus **instrumentaler Sicht** kommen zur Unterstützung der marktorientierten Gemeinkostenplanung im Rahmen des Target Costing aufgrund der spezifischen Anforderungen verschiedene Instrumente des IV- und des PK-Systems zum Einsatz. Zu nennen sind insbesondere die Systeme der Kostenrechnung und die Prozesskostenrechnung (siehe dazu auch Abschnitt 6.4.2.2). Diese werden zur Fokussierung auf die marktorientierte Gemeinkostenplanung nicht weiter vertieft und analog der zugrunde liegenden Definition des Controllingsystems zugeordnet. Aus instrumentaler Sicht setzt die Betrachtung des Systems zur marktorientierten Gemeinkostenplanung damit auf diesen Informationen auf.

6.3 Teilsysteme der marktorientierten Gemeinkostenplanung im Rahmen des Target Costing

Nachdem die Einordnung des Systems zur marktorientierten Gemeinkostenplanung im Rahmen des Target Costing erfolgt ist, sind die Systemgrenzen definiert. Es stellt sich die Frage, wie dieses System zu gestalten ist. Dahinter verbirgt sich die Frage nach der Definition von Teilaspekten, die näher beleuchtet werden sollen. Allgemeingültige Hinweise finden sich dazu nicht in der Literatur (vgl. Horváth, P. 1998b, S. 93). Zur Definition der Systemgrenzen wird einerseits die Dichte der Beziehungen herangezogen, ein System bzw. Subsystem liegt dann vor, wenn innerhalb dieser Gesamtheit ein größeres Maß von Interaktionen oder Beziehungen besteht als von der Gesamtheit nach außen (vgl. Ulrich, H. 1970, S. 108). Andererseits hängt die Wahl der Systemgrenzen vom Ziel ab, das der Beobachter oder Gestalter verfolgt (vgl. Horváth, P. 1998b, S. 93).

Sowohl die hier verfolgte Zielsetzung als auch die Dichte der Beziehungen zwischen den zum Einsatz kommenden Instrumenten, verlangt die nähere Betrachtung der zur marktorientierten Gemeinkostenplanung zum Einsatz kommenden Instrumente. Die **instrumentalen Aspekte** umfassen die im Rahmen der Aufgabenstellung erforderliche Erweiterung und Verknüpfung der Target Costing-Instrumente, damit die in den frühen Phasen vom Markt abgeleiteten Ziele aufgenommen und frühzeitig in den Gemeinkostenbereichen umgesetzt werden können.

Damit die zeitliche Koordination der aperiodischen Planungen in den Target Costing-Projekten mit der periodischen Planung im Planungs- und Kontrollsystem erreicht werden kann, müssen **ablaufbezogene Aspekte** der marktorientierten Gemeinkostenplanung im Rahmen des Target Costing betrachtet werden. Erst wenn die zeitliche Koordination gelingt, können die produktbezogenen Planungen mit den prozess- und stellenbezogenen Planungen der Gemeinkosten koordiniert werden.

Aus **aufbauorganisatorischer Sicht** ist zu berücksichtigen, dass Teile der Gemeinkosten zwar durch die Target Costing-Teams beeinflusst werden, die Kostenstellen, Bereichs- oder Prozessverantwortlichen aber für die Erreichung und Einhaltung der Gemeinkostenbudgets verantwortlich sind. Die organisatorische Einbindung dieser Verantwortlichen bei der Zielkostenbestimmung und

-erreichung wird damit berücksichtigt und der Forderung nach der Gestaltung des Target Costing als interdisziplinärem Prozess Rechnung getragen (vgl. Horváth, P. 1998c, S. 75). Die Frage: „Wie kooperieren Projekt-, Produkt- und Prozessverantwortliche bei der Entwicklung neuer Produkte?" (Reiss, M. 1992, S. 25) wird damit auf die Gemeinkostenplanung übertragen.

Es verbleibt die Frage, ob es sich bei den instrumentalen, aufbauorganisatorischen und ablauforganisatorischen Aspekten um Subsysteme des übergeordneten Systems oder um Teilsystem-Betrachtungen handelt (vgl. dazu Daenzer, W.F. 1988, S. 13ff.). Da es sich mit Blick auf die gestellte Aufgabe nicht um eine hierarchische Beziehung handelt, sondern um unterschiedliche Aspekte und Betrachtungsstandpunkte eines Gesamtsystems, werden die instrumentalen, ablauforganisatorischen und aufbauorganisatorischen Aspekte als Teilsysteme der marktorientierten Gemeinkostenplanung im Rahmen des Target Costing betrachtet. Dies unterstützt die Sichtweise, dass eine idealtypische, marktorientierte Gemeinkostenplanung allen Aspekten genügen muss.

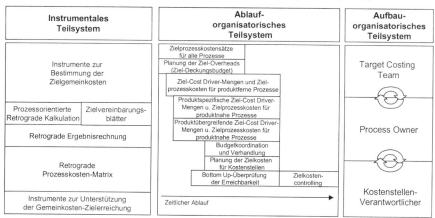

Abbildung 33: Das System zur marktorientierten Gemeinkostenplanung

6.4 Das instrumentale Teilsystem der marktorientierten Gemeinkostenplanung

6.4.1 Instrumente zur Bestimmung der Zielgemeinkosten

Zum Herunterbrechen der vom Markt erlaubten Kosten muss das Target Costing-Instrumentarium um die marktorientierte Bestimmung der Zielgemeinkosten ergänzt werden. Einerseits ist es ex definitione nicht möglich, für alle Gemeinkosten marktorientierte Zielkostenvorgaben aus der Sicht eines neu zu entwickelnden Produktes (bzw. einer Produkteinheit) vorzugeben. Andererseits können die direkten Produktzielkosten in der Retrograden Kalkulation aber nur marktorientiert bestimmt werden, wenn die vom Markt erlaubten

Kosten um marktadäquate Beträge für Zieloverheads und produktnahe Prozesse gekürzt werden (siehe auch Abbildung 18).

Ausgehend von der Interpretation der Marktorientierung als die Erfüllung der Kundenanforderungen, wie sie der Funktionskostenmethode zugrunde liegt, bewegt sich das Target Costing für Gemeinkosten zunächst im Spannungsfeld der Probleme bei der Bestimmung des Kundennutzens für die Gemeinkostenbereiche und der Probleme bei der Zurechnung und Bewertung des Ressourceneinsatzes für die Erstellung der Leistungen in den Gemeinkostenbereichen. Nachfolgende Abbildung verdeutlicht den Zusammenhang in Abhängigkeit der Position einer Leistung in der betrieblichen Wertschöpfungskette (siehe Abbildung 34, ähnlich bei Muff, M. 1995, S. 430). Während die Ermittlung des Kundennutzens für ein am Markt abgesetztes Produkt noch relativ unproblematisch in dem dafür erzielten Preis gesehen werden kann, fällt die Nutzenzuordnung für die in der betrieblichen Wertschöpfungskette "weiter vorne" liegenden, indirekten Leistungen - mit größerer Entfernung von der Absatzleistung - zunehmend schwerer.

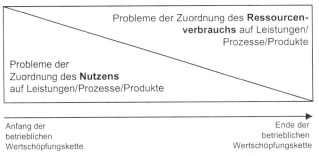

Abbildung 34: *Probleme bei der Zuordnung von Ressourcenverbrauch und Kundennutzen in Abhängigkeit der betrieblichen Wertschöpfungskette*

Nicht zuletzt aufgrund der Individualität der Leistungen in den Gemeinkostenbereichen, der Probleme bei der Zuordnung von Ressourcenverbrauch und Kundennutzen sowie der beschränkten Einsatzfelder der Methoden zur Zielkostenbestimmung müssen mehrere alternative Vorgehensweisen zum Einsatz kommen, die zur Informationsversorgung für die Zielkostenverabschiedung verschiedene Zielkostenvergleichsbasen für Gemeinkosten bereitstellen (siehe auch Abschnitt 5.2.3). Der kombinierte Einsatz unterschiedlicher Methoden ist außerdem erforderlich, weil

■ es keine Methode gibt, welche die Bestimmung umfassender, marktorientierter Zielgemeinkosten ermöglicht.

■ die Methoden zur Zielkostenspaltung lediglich robuste Verfahren darstellen, die plausibilisiert werden sollten. Aufgrund der Unsicherheit der in den frühen Phasen verfügbaren Informationen sind robuste Verfahren allerdings ausreichend.

■ zu erwarten ist, dass die Akzeptanz der Ziele durch auf mehrere Methoden basierte Zielvorgaben gesteigert werden kann.

Mit einer Erweiterung der in der Funktionskostenmethode zugrunde gelegten, streng kundenorientierten Sichtweise um die Wettbewerbssicht, öffnen sich weitere Informationsquellen zur marktorientierten Bestimmung von Zielgemeinkosten. Überträgt man die Methoden zur Zielkostenfestlegung (vgl. Seidenschwarz, W. 1991a, S. 199, Rösler, F. 1996, S. 21ff.) nach dem Kriterium der Informationsherkunft auf die Gemeinkostenbereiche, so ergeben sich folgende Ansätze zur Bestimmung der Zielgemeinkosten:

■ In Anlehnung an die Zielkostenfindung nach der **Out of Company-Methode** können Zielgemeinkosten aus den vorhandenen Kostenstrukturen im Unternehmen abgeleitet werden. Nach der Informationsherkunft entspricht dies der Bedarfsmethode beim Target Investment. Eine Marktorientierung der Gemeinkostenbereiche wird mit dieser Vorgehensweise jedoch nicht unterstützt.

■ **Out of Standard Costs**: Die Zielgemeinkosten können durch die Annahme von Kostensenkungsabschlägen auf die Standardkosten eines Vorgängerprodukts bestimmt werden (vgl. Seidenschwarz, W. 1993, S. 116ff., Berens, W., et. al., 1995, S. 265). Dies entspricht der von *Berens et. al.* vorgeschlagenen Vorgehensweise (siehe Abschnitt 5.2.7, vgl. Berens, W., et. al., S. 261ff.). Da durch diese Methode der Gedanke der Marktorientierung nur begrenzt unterstützt wird, sollte sie nur dann zum Einsatz kommen, wenn keine marktorientierten Methoden zur Bestimmung der Zielgemeinkosten anwendbar, oder die erforderlichen Informationen nicht verfügbar sind.

■ Beim **Market into Company** werden die Zielkosten konsequent durch die Subtraktion des Target Profit vom Zielverkaufspreis abgeleitet. Die Übersetzung der Marktanforderungen in der Funktionskostenmethode überträgt diesen Gedanken in die Zielkostenspaltung. Die Höhe der Zielgemeinkosten bemisst sich dann nach dem Beitrag der daraus hervorgehenden Leistungen zur Erfüllung der Kundenwünsche. Für marktnahe, produktbezogene Prozesse (wie z.B. für Dienstleistungsprozesse) ist es möglich, gewichtete Kundenanforderungen zu bestimmen und auf dieser Basis Zielgemeinkostenbudgets mithilfe der Funktionskostenmethode zu ermitteln (vgl. Niemand, S. 1996, S. 42ff.). Da für unternehmensbezogene und für marktferne Prozesse die gewichteten Kundenanforderungen nicht marktorientiert bestimmt werden können und kein Produktbezug besteht, ist diese Methode allerdings nur für ausgewählte Gemeinkostenbereiche einsetzbar.

■ Die Bestimmung der direkten Produktzielkosten aus dem Product Reverse Engineering entspricht nach der Herkunft der Kostenziele einem **Out of Competitor**-Ansatz. Durch die Gegenüberstellung der vom Markt erlaubten Kosten und der im Product Reverse Engineering bestimmten direkten Produktzielkosten des Wettbewerbers kann der Anteil für die produktfernen und produktnahen Prozesse als Differenz ermittelt werden und als markt-

orientierte Zielkostenvorgabe für eine weitere Dekomposition der Gemeinkosten herangezogen werden (siehe Abbildung 35 und die Ausführungen
unter Abschnitt 5.2.2.1).

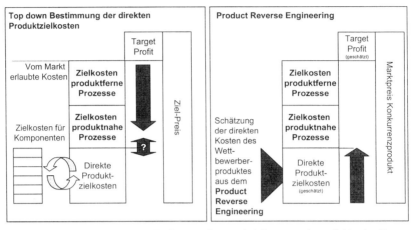

Abbildung 35: Bestimmung der Zielkosten für produktferne und produktnahe Prozesse aus dem Product Reverse Engineering.

■ Eine weitere Möglichkeit zur marktorientierten Absicherung von Zielgemeinkosten besteht im Einsatz des Prozess-Benchmarking (vgl. Seidenschwarz,
W. 1997, S. 50ff., Dittmar, J. 1996, S. 187). Die Bewertung der produktnahen Prozesse eines Referenzprodukts mit Best Practice-Prozesskosten-
sätzen und Prozessmengen ermöglicht die Bestimmung der Zielgemeinkosten. Bei dieser Vorgehensweise werden die Zielgemeinkosten nicht wie
bei der Funktionskostenmethode nach dem Beitrag eines Prozesses zur
Erfüllung der Kundenanforderungen ermittelt. Vielmehr steht die Annahme
im Vordergrund, dass sich die Zielprozesskosten an den Best Practice-
Prozesskosten orientieren müssen. Ein weiterer Vorteil dieser Methode besteht darin, dass sich im Rahmen des Prozess-Benchmarking Hinweise
und Ideen zur Erreichung der Zielgemeinkosten gewinnen lassen (vgl.
Horváth, P., Herter, R.N. 1992, S. 5ff., Champ, R.C. 1989, S. 12ff., Coenenberg, A.G., Fischer, T., Schmitz, J. 1994, S. 16ff., Lamla, J. 1995, S.
92). Die Bestimmung der Zielgemeinkosten aus dem Best Practice-
Benchmarking entspricht einem **Best Practice into Company**.

Abnehmende Marktorientierung ⟶						
Einsatz-bereiche	Beispiele	Market into Company	Out of Competitor	Best Practice into Company	Out of Company	Out of Standard Costs
Dienstleistungs-prozesse	Service			Prozess-Benchmarking		
Komponenten	Bauteile	Funktions-kosten-methode	Product Reverse Engineering	nicht relevant	Komponenten-methode Korrektur um Kosten-senkungs-potenziale	Komponenten-methode Kostenstruktur des Referenz-/ Vorgänger-produkts
Produktnahe Prozesse (Gesamt-produktebene)	Montage			Prozess-Benchmarking mit Best Practice Prozessen		
Produktnahe Prozesse (Komponenten-ebene)	Beschaffung Vormontage	Nicht sinnvoll möglich, da kein Marktbezug zu den Kunden-anforderungen besteht	Prozess-Benchmarking mit einem Wettbewerber aufgrund der Informations-beschaffung nicht möglich			
Produktferne Prozesse	Controlling-, Personal-prozesse					

Abnehmender Marktbezug (vertikale Achse)

Abbildung 36: Einsatzbereiche der Ansätze und Methoden zur Bestimmung von Zielgemeinkosten

Eine Gegenüberstellung dieser Ansätze zur Zielkostenbestimmung und der Kostenspaltungsebenen für Gemeinkosten verdeutlicht die unterschiedlichen Einsatzbereiche für die alternativen Methoden zur Zielkostenspaltung (vgl. Abbildung 36).

Flächendeckend einsetzbar sind die nicht marktorientierten Methoden des Out of Company und des Out of Standard Costs. Diese Ansätze dienen zur Schließung von Informationslücken, weil in der Praxis aufgrund begrenzter Ressourcen sicherlich nicht alle Gemeinkosten mit marktorientiert ermittelten Zielkosten hinterlegt werden können. Da der Beitrag zur Erfüllung der Kundenanforderungen nur für physische Komponenten, Teile der Dienstleistungsprozesse und Teile der produktnahen Prozesse auf Gesamtproduktebene (wie z.B. die Montage) bestimmt werden kann, ist die Zielkostenermittlung mittels der Funktionskostenmethode nur beschränkt einsetzbar.

Aus dem Product Reverse Engineering lassen sich dagegen Zielkosten für Produktkomponenten und für Teile der produktnahen Prozesse ermitteln. So können im Rahmen eines Product Reverse Engineering beispielsweise Aussagen zur Anzahl der Teile, Normteile, Zeichnungsteile, Fertigungs- und Montageschritte usw. bestimmt werden.

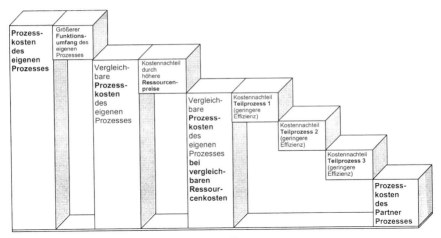

Abbildung 37: Die Prozess-Benchmarking Treppe

Eine Bewertung dieser Mengen mit entsprechenden Best Practice-Prozess-kostensätzen ermöglicht die Definition marktadäquater Zielkosten für produkt-nahe Prozesse. Über die Bewertung der Mengen im Product Reverse Engi-neering hinaus können aus dem Prozess-Benchmarking Zielkosten für weitere produktnahe bzw. produktferne Prozesse und Dienstleistungsprozesse ge-wonnen werden (vgl. hierzu das Beispiel bei *Lamla* zum Auftragsabwicklungs-prozess, Lamla, J. 1995, S. 143ff.). Neben der Identifikation von Unterschie-den im Funktionsumfang und bei den Faktorkosten können bei Kosten-nachteilen auf Teilprozessebene Hinweise zur Zielkostenerreichung gewonnen werden. Abbildung 37 veranschaulicht beispielhaft eine Auswertung zur Be-stimmung der Zielgemeinkosten im Rahmen eines Prozess-Benchmarking.

6.4.2 Die prozessorientierte Retrograde Kalkulation und ihre Anbindung an die Kosten- und Leistungsrechnung

6.4.2.1 Struktur der prozessorientierten Retrograden Kalkulation

Die produktspezifisch erstellte, prozessorientierte Retrograde Kalkulation dient der Gegenüberstellung der Zielkosten und der prognostizierten Plankosten über den Produktlebenszyklus (vgl. Seidenschwarz, W., et. al. 1997a, S. 109ff., Seidenschwarz, W. 1997, S. 35ff.). Damit sie die Funktion der frühzeiti-gen, marktbezogenen Planung der Gemeinkostenbereiche und des Zielkos-tencontrolling auf Produktebene übernehmen kann, werden in ihrer Struktur folgende drei Dimensionen unterschieden (siehe Abbildung 38).

■ Die konsequente Trennung zwischen den geschätzten Kosten und den Zielkosten in der Retrograden Kalkulation verstärkt den Druck auf die Gemeinkostenbereiche zur Erzielung marktorientierter Kostenstrukturen, da der Eindruck vermieden wird, dass die Schließung einer Zielkostenlücke lediglich durch die Bewertung konstruktiver Änderungen des Produktkonzepts und damit in den direkten Produktkosten bzw. den produktnahen Prozessen erfolgen kann. Außerdem werden die Gemeinkostenbereiche von Beginn an in die Aufteilung der vom Markt erlaubten Kosten einbezogen.

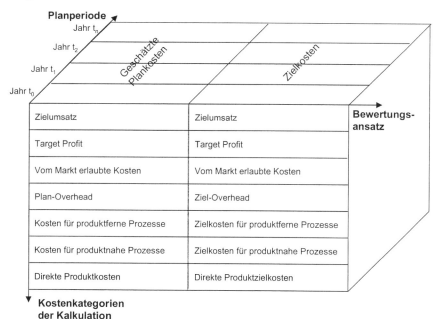

Abbildung 38:   Struktur der Retrograden Kalkulation

■ Die Kategorisierung der Gemeinkosten in Kosten für produktnahe Prozesse, Kosten für produktferne Prozesse und Overheads berücksichtigt einerseits die Frage nach der verursachungsgerechten Kostenverrechnung. Andererseits wird damit transparent, in welchem Umfang Anteile der Gemeinkosten prozessorientiert verrechnet, geplant und beeinflusst werden können.

■ Die mehrperiodische, lebenszyklusorientierte Planung und Verrechnung der Gemeinkosten ermöglicht eine auf der periodischen Jahresplanung aufbauenden, langfristigen Beeinflussung der Gemeinkosten (siehe Abschnitt 6.4.2.4).

6.4.2.2 Informationsversorgung der marktorientierten Gemeinkostenplanung durch die Kosten- und Leistungsrechnung

Ausgehend von den Anforderungen an die Gemeinkostenplanung im Rahmen des Target Costing (siehe Abschnitt 2.4) und den Charakteristika der Gemeinkosten (siehe auch Abschnitt 3.4) ist eine idealtypische Informationsversorgung zu fordern, die weiter zu konkretisieren ist.

Da es im Target Costing um die Beeinflussung künftig anfallender Gemeinkosten geht und in den Systemen der Kosten- und Leistungsrechnung lediglich eine Periode (zumeist ein Jahr) geplant wird, ist zunächst die Ausweitung des Planungshorizonts auf einen mittelfristigen Planungszeitraum erforderlich. Wie viele Perioden der Planungshorizont umfassen soll, kann sicherlich nicht allgemeingültig definiert werden. Wichtige Haupteinflussfaktoren, wie die Dauer der Produktlebenszyklen auf der einen Seite, und die zunehmende Planungsunsicherheit sowie der Aufwand zur Erstellung und Pflege auf der anderen Seite verhalten sich konträr zueinander. Im Rahmen dieser Arbeit soll von einem Planungshorizont von 5 Jahren ausgegangen werden, in dem die Gemeinkostenpositionen auf Produkt-, Prozess- und Kostenstellenebene explizit geplant werden. Nachfolgende Jahre werden durch Fortschreibung der Kostenstrukturen abgebildet, sofern keine abweichenden Erkenntnisse zu den einzelnen Positionen vorhanden sind. Damit reicht der Planungshorizont in den Zeitraum der strategischen Planung (vgl. dazu Hahn, D. 1996, S. 800f.), eine lebenszyklusorientierte Kostenbetrachtung wird unterstützt.

Die idealtypische Informationsversorgung des Systems zur marktorientierten Gemeinkostenplanung durch die Kosten- und Leistungsrechnung kann wie folgt charakterisiert werden (siehe auch Abbildung 39):

■ Grundlage der Kostenplanung und Verrechnung für alle Kostenarten, Kostenstellen und Kostenträger ist die Systematik der flexiblen Grenzplankostenrechnung mit nachfolgenden Modifikationen, da diese sowohl einen hohen theoretischen Ausbaustand als auch eine große Verbreitung in der Praxis erreicht hat. Damit baut das System zur marktorientierten Gemeinkostenplanung auf der flexiblen Grenzplankostenrechnung auf, wodurch die Informationsversorgung für kurzfristige Entscheidungen wie, z.B. Make or Buy-Überlegungen unterstützt werden kann.

■ Abweichend zu den Kostenplanungen der Grenzplankostenrechnung werden Vollkosten-Verrechnungssätze zur Informationsversorgung des Target Costing gebildet, die sowohl zur Kalkulation als auch zur innerbetrieblichen Leistungsverrechnung herangezogen werden. Damit wird der Tatsache Rechnung getragen, dass im Rahmen der mittel- und langfristigen Planungen im Target Costing nicht von gegebenen Betriebsmittelkapazitäten ausgegangen werden kann, und die Kosten im Mehrjahreszeitraum nicht ex post als abbaubar oder fix deklariert werden können. Weiterhin wird die frühzeitige Planung der künftig erforderlichen Ressourcen im Sinne einer Kapazitätsplanung unterstützt.

■ Gemeinkosten der indirekten, personalführenden Kostenstellen mit repetitiven Tätigkeiten werden prozess- und mengenorientiert geplant und mithilfe der prozessorientierten Kalkulation in die Retrograde Kalkulation verrechnet. Allerdings werden lediglich produktnahe Prozesse verursachungsgerecht (im Sinne der finalen Interpretation des Verursachungsprinzips) über die in geplante Inanspruchnahme von Prozessmengen verrechnet. Produktferne Prozesse werden zwar prozess- und mengenorientiert geplant, dann aber über die wertmäßige Bezugsgröße Zielumsatz auf die Kostenträger nach dem Tragfähigkeitsprinzip verrechnet, da kein Produktbezug besteht und eine verursachungsgerechte Verrechnung nicht möglich ist. Eine Prozesskosten-Matrix stellt dabei die rechnerische Verknüpfung zwischen der Kostenstellenrechnung und den Hauptprozessen her. Sie dokumentiert, welcher Betrag an Gemeinkosten von einer Kostenstelle an einen Hauptprozess verrechnet wird. Prognostizierte Overheads, die nicht prozessorientiert verrechnet werden können, werden ebenfalls über diese Bezugsgröße verrechnet (siehe dazu auch Abschnitt 6.4.2.3).

■ Materialeinzelkosten werden analog zur Grenzplankostenrechnung geplant und auf der Grundlage von Produktionsstücklisten für Produkte im Marktzyklus sowie von Entwicklungsstücklisten für Produkte im Entstehungszyklus verrechnet (zur Abgrenzung vgl. Back-Hock, A. 1992, S. 706). Sondereinzelkosten werden analog der flexiblen Grenzplankostenrechnung (vgl. Kilger, W. 1993, S. 287ff.) auf der Basis von Verpackungsverordnungen, Kostenschätzungen für Spezialwerkzeuge, Frachtkosten usw. geplant und den entsprechenden Kostenträgern zu Vollkosten verursachungsgerecht zugerechnet. Vor- und Nachleistungskosten, die Projekteinzelkosten (bzw. Einzelkosten bezogen auf den Produktlebenszyklus) darstellen, werden auf der Basis der einzelnen Forschungs- und Entwicklungsprojekte in den Kostenstellen geplant und über die Lebenszyklusstückzahl verrechnet. Die von *Strecker* entwickelte Methode zur prozessorientierten Erfassung, Planung und Verrechnung der F&E-Kosten ist kompatibel und kann dabei unterstützend wirken. Für die aufgrund der Mehrfachverwendung von F&E-Prozess-Ergebnissen aufwändige Abrechnungsmethodik für Baureihen- und Baukastenentwicklungen (vgl. Strecker, A. 1991, S. 131ff.) wird auf die Literatur verwiesen. Die Planung der Fertigungs- bzw. Lohneinzelkosten erfolgt analog der flexiblen Grenzplankostenrechnung (vgl. Kilger, W. 1993, S. 266ff.) auf der Ebene der Fertigungskostenstellen, für die dann anhand der Bezugsgröße Fertigungsstunden für die einzelnen Kostenstellen (abweichend zur flexiblen Grenzplankostenrechnung) Vollkostenverrechnungssätze bestimmt werden. Zur verursachungsgerechten Planung und Verrechnung werden produktnahe Prozesse der Fertigungsbereiche (wie z.B. Personalkosten der Fertigungsplanung oder Arbeitsvorbereitung) differenziert über die Prozesskostenrechnung geplant und verursachungsgerecht verrechnet.

Nachfolgende Abbildung stellt den Wertefluss der Informationsversorgung für die prognostizierten Plankosten einer Planperiode im Überblick dar.

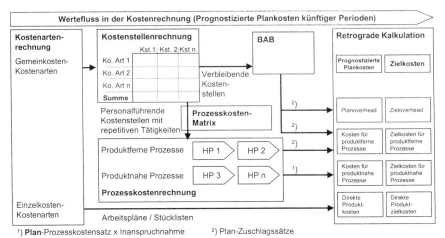

Abbildung 39: *Wertefluss zur Bestimmung der prognostizierten Plankosten*

6.4.2.3 Planung der Zielgemeinkosten in der Retrograden Kalkulation

Die Planung der Zielgemeinkosten im System zur marktorientierten Gemein-kostenrechnung wird in einer parallelen, Top Down-Rechnung abgebildet. Ausgehend von den einzelnen, prozessorientierten Retrograden Kalkulationen und den Instrumenten zur Bestimmung der Zielgemeinkosten werden pro Produkt die Zielgemeinkosten definiert und heruntergebrochen (Abbildung 40). Damit die Vergleichbarkeit der prognostizierten Plankosten mit den Zielkosten gewährleistet ist und ein Zielkostencontrolling durchgeführt werden kann, muss der Wertefluss der Zielkostenseite dem Wertefluss der prognostizierten Plankosten entsprechen. Die dekompositionelle Denkhaltung im Target Costing wird durch die Umkehrung des Werteflusses in der Zielkostenrechnung unterstützt. Sowohl auf Produktebene, als auch auf Prozess- und Kostenstellenebene können Zielkosten bestimmt und den prognostizierten Plankosten gegenüber gestellt werden.

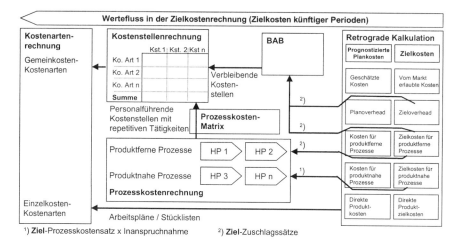

Abbildung 40: *Werfefluss in der Zielkostenrechnung*

Unterschiede zwischen den prognostizierten Plankosten und den Zielkosten ergeben sich damit aus verschiedenen Bewertungsansätzen. Im theoretischen Idealkonzept werden alle Gemeinkosten-Positionen der Zieloverheads, der Zielkosten produktferner und produktnaher Prozesse über einen kombinierten Einsatz der Funktionskostenmethode, des Product Reverse Engineering und des Prozess-Benchmarking, marktorientiert abgeleitet. In der Praxis müssen sicherlich Annahmen zur Zielkostenstruktur getroffen werden, bzw. Zielgemeinkosten im Sinne eines Out of Company oder des Out of Standard Costs bestimmt werden.

Da bei den Overheads sowie bei den produktfernen Prozessen kein Produktbezug besteht, werden die Zielkosten lediglich auf Basis der wertorientierten Bezugsgröße Zielumsatz prozentual auf die Produkte weiterverrechnet. Aus drei Gründen können Prozesskosteninformationen auch in diesem Bereich hilfreich sein. Erstens liefert die Prozesskostenrechnung wichtige Informationen für ein Prozess-Benchmarking und unterstützt damit die Ableitung von Zielprozesskostensätzen und Zielmengen. Zweitens können diese Informationen zur mengenorientierten Planung und Beeinflussung der Prozesskosten sowie der erforderlichen Ressourcen herangezogen werden. Drittens können durch die geschaffene Transparenz Optimierungspotenziale identifiziert und quantifiziert werden.

Exkurs zur Frage prozentualer Deckungsspannen und zur Bezugsgrößenwahl

Zunächst stellt sich die Frage, warum nicht absolute Deckungsbudgets pro Produkt (nicht verursachungsgerecht) definiert werden, sondern relative Deckungsbudgets.

Die Antwort ist neben den bereits angeführten Überlegungen (vgl. dazu auch Abschnitt 3.2) darin begründet, dass sich nur auf diesem Wege die im Target Costing gewünschten Signale an diese Gemeinkostenbereiche weitergeben lassen. Bei einem Rückgang der Zielumsätze, z.B. aufgrund eines wirtschaftlichen Abschwungs, würde automatisch ein Kostendruck auf die verursachungsgerecht geplanten, direkten Produktzielkosten und die produktnahen Prozesse entstehen, da die (absolut) konstanten Overheads automatisch einen höheren Anteil am Umsatz beanspruchen würden. Bei prozentualer Verrechnung entsteht dagegen automatisch ein Kostensenkungsdruck in diesen Bereichen. Der bei Vorgabe relativer Deckungsspannen entstehenden Gefahr von Kostenüber- oder -unterdeckungen wird im System der marktorientierten Gemeinkostenplanung durch die ohnehin notwendige Koordination der Planungsebenen (Produkte, Prozesse und Kostenstellen) begegnet. Im Rahmen dieser Koordination müssen Maßnahmen zur Ressourcenanpassung angestoßen werden, denn „...maßgebend für die Höhe der Gemeinkosten sind Entscheidungen über den Aufbau, die Veränderung und den Abbau der Leistungspotenziale" (Küpper, H.-U. 1994, S. 37).

Bleibt die Frage offen, warum als wertmäßige Bezugsgröße für Zieloverheads und produktferne Prozesse der Umsatz und nicht die Allowable Costs bzw. interne Größen wie die Herstellkosten oder Fertigungs-/ bzw. Materialeinzelkosten herangezogen werden.
Für Gemeinkosten ohne Produktbezug gibt es keine Bezugsgröße, für die man sachlich einwandfrei begründen kann, dass sie die alleinig richtige ist (vgl. Hummel, S., Männel, W. 1993, S. 24). Damit wird offensichtlich, dass man sich für eine Bezugsgröße „entscheiden" muss. Grundsätzlich kommen externe, vom Markt abgeleitete Größen (Zielumsatz oder vom Markt erlaubte Kosten) oder interne Größen (z.B. Herstellkosten) infrage. Externe Größen übertragen, im Gegensatz zu internen Größen, veränderte Marktbedingungen auf die Gemeinkostenbereiche und unterstützen die marktbezogene Koordination. Eine Reduktion des Zielumsatzes führt als Bezugsgröße automatisch zu einem Kostensenkungsdruck in den Gemeinkostenbereichen. Der Zielumsatz ist den Allowable Costs ebenfalls vorzuziehen. Denn, würde man die Allowable Costs als Bezugsgröße wählen, dann würde, bei zwei Produkten mit gleichem Zielumsatz aber unterschiedlichem Target Profit, das Produkt mit dem geringeren Target Profit (z.B. aufgrund programmpolitischer Überlegungen) durch eine höhere Kostendeckung „bestraft" werden.

6.4.2.4 *Mehrperiodische, prozessorientierte Planung der Gemeinkosten*

Einerseits erfordert das Gemeinkostenmanagement eine mittel- bis langfristige und mengenmäßige Beeinflussung der Kosten. Andererseits werden im Target Costing Produkte zukünftiger Perioden definiert, die dann Gemeinkosten verursachen. Weitere Gründe sprechen für die mehrperiodische, prozessorientierte Budgetierung der Gemeinkosten im System zur marktorientierten Gemeinkostenplanung:

■ Durch die Planung weniger kostenstellenübergreifender Cost Driver-Mengen und die Simulation der Auswirkungen auf die Ressourcen der Kostenstellen (zur Vorgehensweise vgl. Mayer, R. 1998b, S. 24ff. sowie Kaplan, R.S., S. 289ff.) kann einerseits die Planung vereinfacht werden, da nicht alle Teilprozessmengen detailliert geplant werden müssen. Andererseits können diese nichtmonetären Größen für produktnahe Prozesse (wie z.B. Anzahl Produktvarianten, Anzahl Teile, Anzahl neue Fertigungsaufträge) vom Target Costing-Team zumindest teilweise beeinflusst werden.

■ Die Auswirkungen von Optimierungsmaßnahmen auf künftige Hauptprozesskostensätze können durch Simulationsrechnungen quantifiziert und bei Maßnahmenumsetzung in den entsprechenden Perioden geplant werden. Wird beispielsweise der Beschaffungsprozess optimiert, so ergibt sich daraus für alle künftigen Produkte eine Reduktion der prognostizierten Plankosten.

■ Die Gegenüberstellung der hinter den prognostizierten Prozesskosten stehenden Ressourcen mit den Zielprozesskosten (Ressourcen) und den aktuellen Prozesskosten verdeutlicht den mittel- bis langfristigen Kostensenkungsbedarf und die dafür erforderlichen Kapazitätsanpassungen. Damit werden mittel- bis langfristige Entscheidungen, zum aus Marktsicht erforderlichen Auf- oder Abbau von Ressourcen, unterstützt.

■ Im Gegensatz zu einer einperiodischen Planung können die mittelfristigen Auswirkungen durch neue Produktkonzepte geplant werden. Eine Schnittstelle zur Jahresplanung stellt sicher, dass sich vereinbarte Ziele und Maßnahmen in den Budgets der Folgejahre wiederfinden.

Mehrperiodisch geplant werden sowohl die Zielgemeinkosten als auch die prognostizierten Gemeinkosten. Die Zielprozesskosten für produktnahe und produktferne Prozesse ergeben sich aus den abgeschätzten, realisierbaren Zielmengen, die mit den Zielprozesskostensätzen aus dem Benchmarking bewertet werden. Die prognostizierten Plankosten ergeben sich durch die Berücksichtigung konkreter Optimierungsmaßnahmen und der aktuell bestehenden Produktkonzepte.

6.4.2.5 Aufbau der prozessorientierten Retrograden Kalkulation

Im System zur marktorientierten Gemeinkostenplanung wird für jedes Produkt (bzw. für jede Produktgruppe) eine mehrperiodische, prozessorientierte Kalkulation erstellt, in der die Zielkosten den prognostizierten Plankosten gegenübergestellt werden. Die Umsetzung der konsequenten Marktorientierung erfordert die Anwendung der Market into Company-Methode zur Bestimmung der vom Markt erlaubten Kosten, die in der Reinform die Zielkosten für das

Produkt darstellen. Diese Gesamtproduktzielkosten werden dann unter Einsatz der Instrumente zur Bestimmung der Zielgemeinkosten retrograd hinsichtlich der Zieloverheads, der produktfernen und produktnahen Zielprozesskosten und der direkten Produktzielkosten konkretisiert. Die prognostizierten Plankosten des Produktkonzepts werden dagegen im Sinne einer Cost-Plus-Kalkulation durch Addition der Positionen ermittelt. Sind die prognostizierten Plankosten eines Produktkonzepts zu Beginn der Konzeptdefinition oder z.B. aufgrund der Wettbewerbssituation höher als die Zielkosten, so ergibt sich aus der Differenz der vom Markt erlaubten Kosten und der prognostizierten Plankosten eine Zielkostenlücke. Eine negative (positive) Zielkostenlücke gibt damit an, welche Kostensenkungsanstrengungen (Kostensteigerungen) zur Erreichung des Target Profits noch erforderlich (möglich) sind.

Jahr $_x$		Jahr $_{x+1}$		Jahr $_{x+n}$	
Progn. Plankosten	Zielkosten	Progn. Plankosten	Zielkosten	Progn. Plankosten	Zielkosten
Zielumsatz		Zielumsatz		Zielumsatz	
./. Target Profit		./. Target Profit		./. Target Profit	
= Vom Markt erlaubte Kosten		= Vom Markt erlaubte Kosten		= Vom Markt erlaubte Kosten	
Zielkostenlücke		Zielkostenlücke		Zielkostenlücke	
= Σ geschätzte Kosten		= Σ geschätzte Kosten		= Σ geschätzte Kosten	
+ Overhead	./. Zieloverhead	+ Overhead	./. Zieloverhead	+ Overhead	./. Zieloverhead
+ Kosten für produktferne Prozesse	./. Zielkosten für produktferne Prozesse	+ Kosten für produktferne Prozesse	./. Zielkosten für produktferne Prozesse	+ Kosten für produktferne Prozesse	./. Zielkosten für produktferne Prozesse
+ Kosten für produktnahe Prozesse	./. Zielkosten für produktnahe Prozesse	+ Kosten für produktnahe Prozesse	./. Zielkosten für produktnahe Prozesse	+ Kosten für produktnahe Prozesse	./. Zielkosten für produktnahe Prozesse
+ Direkte Produktkosten	./. Direkte Produktzielkosten	+ Direkte Produktkosten	./. Direkte Produktzielkosten	+ Direkte Produktkosten	./. Direkte Produktzielkosten

Abbildung 41: Aufbau der Retrograden Kalkulation

Abweichungen zwischen den prognostizierten Plankosten und den Zielkosten können damit für die einzelnen Zeilen der Retrograden Kalkulation jederzeit identifiziert werden. Somit können die Maßnahmen zur Zielkostenerreichung sowohl in den einzelnen Kalkulationszeilen als auch für die gesamten Zielkosten im Zeitablauf bewertet und gesteuert werden.

6.4.3 Zielvereinbarungsblätter

Neben der Vereinbarung von Zielkosten für Gemeinkostenbereiche in der Retrograden Kalkulation müssen Prozessmengen, Prozesskostensätze und Prozessanforderungen in das Target Costing einbezogen werden. Aus mehreren Gründen werden diese Dimensionen im System der marktorientierten Gemeinkostenplanung durch Zielvereinbarungsblätter (siehe Abbildung 60, S. 188) unterstützt.

■ Die in der Retrograden Kalkulation ermittelten Zielgemeinkosten drücken lediglich Symptome ursächlich wirkender Kostenbestimmungsfaktoren aus, die im Rahmen des Target Costing vor allem bei produktnahen Prozessen beeinflussbar sind. Damit eine langfristige Beeinflussung der Gemeinkosten unterstützt wird, müssen diese Einflussgrößen identifiziert und gesteuert werden. Beispielsweise wirken sich Entscheidungen über das Produktkonzept vielfach auf die zukünftig in den Gemeinkostenbereichen anfallenden, produktnahen Prozesse und deren Kosten aus. Zur Konkretisierung der Verantwortung für die Zielkostenerreichung müssen diese Kosteneinflussgrößen, wie z.B. die Anzahl Produktvarianten, Teile oder geplanten Auftragslosgrößen mengenmäßig als Ziel vereinbart werden.

■ Neben der Vorgabe von Zielwerten für Cost Driver-Mengen können die künftig anfallenden Prozesskosten auch durch die Effizienz der Prozesse beeinflusst werden. Steigt z.B. aufgrund von Leerkapazitäten in der Auftragsabwicklung der Prozesskostensatz, so kann dies dazu führen, dass die Zielkosten nicht erreicht werden. Deshalb müssen für eine durchgängige und transparente Steuerung die Zielprozesskostensätze ebenfalls fixiert und vereinbart werden.

■ Die Vorgabe von Zielmengen und Zielprozesskostensätzen für die marktorientierte Gemeinkostenplanung ist jedoch nicht ausreichend. Zum einen geht es ja gerade darum, den Marktanforderungen entsprechende Prozesse zu erreichen. Dies kann jedoch nur erreicht werden, wenn die Anforderungen bekannt, definiert und vereinbart sind. Zum anderen wirken sich diese Anforderungen insbesondere bei Service- und Dienstleistungsprozessen wiederum auf die Höhe der Gemeinkosten aus. Wird beispielsweise seitens des Vertriebs die Einrichtung einer separaten Telefonhotline für ein neues, hochwertiges Produkt gefordert, so kann dies zur Erhöhung der Prozesskostensätze für die Kundenbetreuung führen.

Die damit zum Einsatz kommenden nicht-monetären Kennzahlen (vgl. dazu Horváth, P., Seidenschwarz, W., Sommerfeldt, H. 1993, S. 14, Hiromoto, T. 1989b, S. 317) sind für Steuerungszwecke besser geeignet als aggregierte Kosteninformationen, denn sie sind leichter verständlich und interpretierbar. Nicht monetären Kennzahlen wird deshalb auch eine höhere Akzeptanz und eine verhaltensbeeinflussende Wirkung zugesprochen.

Zielvereinbarungsblätter dienen der Vereinbarung und Fixierung der Zielgemeinkosten, Zielprozessmengen und produktspezifischen Anforderungen an die Prozesse. Durch die Verknüpfung der Produkt- und Prozesssicht wird außerdem die Koordination der formal- und sachzielorientierten Planung in den Gemeinkostenbereichen unterstützt. Sie unterstützen weiterhin die transparente Darstellung des Beitrags zur Beeinflussung der Gemeinkosten durch die Target Costing-Teams und die Prozessverantwortlichen.

Neben einer kommunikativen Funktion wird darüber hinaus vermieden, dass ausschließlich Kosten im Zentrum der Überlegungen stehen. Zielvereinbarungsblätter erweitern damit die von *Seidenschwarz* vorgeschlagenen Gemeinkostenchecklisten (vgl. Seidenschwarz, W. 1997b, S. 98ff.) um die bewusste Vereinbarung von Zielgrößen.

6.4.4 Retrograde Ergebnisrechnung

Das projektspezifische Target Costing-Instrumentarium muss für eine marktorientierte Gemeinkostenplanung um die Mehrprodukt-Sicht erweitert werden, da die von den Gemeinkostenbereichen erbrachten Leistungen für mehrere Produkte erbracht und auf Kostenstellen-/Prozessebene budgetiert bzw. gesteuert werden. Optimierungen in den Gemeinkostenbereichen wirken sich sowohl auf in der Entwicklung befindliche zukünftige Produkte als auch auf die bestehenden Produkte aus. Die marktorientierte Planung der Gemeinkosten enthält somit neben den einzelnen Target Costing-Projekten (im Sinne eines Multi-Target Costing - siehe auch Abschnitt 5.2.6.2) auch bereits am Markt abgesetzte Produkte.

Die Retrograde Ergebnisrechnung (vgl. Abbildung 42) verdichtet sowohl die Zielkosten als auch die prognostizierten Plankosten aus den Retrograden Kalkulationen der einzelnen Target Costing-Projekte und den bestehenden Produkten. Da der formale Aufbau der Retrograden Ergebnisrechnung dem der Retrograden Kalkulation entspricht, ist die Vergleichbarkeit mit einer jahresbezogenen Ergebnisrechnung aufgrund der lebenszyklusorientierten Verrechnung von **Vor- und Nachleistungskosten** (und Erlösen) zunächst nicht gegeben. Da diese Kosten auf Prozess- und Kostenstellenebene jahresbezogen geplant werden und erst dann lebenszyklusbezogen verrechnet werden, ist die Erstellung einer Überleitungsrechnung allerdings leicht möglich.

Die Retrograde Ergebnisrechnung ermöglicht die Gegenüberstellung der Zielgemeinkosten und der prognostizierten Gemeinkosten in den einzelnen Planperioden und bildet damit die Möglichkeit zur permanenten, marktorientierten Steuerung der Kostenstruktur des gesamten Unternehmens und zum mittel- bis langfristigen Gemeinkostenmanagement. Da die Gemeinkostenbereiche bis auf die verbleibenden Rest-Zuschlagssätze z.B. für nicht repetitive Prozesse oder leistungsmengen-unabhängige Teilprozesse auf Prozessebene abgebildet werden, übernimmt die Retrograde Ergebnisrechnung die Funktion der systembildenden Koordination zwischen den einzelnen in den Projekten vereinbarten Zielgemeinkosten (prognostizierten Gemeinkosten) und den sich daraus ergebenden Zielgemeinkosten-Budgets (prognostizierten Gemeinkostenbudgets) für die Prozesse. Gleichzeitig wird damit eine Schnittstelle zur prozessorientierten Budgetierung (für indirekte Prozesse) geschaffen.

Retrograde Kalkulation: Bestehende Produkte
Retrograde Kalkulation: Produkt 2
Retrograde Kalkulation: Produkt 1

Retrograde Ergebnisrechnung

Jahr $_x$		Jahr $_{x+1}$		Jahr $_{x+2}$	
Progn. Plankosten	Zielkosten	Progn. Plankosten	Zielkosten	Progn. Plankosten	Zielkosten
Σ Zielumsatz		Σ Zielumsatz		Σ Zielumsatz	
./. Σ Target Profit		./. Σ Target Profit		./. Σ Target Profit	
= Σ Vom Markt erlaubte Kosten		= Σ Vom Markt erlaubte Kosten		= Σ Vom Markt erlaubte Kosten	
Zielkostenlücke		Zielkostenlücke		Zielkostenlücke	
= Σ geschätzte Kosten		= Σ geschätzte Kosten		= Σ geschätzte Kosten	
+ Σ Overhead	./. Σ Zieloverhead	+ Σ Overhead	./. Σ ZielOverhead	+ Σ Overhead	./. Σ Zieloverhead
+ Σ Kosten für produktferne Prozesse	./. Σ Zielkosten für produktferne Prozesse	+ Σ Kosten für produktferne Prozesse	./. Σ Zielkosten für produktferne Prozesse	+ Σ Kosten für produktferne Prozesse	./. Σ Zielkosten für produktferne Prozesse
+ Σ Kosten für produktnahe Prozesse	./. Σ Zielkosten für produktnahe Prozesse	+ Σ Kosten für produktnahe Prozesse	./. Σ Zielkosten für produktnahe Prozesse	+ Σ Kosten für produktnahe Prozesse	./. Σ Zielkosten für produktnahe Prozesse
+ Σ Direkte Produktkosten	./. Σ Direkte Produktzielkosten	+ Σ Direkte Produktkosten	./. Σ Direkte Produktzielkosten	+ Σ Direkte Produktkosten	./. Σ Direkte Produktzielkosten

Abbildung 42: Die Retrograde Ergebnisrechnung

6.4.5 Retrograde Prozesskosten-Matrix

Nachdem in der Retrograden Ergebnisrechnung sowohl die Zielkosten als auch die prognostizierten Plankosten auf der Prozessebene bestimmt sind, müssen noch die Zielkosten zur Operationalisierung auf die Kostenstellenebene heruntergebrochen werden. Die Verbindung der Prozessebene mit der Kostenstellenebene wäre im theoretischen Fall eines Unternehmens, dessen Aufbauorganisation sich durchgängig an den Prozessen ausrichtet, nicht erforderlich. Eine breite Anwendbarkeit erfordert allerdings diesen Schritt.

Zur Verbindung der Prozessebene mit der Kostenstellenebene bietet sich der retrograde Einsatz einer Prozesskosten-Matrix an, da diese die Hauptprozessverdichtung rechnerisch abbildet. Die Gegenüberstellung von Kostenstellen und Prozessen weist den Ressourceneinsatz (gemessen z.B. in verrechneten Prozesskosten und geleisteten Mitarbeiterjahren) jeder Kostenstellenstelle für die Durchführung der einzelnen Prozesse aus. Damit kann der Kostenanteil jeder Kostenstelle zur Durchführung der einzelnen Prozesse berechnet und zur Spaltung der Zielprozesskosten auf Kostenstellen eingesetzt werden (siehe auch Abbildung 59).

Zum Herunterbrechen der in der Retrograden Ergebnisrechnung ermittelten prognostizierten Prozesskosten auf die Kostenstellenebene sind folgende Schritte erforderlich (Abbildung 43):

① Im Rahmen der Prozesskostenanalyse erfolgt die Zuordnung der kostenstellenbezogenen Teilprozesse zu kostenstellenübergreifenden Hauptprozessen. Damit kann eine Prozesskosten-Matrix für die aktuelle Plan-Periode berechnet werden.

② Die mehrperiodische, prozessorientierte Planung der Gemeinkosten auf Hauptprozessebene (vgl. Abschnitt 6.4.2.4) kommt zur Planung der Gemeinkosten nachfolgender Perioden zum Einsatz.

③ In den nachfolgenden Perioden können die Kostenstellenkosten anhand des relativen Prozesskostenanteils der jeweiligen Kostenstelle durch retrograden Einsatz der Prozesskosten-Matrix bestimmt werden.

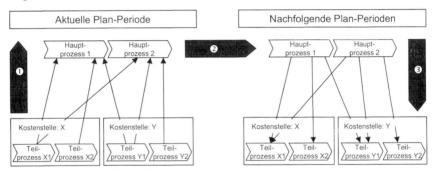

Abbildung 43: Ablauf zur Planung der Kostenstellenkosten

Diese Vorgehensweise kommt sowohl zur Planung der Zielgemeinkosten als auch zur Planung der prognostizierten Plankosten für (noch) nicht detailliert geplante Perioden zum Einsatz. Für die Planung der prognostizierten Plankosten müssen die Prozesskostensätze und Mengen auf der Basis vorhandener Technologien und Abläufe um bereits bekannte und planbare Effekte angepasst werden. Die Planung der Zielkosten erfolgt dagegen durch den Einsatz der Zielprozesskostensätze und Zielmengen aus dem Prozess-Benchmarking und auf Basis der Zielwerte aus dem Product Reverse Engineering sowie der anderen Instrumente zur Bestimmung der Zielgemeinkosten. Auch zur Berechnung der Kostenanteile der jeweiligen Teilprozesse (und Kostenstellen) können die Informationen aus dem Prozess-Benchmarking herangezogen werden. Die Prozess-Benchmarking Treppe enthält die dafür erforderlichen Informationen (vgl. Abbildung 37).

Anzumerken bleibt, dass für den Fall, dass kein Prozess-Benchmarking durchgeführt wurde, die Kostenstrukturen innerhalb der Prozesse lediglich fortgeschrieben werden. Eine Reduktion der Hauptprozesskostensätze reduziert zwar die leistungsmengeninduzierten Teilprozesskosten um gleiche Anteile, die Struktur der Teilprozesskosten wird aber nicht verändert. Es ist dann aber zumindest die Anpassung der Zielprozesskosten-Matrix auf Basis interner Analysen und Optimierungsüberlegungen wie - z.b. der Identifikation von nicht-wertschöpfenden Prozessen, Leerkapazitäten oder Doppelarbeiten - zu fordern. Bei der Bestimmung der Zielprozesskosten-Matrix steht die Frage nach den für die Prozessdurchführung erforderlichen Teilprozessen und damit die für das Target Costing typische, dekompositionelle Denkhaltung im Vordergrund.

Da diese Vorgehensweise nur für die im Rahmen der Prozesskostenrechnung sinnvoll abbildbaren Gemeinkosten angewendet werden kann, ist für die verbleibenden Gemeinkosten, wie z.b. Rest-Gemeinkosten aus nicht repetitiven Prozessen, ein anderes Vorgehen erforderlich. Aufgrund des fehlenden Marktbezugs, der fehlenden Kostentransparenz und im Sinne einer Fokussierung auf die wichtigsten Kostenblöcke wird hier vorgeschlagen, diese Kosten analog zum Betriebsabrechnungsbogen (vgl. Schweitzer, M. 1998, S. 397ff., Hummel, S., Männel, W. 1995, S. 202ff.) retrograd zu verrechnen.

6.4.6 Instrumente zur Unterstützung der Erreichung der Zielgemeinkosten

Zur Unterstützung der Zielkostenerreichung im Target Costing werden im Schrifttum verschiedene Instrumente genannt (vgl. stellvertretend Rösler, F. 1996, S. 56, Arnaout, A. 2001, S. 53f.). Nach der Ebene, auf welcher die Instrumente zur Kostenbeeinflussung ansetzen, kann zwischen konstruktions- / technologieorientierten Ansätzen, produkt- / prozessorientierten Ansätzen und organisatorischen Ansätzen unterschieden werden (vgl. Horváth, P., Niemand, S., et. al. 1993, S. 16ff.).

Letztendlich tragen alle Instrumente, die Maßnahmen zur Umverteilung von Ressourcen zum Ziel haben, zur Zielkostenerreichung bei. Aufgrund der Vielzahl der damit angesprochenen Instrumente findet man in der Literatur unterschiedliche Angaben über relevante Instrumente (vgl. stellvertretend: Seidenschwarz, W. 1993, S. 227ff., Horváth, P., Niemand, S., et. al. 1993, S. 16ff., Rösler, F. 1996, Arnaout, A. 2001, S. 54ff.). Abbildung 44 gibt einen Überblick über die am häufigsten genannten Instrumente (in Anlehnung an Arnaout, A. 2001, S. 54 und Rösler, F. 1996, S. 56).

Konstruktions-/ technologieorientierte Ansätze	Produkt- / prozessorientierte Ansätze	Organisatorische Ansätze
■ Konstruktionsbegleitende (Vor-)Kalkulation und Kostenschätzung ■ Cost Tables ■ Product Reverse Engineering ■ Wertanalyse / Wertgestaltung ■ Value Control Charts ■ Design to Cost ■ Design for Manufactoring, Design for Assembly ■ ...	■ Benchmarking ■ Prozesskostenrechnung ■ Quality Function Deployment ■ Life Cycle Costing ■ ...	■ Just-In-Time Konzepte ■ Zulieferermanagement ■ Simultaneus Engineering ■ ...

Abbildung 44: Instrumente zur Unterstützung der Zielkostenerreichung

Da die prozessorientierten Ansätze von großer Bedeutung für die Erreichung der Zielgemeinkosten im Rahmen des Target Costing sind, stehen diese im Fokus der Betrachtungen. Die Gemeinkostenwertanalyse, das Prozessmanagement und das Zero Based Budgeting sind für die Zielkostenerreichung im Gemeinkostenbereich von besonderer Bedeutung und wurden oben bereits vorgestellt. Für die verbleibenden Instrumente muss auf die Literatur verwiesen werden.

6.5 Das ablauforganisatorische Teilsystem der marktorientierten Gemeinkostenplanung

Ziel des marktorientierten Gemeinkostenplanungsprozesses ist die Planung und Steuerung der Gemeinkostenressourcen zur Erreichung einer marktadäquaten Kosten- und Leistungsstruktur auf allen Planungsebenen. Damit er der zeitlichen Koordination der aperiodischen Planungen in den Target Costing-Projekten mit der periodischen Planung im Planungs- und Kontrollsystem und der sachlichen Koordination zwischen den Planungen auf Projekt-, Prozess- und Kostenstellenebene dienen kann, muss der Prozess der marktorientierten Gemeinkostenplanung im Rahmen des Target Costing näher beleuchtet werden.

Der Ablauf der marktorientierten Planung der Gemeinkosten im Rahmen des Target Costing kann in drei Teilaspekte zerlegt werden. Die Frage: „Welche Gemeinkostenpositionen müssen differenziert geplant werden?" führt zu den Kategorien der Gemeinkosten in der Retrograden Kalkulation. Danach muss zwischen Zielkosten für produktnahe Prozesse, produktferne Prozesse und Overheads unterschieden werden. Da die produktnahen Prozesse sowohl durch das Target Costing-Team als auch durch die Prozess- und Kostenstellenverantwortlichen beeinflusst werden, ist der Koordination der produktbezogenen Zielvorgaben mit den prozess- und stellenbezogenen Zielvorgaben erhöhte Aufmerksamkeit zu widmen. Die Frage: „Welche Mengen und Wertgrößen sind zu planen?" wird durch die zum Einsatz kommende Planungsmethode definiert. Danach können die Planungen der Prozesskostensätze (pro Prozessdurchführung), Cost Driver-Mengen, Zielprozesskosten (pro Jahr) und Deckungsbudgets unterschieden werden. Die Gegenüberstellung dieser Dimensionen verdeutlicht, dass die Zieloverheads nicht prozessorientiert sondern auf der Basis von Deckungsbudgets geplant werden, während für die verbleibenden Kategorien Prozesskosten, -sätze und Cost Driver-Mengen zu planen sind (vgl. Abbildung 45).

	Zielprozess-kostensätze	Ziel-Cost Driver-Mengen	Zielprozesskosten	Ziel-deckungsbudgets
Zieloverheads	nicht relevant	nicht relevant	nicht relevant	②
Produktferne Prozesse		③	③	nicht relevant
Produktnahe Prozesse (produktspezifisch)	①	④	④	nicht relevant
Produktnahe Prozesse (produktübergreifend)		⑤	⑤	nicht relevant

Abbildung 45: Dimensionen und zeitliche Folge der Gemeinkostenplanung

Die Frage nach der zeitlichen Reihenfolge der Planungen ergibt sich aus der Anforderung zur Umsetzung der dekompositionellen Sichtweise für die Gemeinkosten im Rahmen des Target Costing und den eingeschränkten Möglichkeiten zur Ableitung der Gemeinkostenziele aus Marktsicht (vgl. die Nummerierung in Abbildung 45).

Der Prozess der marktorientierten Gemeinkostenplanung konkretisiert die produktübergreifende Zielbildung mit der Bestimmung der Zielprozesskostensätze (①) für die prozessorientiert planbaren Gemeinkosten und der Vorgabe der Zieloverheads (②) bezogen auf den Umsatz. Während im Idealfall alle Zielwerte marktorientiert z.B. aus einem Prozess-Benchmarking bestimmt werden, können in der Praxis bei Informationsdefiziten Standard-Prozesskostensätze mit Kostensenkungsabschlägen verwendet werden. Aufgrund des fehlenden Produktbezugs werden im Anschluss die Ziel-Cost Driver-Mengen und Zielprozesskosten für produktferne Prozesse (③) bestimmt. Mit den einzelnen Target Costing-Teams werden dann die Ziel-Cost Driver-Mengen und damit die Zielprozesskosten für produktnahe Prozesse (④) vereinbart. Dabei steht die Frage im Vordergrund: „Welche Kosten sind aus Produktsicht für die Prozesse erlaubt und welchen Anforderungen müssen die Prozesse genügen?". Aus instrumentaler Sicht kommen dafür die Zielvereinbarungsblätter zum Einsatz. Aus den produktspezifischen Zielvorgaben der einzelnen Target Costing-Projekte ergeben sich dann im Sinne des Multi-Target Costing die Ziel-Cost Driver-Mengen und Zielprozesskosten für die produktnahen Prozesse (⑤) durch Summierung. Damit die Erreichbarkeit der Zielkostenvorgaben sowohl aus der Sicht eines Target Costing-Projektes als auch aus der Perspektive der Prozess- und Kostenstellenverantwortlichen sichergestellt ist, müssen die Zielkosten den prognostizierten Plankosten der Bottom Up-Kalkulationen gegenüber gestellt werden. Mit der Verabschiedung der Zielkostenbudgets beginnt die Phase des Zielcontrolling. Im Vordergrund steht dabei der Vergleich der Zielkosten mit den prognostizierten Plankosten der einzelnen Kalkulationszeilen sowohl auf Produkt- als auch auf Prozess- und Kostenstellenebene. Aufgrund des Koordinationsbedarfs der Zielvorgaben über die verschiedenen Target Costing-Projekte hinweg, der Zielvorgaben auf Produkt-, Prozess- und Kostenstellenebene und der Top Down-Zielvorgaben mit den Bottom Up prognostizierten Plankosten hinsichtlich der Erreichbarkeit, kann der Prozess der marktorientierten Gemeinkostenplanung nicht durchgängig sequentiell ablaufen (vgl. Abbildung 46). Die Planung der Zielprozesskostensätze und der Zieloverheads kann weitgehend von den einzelnen Target Costing-Projekten entkoppelt werden. Die produktspezifischen Zielprozesskosten für produktnahe Prozesse sind dagegen auf Ihre Auswirkungen auf die produktübergreifenden Zielprozesskosten hin zu überprüfen und deshalb simultan zu planen.

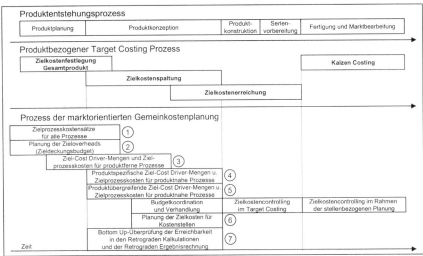

Abbildung 46: Zeitliche Einordnung der marktorientierten Gemeinkostenplanung in den Target Costing-Prozess

Die Integration des marktorientierten Gemeinkostenplanungsprozesses in den Target Costing-Prozess kann anhand des dreistufigen Target Costing-Ablaufs erläutert werden (zum Target Costing-Prozess und zur Einordnung in den Produktentstehungsprozess vgl. Seidenschwarz, W. 1993, S. 140ff., siehe auch Abschnitt 2.2). Dabei sind mehrere Aspekte von Bedeutung:

■ Sowohl die Fixierung der Kostenziele als auch die Vorgabe von Zielgemeinkosten erfolgt in den Phasen der Produktplanung und -konzeption.

■ Da die Vereinbarung von Zielprozesskostensätzen die Konkretisierung der generellen Zielbildung in Bezug auf die Gemeinkosten verkörpert, wird sie bereits vor der Produktplanung gestartet. Dies bedeutet, dass ein Prozess-Benchmarking für die Gemeinkosten im Vorfeld der marktorientierten Gemeinkostenplanung durchgeführt werden kann.

- Aufgrund der Notwendigkeit zur Bottom Up-Überprüfung der Erreichbarkeit der Zielkostenvorgaben, kann der Planungsprozess für die Zielgemeinkosten erst mit der Vorgabe der Komponentenzielkosten beendet werden. Damit ist die Zielbildungsphase für Gemeinkosten aber erst mit Abschluss der Zielkostenspaltung beendet. Die Zielbildungsphase ist somit kein punktueller Akt, sondern eine interdependente Aktivität eines geistigen Prozesses im Planungsprozess (vgl. Hahn, D. 1996, S. 39). Die Phasen der marktorientierten Gemeinkostenplanung im Rahmen des Target Costing (Zielbildung, Problemanalyse, Alternativensuche, Prognose, Bewertung, Entscheidung, Durchsetzung, Kontrolle, Abweichungsanalyse (vgl. Wild, J. 1974, S. 32ff., Hahn, D. 1996, S. 37ff.) laufen bis zur Entscheidungsphase bzw. bis zur Verabschiedung der Zielkosten für Komponenten und für Gemeinkosten parallel ab. Im Sinne des frühzeitigen Kostenmanagements können die Produktkonstruktion und die Serienvorbereitung als Realisationsphase interpretiert werden.

- Das Zielkostencontrolling im Target Costing entspricht der Kontrollphase (inkl. Abweichungsanalyse). In dieser Phase werden mit der Analyse von Abweichungen zwischen den Zielgemeinkosten und den prognostizierten Gemeinkosten vorauseilende, antizipierende (feed forward) und gleich- bzw. mitlaufende Kontrollen durchgeführt. Bei der Markteinführung können im Falle einer Zielkostenlücke zur Ursachenanalyse nachlaufende Kontrollen durchgeführt werden. Nach der Markteinführung des Produkts werden diese Aktivitäten im Rahmen der stellenbezogenen Planungen fortgeführt.

- Damit die zeitliche Koordination der aperiodischen unterjährigen Planungen im Rahmen des Target Costing mit den periodischen Planungen im Rahmen der operativen und strategischen Planung erfolgen kann, müssen die Zielvereinbarungen zwischen den Target Costing-Teams und den Prozess- bzw. Kostenstellenverantwortlichen der Zielvereinbarung im Rahmen der jährlichen Planungen verlaufen. Die Zielvorgaben werden dann in die entsprechenden Perioden der Planungen übernommen. Neben der informationellen Unterstützung der periodischen Planungen (insbesondere der strategischen Planung) unterstützt die marktorientierte Gemeinkostenplanung durch feed back- und feed forward-Kopplungen den strategischen Planungsprozess. Die feed forward-Kopplung ermöglicht es, das Dilemma der Kompensation von Abweichungen durch Antizipation der Abweichungen zu vermeiden (vgl. Welge, M.K., Amshoff, B. 1997, S. 73).

6.6 Das aufbauorganisatorische Teilsystem der marktorientierten Gemeinkostenplanung

Da Teile der Gemeinkosten durch die Entscheidungen der Target Costing-Teams beeinflusst werden, die Steuerung der Gemeinkosten aber in der Verantwortung der Kostenstellen- und Prozessverantwortlichen erfolgt, müssen aufbauorganisatorische Aspekte im System der marktorientierten Gemeinkostenplanung näher beleuchtet werden. Ziel ist es, aus dem Gesamtsystem heraus den Marktdruck auf möglichst viele gemeinkostenverursachende Prozesse auszuüben und durch die Informationsversorgung der Target Costing-Teams, der Prozess- bzw. Kostenstellenverantwortlichen und der Prozessoptimierungsteams eine frühzeitige und marktgerechte Gemeinkostenanpassung zu erreichen.

Die hier verfolgte Aufgabenstellung kann jedoch keine Antworten auf die Fragen nach dem `Weg des Organisierens´ (d.h. nach der Reorganisationsmethodik) und nach der konkreten, effizienten Organisationsstruktur für Unternehmen in bestimmten Situationen geben (vgl. Picot, A., Francke, E. 1995, S. 15, Gaitanides, M. 1983, S. 61ff., Kosiol, E. 1976, S. 32ff.). Es wäre nicht angemessen, aus der isolierten Sicht der marktorientierten Gemeinkostenplanung im Rahmen des Target Costing die Aufbauorganisation abzuleiten. Vielmehr geht es darum, durch die Übertragung der Marktziele im Sinne von Zielkosten und die Gegenüberstellung mit den prognostizierten Plankosten den Handlungsbedarf in den Gemeinkostenbereichen transparent zu machen. Aus der hier relevanten Sicht der marktorientierten Gemeinkostenplanung steht die Frage der Hierarchiedynamik im Vordergrund. Deshalb ist im weiteren Verlauf zu klären, welche Hierarchieebenen und Stellen mit welchen Aufgaben in welcher Reihenfolge an der Gemeinkostenplanung zu beteiligen sind.

6.6.1 Systemumfeld und relevante Hierarchieebenen zur Gemeinkostenplanung

Dem Prozessmanagement und damit auch der Prozessorganisation wird im Gegensatz zu funktionalen Organisationen die Fähigkeit zur Überwindung der Innenorientierung und zur Stärkung der Markt- und Außenorientierung zugesprochen (vgl. Gaitanides, M. 1983, Picot, A., Francke, E. 1995, S. 35, Österle, H. 1995). Aufgrund der Marktorientierung, der Ausweitung des Blickwinkels auf die gesamte Wertschöpfungskette und die funktionsbereichsübergreifende Sichtweise werden Prozessorganisationen als target-costing-freundlich bezeichnet (siehe Abschnitt 4.1.3, vgl. Seidenschwarz, W. 1995, S. 118). Deshalb wird im weiteren Verlauf von einem Systemumfeld ausgegangen, das durch eine weitgehende Prozessorganisation gekennzeichnet ist.

Unter einer Prozessorganisation soll „.... eine `prozessorientierte Organisationsgestaltung´ verstanden werden, in der die Stellen- und Abteilungsbildung unter Berücksichtigung spezifischer Erfordernisse des Ablaufs betrieblicher Prozesse im Rahmen der Leistungserstellung und -verwertung konzipiert werden" (Gaitanides, M. 1983, S. 62).

Sowohl die Diskussion um die prozessorientierte Definition von Organisationseinheiten (Stellen und Abteilungen) als auch die Frage, inwieweit die Prozessorientierung ein neues Gestaltungselement der Organisationstheorie darstellt, verdeutlicht, dass es sich um zwei Seiten ein- und desselben Gegenstands handelt. Es geht nicht um eine Konfrontation „Prozess" versus „Struktur", sondern um ein sowohl als auch (vgl. stellvertretend Picot, A., Francke, E. 1995, S. 16, Mertens, P. 1997, S. 110f., Reiss, M. 1997, S. 112f., Horváth, P. 1997, S. 114f.). Nach der Spezialisierung und der Priorität der Organisationseinheiten sind unterschiedlichste organisatorische Ausprägungen denkbar. Ausprägungsformen sind die reine Prozessspezialisierung, die Prozessspezialisierung mit Zugriff auf funktionale zentrale Stäbe, die Zusammenarbeit funktionaler und prozessorientierter Einheiten im Matrixmodell und Prozessteams aus funktionalen Spezialisten (vgl. Picot, A., Francke, E. 1995, S. 29ff., Holst, J. 1992, S. 261, Striening, H.-D. 1989, S. 327). Unabhängig von der konkreten Ausgestaltung soll für das Systemumfeld davon ausgegangen werden, dass für die Gemeinkostenprozesse Prozessverantwortliche (sog. Process Owner) dauerhaft für die Verbesserung und Steuerung der funktionsbereichsübergreifenden Belange verantwortlich sind und von den Teilprozessverantwortlichen bzw. Kostenstellenleitern bei dieser Aufgabe unterstützt werden (vgl. Kajüter, P. 1997b, S. 214). Damit wird zum einen die Marktsicht durch die Prozessorientierung unterstützt, zum anderen kann der Ebene der Process Owner die Aufgabe der Koordination zwischen den Anforderungen aus dem Target Costing und den Belangen der Funktionsbereiche übertragen werden. Sie decken somit die Schnittstelle zwischen den Projektanforderungen und den Anforderungen der Funktionsbereiche ab. Der Aufwand zur Koordination der marktorientierten Gemeinkostenplanungen kann im Vergleich zur großen Anzahl an Kostenstellenverantwortlichen reduziert werden.

6.6.2 An der marktorientierten Gemeinkostenplanung beteiligte Stellen und deren Aufgabenbereiche

Zur Umsetzung einer partizipativen Zielvereinbarung für die Gemeinkostenplanung im Rahmen des Target Costing (vgl. Sakurai, M. 1989, S. 40) im Sinne eines Management by Objectives (vgl. Bleicher, K., Meyer, E. 1976, S. 240ff.) und zur Ausarbeitung der Hierarchiedynamik werden nachfolgend die dafür relevanten Stellen, deren Aufgaben und Kompetenzen im Planungsprozess, näher beleuchtet.

Dem Controlling können folgende Aufgaben und Kompetenzen zugeordnet werden:

- Systembildende und systemkoppelnde Koordination hinsichtlich des Systems zur marktorientierten Gemeinkostenplanung im Rahmen des Target Costing.

- Unterstützungs- und Beratungsfunktion hinsichtlich der Ergebnis- und Kostenwirkungen in Bezug auf die prognostizierten Plankosten und die Zielkosten bzw. -mengen. Dies betriff die Unterstützung der einzelnen Target Costing-Teams, die Unterstützung des Managements in Bezug auf das Multi-Target Costing und die Unterstützung der Prozess- und Kostenstellenverantwortlichen. Durch die Verankerung dieser Funktion im Controlling wird eine schnelle, projektübergreifende Weitergabe des Erfahrungswissens in der Target Costing-Anwendung unterstützt (vgl. Seidenschwarz, W. 1991b, S. 205f.).

■ Erstellung und laufende Aktualisierung der Bottom up-Kalkulationen zur Bestimmung der prognostizierten Plankosten.

■ Aufgaben der Planung, Organisation und Steuerung des Gemeinkosten-Planungsprozesses im Sinne des Planungsmanagements (vgl. Horváth, P. 1996, S. 201f.).

■ Der Controller ist damit nicht nur Process Owner des Target Costing, er übernimmt die Rolle des Moderators, Katalysators und Integrators (vgl. Seidenschwarz, W. 1995, S. 126, Horváth, P. 1998c, S. 78f.).

Der „starke Projektleiter" übernimmt im interdisziplinären Team bis kurz nach dem Markteintritt die Aufgabe des „Produktmanagements der frühen Phasen" (vgl. Seidenschwarz, W. 1995, S. 120, Seidenschwarz, W., Esser, J., Niemand, S., Rauch, M. 1997, S. 121ff., siehe auch Abschnitt 2.3). Teamintern ist seine Aufgabe die Nutzung von Synergien aufgrund der Interdisziplinarität. Teamextern vertritt er als „Unternehmer auf Zeit" die Projektinteressen gegenüber den Interessen der Funktionsbereiche. Im Sinne der Kongruenz von Kompetenz und Verantwortung trägt er die Verantwortung für die Vereinbarung von Zielgemeinkosten (und -Mengen) sowie für das Einfordern von Maßnahmen zur Schließung von Zielkostenlücken in den Gemeinkostenbereichen. Über die Aufgabe der inhaltlichen Planung hinaus (mit Unterstützung des Projektteams) muss ihm zumindest eine Mitsprachefunktion bei der Fixierung der Zielgemeinkosten eingeräumt werden.

Die inhaltliche Planung und Vereinbarung der Cost Driver-Mengen muss aufgrund der unterschiedlichen Beeinflussbarkeit differenziert werden.

■ Für produktnahe Prozesse wird eine Zusammenarbeit zur Planung und Vereinbarung von Zielprozesskosten und Maßnahmen mit den Prozessverantwortlichen vorgeschlagen. Es kann erwartet werden, dass der erforderliche Kommunikationsprozess die Transmission des Marktdrucks in die Gemeinkostenbereiche unterstützt.

■ Da die inhaltliche Planung der produktfernen Prozesse und der Overheads die Zielkostenvorgaben für die Target Costing-Teams beeinflusst, wird im Sinne einer partizipativen Planung vorgeschlagen, die Planung und Vereinbarung von Zielprozesskosten, Zielprozesskostensätzen und Zielmengen in regelmäßigen Abständen in einem Zielkostenplanungsteam vorzunehmen. Mitglieder sollten neben den Projektleitern die Prozessverantwortlichen und das Controlling sein. Damit die Arbeitsgruppe handlungsfähig bleibt, kann die Mitgliederauswahl auf die wichtigsten Projekte und Prozesse beschränkt werden. Die Aufgabe des Zielkostenplanungsteams ist die Vereinbarung eines Vorschlags zur Höhe der Zieloverheads, der Zielprozesskostensätze und -mengen für produktferne Prozesse und der Zielprozesskostensätze für produktnahe Prozesse. Weiterhin sollte über den Status der aktuellen Maßnahmen zur Zielkostenerreichung im Gemeinkostenbereich und über die Notwendigkeit weiterer Maßnahmen beraten werden. Neben der Transmission der Marktanforderungen zukünftiger Produkte in die Gemeinkostenbereiche kommt der interdisziplinären Arbeit im Zielkostenplanungsteam eine Zielvereinbarungs- und Zielkostenerreichungsfunktion in Bezug auf die Gemeinkosten zu. Da die Projektleiter der Target Costing-Teams in enger Abstimmung mit dem zukünftigen Produktmanagement stehen, fördert die Zusammenarbeit die Kooperation zwischen der Projekt-, Produkt- und Prozesssicht (vgl. Reiss, M. 1992).

Für die marktorientierte Gemeinkostenplanung im Rahmen des Target Costing wird das Aufgabenspektrum der Process Owner (siehe Abschnitt 6.6.1) erweitert. Dies umfasst:

- Die inhaltliche Planung und Vereinbarung der Zielprozesskostensätze, Ziel-Cost Driver-Mengen und der Zielprozesskosten sowohl mit den einzelnen Target Costing-Teams als auch im Rahmen des Zielkostenplanungsteams.

- Die Abstimmung und das Herunterbrechen der Zielvorgaben auf Kostenstellenebene in Zusammenarbeit mit den Kostenstellenverantwortlichen.

- Die Vereinbarung der einzusetzenden Instrumente zur Zielkostenerreichung im Gemeinkostenbereich mit der Geschäftsführung. Damit übernimmt der Process Owner die Verantwortung zur Erreichung der Zielgemeinkosten und für das Generieren und Umsetzen von Maßnahmen in Zusammenarbeit mit den Kostenstellenverantwortlichen der Teilprozesse.

Da aus dem Target Costing heraus oftmals tiefgreifende Änderungen im Unternehmen und in den Gemeinkostenbereichen angestoßen werden, kommt der Einbindung der Geschäftsführung eine große Bedeutung zu (vgl. Seidenschwarz, W., Esser, J., Niemand, S., Rauch, M. 1997, S. 123ff., Listl, A. 1998, S. 250). Im traditionellen, auf Einzelkosten fokussierten Target Costing trifft die Geschäftleitung Entscheidungen hinsichtlich der strategischen Projektauswahl, der Verabschiedung der projektspezifischen Zielmarktsegmente, Zielkunden und -gruppen, Zielmarktanteile und Zielgewinnvorgaben. Für die marktorientierte Planung der Gemeinkosten im Rahmen des Target Costing sind folgende zusätzliche Aufgaben relevant:

- Vorgabe der Zielgemeinkostenstruktur für das gesamte Unternehmen in Abstimmung mit der operativen und strategischen Planung.

- Vereinbarung und Vorgabe der unternehmensbezogenen Deckungsbudgets für Zieloverheads sowie der Zielprozesskostensätze und Ziel-Cost Driver-Mengen für alle Prozesse mit den verantwortlichen Prozess- und Kostenstellenverantwortlichen.

- Schlichtungs- und letzte Entscheidungsinstanz, falls sich die Interessen der Target Costing-Teams nicht mit den Interessen der Prozess- bzw. Kosten-

stellenverantwortlichen in Einklang bringen lassen und auch im Zielkostenplanungsteam keine Zielvereinbarungen getroffen werden.

■ Auswahl geeigneter Bezugsgrößen zur Verknüpfung der Target Costing-
Zielvorgaben mit dem Anreizsystem der Target Costing-Teams und der
Prozess- bzw. Kostenstellenverantwortlichen (vgl. dazu Wagenhofer, A.,
Riegler, C. 1994, S. 463, Ewert, R. 1997, S. 299ff., Riegler, C. 1996, S.
88ff., Riegler, C. 2000, S. 256ff.).

6.6.3 Hierarchiedynamik im System zur marktorientierten
Gemeinkostenplanung

Nachdem der Ablauf der marktorientierten Gemeinkostenplanung im Rahmen
des Target Costing, die Planungsaufgaben und die an der Planung beteiligten
Stellen geklärt wurde, kann die Hierarchiedynamik aufgebaut werden. Der
Planungsprozess wird Top Down, mit der Vorgabe von Projektzielen (Ziel-
märkte, Target Profit, Zielmarktanteile, usw.) für die einzelnen Target Costing-
Projekte und (aus der strategischen Planung abgeleiteten Eckdaten hinsichtlich) der Zielgemeinkostenstruktur durch die Geschäftsleitung eröffnet (siehe
Abbildung 47 - die Nummerierungen in Abbildung 46, S. 156 und im Text sind
kompatibel).

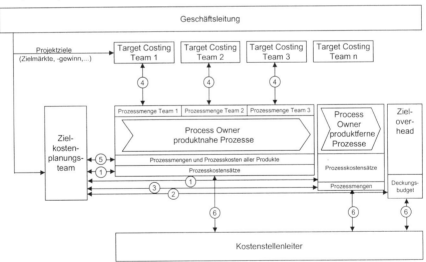

Abbildung 47: Hierarchiedynamik der marktorientierten Gemeinkostenplanung

Das Zielkostenplanungsteam konkretisiert diese Vorgaben und schlägt der
Geschäftsleitung Zielprozesskostensätze (1), Zieldeckungsbudgets (2) und
Ziel-Cost Driver-Mengen für produktferne Prozesse (3) zur Verabschiedung

162

vor. Die Target Costing-Teams vereinbaren mit den Prozessverantwortlichen der produktnahen Prozesse (4) die einem Produkt zurechenbaren Zielprozessmengen (und Zielgemeinkosten). Im Rahmen der Budgetkoordination und -verhandlung werden vom Zielkostenplanungsteam Prozessmengen und Prozesskosten für alle Produkte als Vorschlag erstellt und der Geschäftsleitung zur Verabschiedung vorgelegt (5). Die Zielprozesskosten werden in Abstimmung der Prozessverantwortlichen mit den Kostenstellenverantwortlichen auf Kostenstellen weiter heruntergebrochen (6).

6.7 Zusammenfassung

Folgende Ergebnisse konnten aus der Gestaltung des Systems zur marktorientierten Planung der Gemeinkosten im Rahmen des Target Costing gewonnen werden:

■ Erstmals konnten die in den vorherigen Abschnitten identifizierten Anforderungen an die marktorientierte Gemeinkostenplanung im Target Costing umgesetzt und auf Basis des systemtheoretischen Forschungsansatzes dokumentiert werden. Mit dem System zur marktorientierten Gemeinkostenplanung im Rahmen des Target Costing liegt nun eine theoretisch möglichst exakte Methode zur Lösung der Problemstellung vor.

■ Die Einordnung des Systems zur marktorientierten Gemeinkostenplanung in das Controllingsystem sowie das PK- und IV-System konkretisiert den Systemzweck und den Bezug des Systems zur Umwelt.

■ Im **instrumentalen Teilsystem** der marktorientierten Gemeinkostenplanung zeigt die Gegenüberstellung möglicher Informationsquellen zur Bestimmung der Zielgemeinkosten mit den Ebenen zur Zielkostenspaltung, dass alternative Methoden zur marktorientierten Ableitung von Zielgemeinkosten zum Einsatz kommen müssen. Die bekannten Instrumente zur Bestimmung der Zielgemeinkosten werden um das Product Reverse Engineering und das Prozess-Benchmarking erweitert. Prozessorientierte Retrograde Kalkulationen unterstützen die verursachungsgerechte Verrechnung der Gemeinkosten und die Gegenüberstellung der Zielgemeinkosten mit den prognostizierten Gemeinkosten. Die Vereinbarung der Zielgemeinkosten wird durch Zielvereinbarungsblätter unterstützt, in denen Zielprozesskostensätze und Cost Driver Mengen vereinbart werden. Mit der prozessorientierten Retrograden Ergebnisrechnung wird erstmals der Gedanke des Multi-Target Costing umgesetzt. Im Zusammenspiel mit der Retrograden Prozesskosten-Matrix kann damit die Koordination der produkt-, prozess- und stellenbezogenen Planungen realisiert werden.

■ Im **ablauf-organisatorischen Teilsystem** kann erstmals die zeitliche Koordination der aperiodischen Planungen in den Target Costing Projekten mit den periodischen Planungen im PK-System und die sachliche Koordination der Planungen auf Produkt-, Prozess- und Kostenstellenebene reali-siert werden.

- Im Rahmen des **aufbau-organisatorischen Teilsystems** wird unter An-nahme einer Prozessorganisation die Beteiligung der organisatorischen Stellen im Gemeinkostenbereich an der marktorientierten Gemeinkosten-planung konkretisiert. Dem Zielkostenplanungsteam, das sich aus Projekt-leitern, Prozessverantwortlichen und Vertretern des Controllingbereichs zu-sammensetzt, kommt dabei eine zentrale Rolle zu.

7 Die marktorientierte Gemeinkostenplanung im Rahmen des Target Costing in der Praxis

Die Aktionsforschung verfolgt mehrere Ziele:

■ Einerseits muss eine Überprüfung der Anwendbarkeit des Systems zur marktorientierten Gemeinkostenplanung in der Praxis erfolgen. Aufgrund der Anforderungen des Praxispartners vorgenommene Modifikationen werden an den entsprechenden Stellen im Text ausgeführt.

■ Weiterhin sollen die Ergebnisse der erstmaligen Darstellung einer durchgängigen Einbindung der Gemeinkosten in das Target Costing dienen. Der Datenumfang macht die Darstellung aller Ergebnisse unmöglich. Die Ausführungen fokussieren sich deshalb auf die beispielhafte Darstellung wichtiger Ausschnitte, die einen tieferen Einblick in die Vorgehensweise vermitteln.

■ Schließlich ist zu überprüfen, inwieweit sich die erwarteten Wirkungen und der Nutzen durch die marktorientierte Gemeinkostenplanung beim Aktionsforschungspartner eingestellt haben (vgl. Abschnitt 7.4). Daran schließen sich Überlegungen hinsichtlich der Übertragbarkeit der Vorgehensweise an (vgl. Abschnitt 7.5).

Da sich der betrachtete Aktionsforschungspartner in einem höchst wettbewerbsintensiven Umfeld bewegt, wird der Bitte des Praxispartners entsprochen und der Anwendungsbezug in verallgemeinerter Form dargestellt. Neben der Veränderung des Firmennamens (Cellular Phone AG) wurden sämtliche Daten und Bezeichnungen aus Gründen der Vertraulichkeit neutralisiert, wodurch die Ausführungen und Aussagen jedoch nicht beeinträchtigt werden. Alle Währungsangaben beziehen sich auf Geldeinheiten (GE). Die Angaben entsprechen aber in ihrer Relation den tatsächlichen Gegebenheiten.

7.1 Ausgangssituation zu Beginn der Aktionsforschung

7.1.1 Das Unternehmen: Die Cellular Phone AG

Die Cellular Phone AG ist ein zu einem internationalen Konzern gehörendes Unternehmen, das seit Beginn der neunziger Jahre in mehreren Standorten Endgeräte für die Mobilfunkkommunikation produziert, die auf dem Weltmarkt abgesetzt werden. Den wichtigsten Anteil an Umsatz und Unternehmensergebnis machen derzeit Mobiltelefone für GSM-Netze aus. Daneben werden Organizer und Zubehörteile wie Headsets und Freisprecheinrichtungen für Autos produziert und vertrieben. Das Unternehmen beschäftigt mehrere tausend Mitarbeiter an den verschiedenen Produktionsstandorten und gehört zu den 10 größten Herstellern von Mobiltelefonen.

Aufgrund des enormen Wachstums des Unternehmens und veränderter Rahmenbedingungen wurde die Aufbauorganisation im Jahre 1999 an die unternehmensspezifische Kundensegmentierung angepasst und nach Produktsegmenten gegliedert. Die rechtlich nicht selbständigen Segmente tragen die Ergebnisverantwortung über die gesamte Wertschöpfungskette für die jeweiligen Produkte. Der Vertrieb erfolgt über eine regional gegliederte, weltweite Vertriebsorganisation.

■ Das Low End-Segment entwickelt und produziert günstige Einsteigerhandys in großen Volumina. In diesem Segment werden Mobiltelefone mit sehr gutem Preis-Leistungs-Verhältnis und wenigen Zusatzfunktionalitäten angeboten. Die Differenzierung zu Wettbewerbsprodukten erfolgt vorwiegend über den Preis.

■ Das Business-Segment verantwortet Mobiltelefone für den anspruchsvollen Vieltelefonierer. Die Geräte sind verglichen zum Low End-Segment in vielen Bereichen leistungsfähiger, wie z.B. hinsichtlich der Stand-by-Zeit oder der Anzahl Speicherplätze im Telefonbuch und verfügen über ein Vielzahl von Zusatzfunktionalitäten wie z.B. Sprachsteuerung, Organizer usw. Die Differenzierung zum Wettbewerber erfolgt vorwiegend über die Funktionalität und das Markenimage. Aufgrund der hohen Marktattraktivität wurde für dieses Segment eine Produktoffensive und die Einführung zahlreicher neuer Produkte (P 1-P 6) geplant. In Abbildung 48 ist der Vermarktungszyklus der einzelnen Produkte grau markiert.

	II/2000			III/2000			IV/2000			I/2001			II/2001			III/2001			IV/2001			I/2002			II/2002			III/2002			IV/2002		
	4	5	6	7	8	9	10	11	12	1	2	3	4	5	6	7	8	9	10	11	12	1	2	3	4	5	6	7	8	9	10	11	12
P1																																	
P2																																	
P3																																	
P4																																	
P5																																	
P6																																	

Abbildung 48:   Produkt-Roadmap für das Business Segment (Auszug)

■ Das High-Segment umfasst hochwertige Produkte für sehr anspruchsvolle Kunden, die im obersten Preissegment positioniert sind. Neben extrem kleinen Geräten werden beispielsweise Mobiltelefone und Organizer mit exklusivem Design, außergewöhnlichen Materialien und vielen Funktionalitäten diesem Segment zugeordnet. Diese Produkte werden in kleineren Stückzahlen für spezifische Marktsegmente hergestellt.

166

Diese dem Grundgedanken der Modularisierung auf Unternehmensebene folgende Aufbauorganisation zielt darauf ab, die Marktnähe der Organisation zu
erhöhen und damit schneller und flexibler auf Veränderungen des Marktes re-
agieren zu können (vgl. Picot, A., Reichwald, R., Wigand, R.T. 1998, S.
201ff.). Wie die nachfolgende Einordnung der Cellular Phone AG in den Telekommunikationsmarkt zeigen wird, ist dies aufgrund der dynamischen Veränderungen und den kurzen Innovationszyklen in diesem Markt von großer strategischer Bedeutung für das Unternehmen.

7.1.2 Einordnung der Cellular Phone AG in die Telekommunikationsindustrie

Zur Telekommunikationsindustrie zählen allgemein alle Unternehmen, die
Produkte und Dienstleistungen bereitstellen, welche einen Transport von Zei-
chen (in Form von Sprache, Ton, Text, Daten oder Bilder) zwischen einem
Sender und einem Empfänger unter Rückgriff auf nachrichtentechnische Ver-
bindungsverfahren weitgehend unabhängig von der physischen Entfernung
von Sender und Empfänger möglich machen (vgl. Schulz, A. 1995, S. 4f.).

Innerhalb der Telekommunikationsindustrie lassen sich vier wesentliche An-
bietergruppen identifizieren (vgl. Schulz, A. 1995, S. 6ff., Gerpott, T. J. 1998,
S. 4ff.). Die Telekommunikations-Ausrüstungshersteller (TK-Ausrüstungshersteller) produzieren die zur Errichtung und zum Betrieb der TK-Netze erforderliche Hard- und Software. Der Umsatzanteil der TK-Ausrüstungshersteller
am gesamten TK-Markt in Deutschland beträgt ca. 20%, wobei davon ungefähr ein Sechstel auf den Markt der Endgeräte entfällt (vgl. Gerpott, T. J. 1998,
S. 4f.). Die TK-Systembetreiber planen, errichten und steuern die physische
Infrastruktur bzw. Netze. Mehrwertdiensteanbieter schaffen durch das Hinzu-
fügen von Speicher- oder Verarbeitungsleistungen bzw. durch Zusatzinforma-
tionen einen Mehrwert für den Kunden, der über die reine Übertragung von
Informationen hinausgeht. Typische netznahe Mehrwertdienste sind z.B. An-
rufweiterschaltungen, Auskunftsdienste, typische anwendungsnahe Mehrwertdienste sind z.B. E-Mail oder Video-Konferenzdienste. TK-Dienstehändler
(auch Service-Provider oder Retailer/Reseller) vermarkten Leistungsangebote
von Systembetreibern und Mehrwertdiensteanbietern auf eigene Rechnung,
ohne selbst komplette eigene Netze zu besitzen. Abbildung 49 (ähnlich bei
Gerpott, T. J. 1998, S. 5) veranschaulicht die Anbieterstrukturen im Telekommunikationsmarkt mit den entsprechenden Kunden-Lieferantenbeziehungen.
Die Anbieterstruktur lässt sich außerdem nach der Art der Netze (Festnetz,
Mobilfunknetz, usw.) differenzieren, die Firmenbeispiele in Abbildung 49 beziehen sich auf Mobilfunknetze.

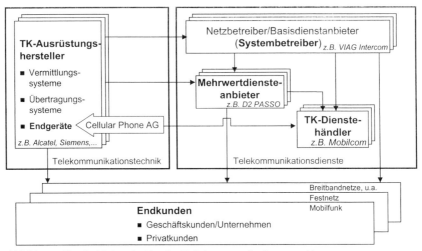

Abbildung 49: Anbieterstruktur im Telekommunikationsmarkt

Die Cellular Phone AG lässt sich somit hinsichtlich der Branche als TK-Ausrüstungshersteller (Endgeräte) für GSM-Mobilfunkgeräte (und in der Zukunft UMTS-Mobilfunkgeräte) einordnen. Obwohl in obiger Abbildung der prinzipiell mögliche Weg des Vertriebs von Endgeräten direkt an Endkunden vorgesehen ist, wird lediglich ein geringes Volumen über diesen Vertriebskanal abgesetzt. Ungefähr 90% des Volumens wird über die Systembetreiber als Bestandteil eines Leistungssystems (vgl. dazu Niemand, S. 1994, S. 14ff.) verkauft.

Hinsichtlich der Produkttypologie können Mobiltelefone den Konsumgütern im Bereich der Güter des Such- und Vergleichskaufs (shopping goods) zugeordnet werden, da der Kunde Such-, Vergleichs- und Auswahlprozesse anhand individueller Kriterien durchläuft (zur Typologie vgl. Kothler, P., Bliemel, F. 1992, S. 625ff.).

Der Telekommunikationsmarkt und insbesondere der Markt für den Mobilfunk unterliegt einem starken Strukturwandel und einer hohen Dynamik, die durch technologischen Fortschritt, veränderte Kundenanforderungen, Deregulierung und Privatisierung in verschiedenen Ländern ausgelöst wird (vgl. Gerpott, T. J. 1998, S. 17ff., Europäische Kommission 1997, Europäische Kommission 1999, Picot, A., Reichwald, R., Wigand, R.T. 1998, S. 117ff., Communication Networks 1999, S. 2ff.).

7.1.3 Ausgangssituation und Vorgehensweise
im Rahmen der Aktionsforschung

Zur Überprüfung, inwieweit sich die Cellular Phone AG als Partner für dieses Forschungsprojekt eignet und zur Fixierung der Ausgangssituation, wurden zu Beginn 15 strukturierte Interviews mit den relevanten Funktionsbereichen (Controlling, Entwicklung, Einkauf, Marketing, Produktmanagement, Vertrieb und Produktion) durchgeführt, deren Ergebnisse in den nachfolgenden Abschnitten 7.1.4 bis 7.1.7 dargestellt werden. Weiterhin wurden die drei zuletzt abgeschlossenen Produktentwicklungsprojekte anhand der Präsentationen und Dokumente zu den jeweiligen Meilensteinen hinsichtlich der Funktionsfähigkeit des Target Costing analysiert. Zusammenfassend konnte festgehalten werden, dass das Target Costing-System zum Startzeitpunkt nur bedingt funktionierte und auf Einzelkosten fokussiert war.

Eine vor Beginn der Aktionsforschung durchgeführte Prozessanalyse, bei der neben Prozessbeschreibungen auch Prozesskosten erhoben wurden, konnte als Basis für die Forschungsarbeiten herangezogen werden.

Es konnte darüber hinaus festgehalten werden, dass die Cellular Phone AG hinsichtlich der Kriterien zur Auswahl des Unternehmens (vgl. Seite 31f.) ein geeignetes Forschungsobjekt für diese Arbeit darstellt. Zwar lag die Produktentwicklungszeit mit 10 bis 17 Monaten über der angestrebten Zeitdauer, doch konnte dies durch die Verlängerung des Aktionsforschungszeitraums kompensiert werden. Ein Anteil von ca. 36% der Gemeinkosten an den Gesamtkosten sowie ein in repetitiven Prozessen gebundenes Ressourcenvolumen von ca. 1.182 MJ gewährleistete, dass die Ergebnisse von Bedeutung sind und das System zur marktorientierten Gemeinkostenplanung eingesetzt werden konnte. Die aufbauorganisatorische Segmentierung des Unternehmens (siehe auch 7.1.1) schaffte außerdem die Möglichkeit, durch die Abgrenzung des Untersuchungsbereichs die Anzahl der für das Target Costing relevanten Produkte auf eine überschaubare Anzahl zu reduzieren. Da die Untersuchung aus forschungsökonomischen Gründen auf ein Segment fokussiert wurde, beziehen sich alle nachfolgenden Angaben auf das Business Segment.

Die sich an die Vorgespräche zur Analyse und Fixierung der Ausgangssituation anschließenden Schritte sind im Projektzeitplan (vgl. Abbildung 50) dargestellt. Obwohl es sich aufgrund der bestehenden Erfahrungen nicht um eine Target Costing-Implementierung (vgl. Gaiser, B., Kieninger, M. 1993, S. 58f.) handelte, erfolgte der Projektstart parallel mit der Entwicklung des Produktes P 2. Die große Bedeutung von P 2 für das Unternehmensergebnis und die Technologieentwicklung sicherte die erforderliche Aufmerksamkeit der Organisation und des Managements für die Forschungsarbeiten.

	II/2000			III/2000			IV/2000			I/2001			II/2001			III/2001			IV/2001		
	4	5	6	7	8	9	10	11	12	1	2	3	4	5	6	7	8	9	10	11	12
Vorgespräche und Analyse der Ausgangssituation		▓																			
Erhebung der Basisdaten (Plan 2000)				▓	▓																
Planung der Prozesskosten (2001 und 2002)					▓																
Aufbau der Retrograden Kalkulationen (geplante Kosten)				▓																	
Prozessbenchmarking für ausgewählte Prozesse						▓															
Planung der Zielgemeinkosten						▓															
Aufbau der Retrograden Kalkulationen (Zielkosten)								▓													
Aktualisierung Prozesskostenanalyse (Plan 2001)											▓										
Retrograde Ergebnisrechnung und Betriebsabrechnung								▓													
Target Costing Produkt P2	▓	▓	▓	▓	▓	▓	▓	▓	▓	▓	▓	▓	▓	▓	▓	▓	▓				
Produktprozess Produkt 2	◇ M0			◇ M1													◇ M3	■	■	■	■

Abbildung 50: Vorgehensweise im Rahmen der Aktionsforschung

Im ersten Schritt wurden die notwendigen Basisdaten (Stücklisten, Arbeitspläne, Kostenrechnungsdaten) erhoben. Dazu musste die lediglich für das vorangehende Geschäftsjahr vorliegende Prozesskostenrechnung aktualisiert werden. Die im nächsten Schritt für das Geschäftsjahr 2001 geplanten Gemeinkosten wurden als Ausgangspunkt für die Erstellung der Kostenplanung in der Retrograden Kalkulation herangezogen. Die Daten der Prozesskostenanalyse wurden außerdem zur Durchführung eines Prozess-Benchmarking für ausgewählte Gemeinkostenprozesse eingesetzt, das wiederum die Grundlage für die sich anschließende Planung der Zielgemeinkosten und den Aufbau der Zielkosten in den Retrograden Kalkulationen bildete. Parallel, zu diesen auf die Gemeinkosten fokussierten Aktivitäten, wurde der Target Costing-Prozess für das in der Entwicklung befindliche Produkt P 2 begleitet.

7.1.4 Stand der Gemeinkostenplanung bei der Cellular Phone AG

Die Planung der Gemeinkosten bei der Cellular Phone AG ist in den Gesamtprozess der Jahresplanung eingebettet und startet nach Verabschiedung der strategischen Planung, in der wichtige Eckdaten fixiert und als Planungsprämissen der operativen Planung vorgeben werden (vgl. Abbildung 61, S. 190; Der obere Teil dokumentiert den Ablauf der Jahresplanung zu Beginn der Aktionsforschung). Ausgehend von der Planung der Absatzmengen und Preise werden die Produktionsprogramme sowie die Kostenstellenbudgets der direkten und indirekten Bereiche geplant. Weitere wichtige Positionen wie z.B. Marketing- und Entwicklungskosten werden aufgrund ihrer strategischen Bedeutung für die Cellular Phone AG differenziert geplant. Das Marketingbudget ergibt sich aus den produktspezifisch geplanten Verkaufsförderungsmaßnahmen und den produktübergreifend geplanten Aktivitäten zur Imagebildung. Das Budget für die Entwicklungskosten enthält Personalkosten der Hard- / Softwareentwickler, die direkten Kosten für die Entwicklung neuer Hardwarekomponenten (z.B. Chip-Sets) und den Muster- / Prototypenbau und wird auf der Basis der Projektkostenplanung nach Arbeitspaketen erstellt. Die Projektkostenplanung wird ausgehend von der mit der strategischen Planung verabschiedeten Produkt-Roadmap geplant.

Die Planung der Einzelkosten (Fertigungsmaterial und Fertigungslöhne) erfolgt durch die Bewertung des geplanten Produktionsprogramms auf Basis der systemseitig hinterlegten Stücklisten und Arbeitspläne. Diese Kosten werden in der Kalkulation über Fertigungsminuten als Produkteinzelkosten verrechnet. Die Planung der verbleibenden indirekten Kostenstellen war vor Beginn der Aktionsforschung trotz der vorliegenden Prozesskostenanalyse (vgl. Abschnitt 7.1.5) eine reine Kostenplanung. Die Kosten des vorangegangenen Geschäftsjahrs wurden mit einem Kostensteigerungssatz beaufschlagt und damit nicht prozess- bzw. mengenorientiert geplant.

Abbildung 51 bildet einen Auszug der Kostenstellenberichte der Cellular Phone AG ab, der die Planung der Kostenstellenkosten veranschaulicht. Nur wenige Kostenstellen (wie z.B. Energiekosten) werden als sekundäre Kosten über die innerbetriebliche Leistungsverrechnung verrechnet bzw. auf primäre Kostenstellen umgelegt. Der überwiegende Anteil der indirekten Kostenstellenkosten verbleibt zur Kostenkontrolle auf den Kostenstellen und wird direkt zur Bestimmung der Gemeinkostenzuschlagssätze auf sogenannte Kostensammler weiterverrechnet.

Gemeinkosten wurden lediglich für das jeweils aktuelle Planjahr auf Kostenstellenebene geplant. Die Gemeinkosten für die der aktuellen Planperiode nachfolgenden zwei Geschäftsjahre wurden summarisch unter Annahme modifizierter Gemeinkosten-Zuschlagssätze auf der Basis der Material- und Fertigungseinzelkosten geplant. Die sich aus der Planung ergebenden Gemeinkosten-Budgets und Zuschlagssätze wurden hierfür durch die Abschätzung der Auswirkungen strategischer Maßnahmen (wie z.B. der Aufbau eines Customer Care Centers), die sich stark auf die Gemeinkostenstruktur des Unternehmens auswirken, modifiziert. In der Vergangenheit wurden zur Beeinflussung der Gemeinkosten in den relevanten Bereichen jeweils isolierte Optimierungsprojekte mit Kostensenkungszielen durchgeführt. Die Ergebnisse wurden dann bei der Budgetierung der Kostenstellen berücksichtigt und zur Ermittlung langfristiger Zuschlagssätze herangezogen. Eine mittel- bis langfristige Beeinflussung der Gemeinkosten konnte damit nach Einschätzung des Managements allerdings nicht erreicht werden, da über ein Jahr hinausgehend kaum verbindliche Vorgaben mit den Kostenstellenverantwortlichen vereinbart werden konnten.

Kostenstellenbericht Cellular Phone AG						Datum:		

Kostenstellen Nr.	92311					Monat	Dez 00	
Kostenstellen-Bezeichnung	Produktmanagement Cellular Phones					Einheit	GE	
Kostenstellen-Verantwortlicher	Herr Mair					Tel. Nr.	2345	

	Ist-Kosten Vorjahr	Abw. (Plan-Ist)	Ist-Kosten aktuelles Jahr	Forecast (12 Monate)	Abw.	Plankosten aktuelles Jahr
Externe Löhne						
Interne Löhne						
Sonstige Lohnkosten						
Direkte Werkzeugkosten						
Fertigungsmaterial						
Summe direkte Kosten						
Gemeinkostenlöhne						
Soz. Vers. GK-Löhne						
Gehälter						
Soz. Vers. Gehälter						
Betriebliche Sonderzahlungen						
Sonstige Einkommensbestandteile						
Erfolgsbeteiligungen						
Summe indirekte Löhne und Gehälter						
Energiekosten						
Instandhaltung						
F&E-Kosten						
Hilfsmaterial						
Reisekosten						
Dienststellenumzüge						
DV-Kosten						
Sonstige Dienstleistungskosten						
Summe Sach- und Dienstleistungskosten						
Abschreibungen						
Zinsen						
Steuern u. Versicherungen auf Vermögen						
Mieten und Pachten						
Eingetretene Wagnisse						
Summe Kapitalkosten						
Summe Kosten vor Verrechnungen/Umlagen						
Energiekosten						
Instandhaltung						
F&E-Kosten						
Hilfsmaterial						
Reisekosten						
Dienststellenumzüge						
DV-Kosten						
Sonstige Dienstleistungskosten						
Summe Verrechnungen/Umlagen						
Summe Kostenstellenkosten						

Abbildung 51: Auszug aus einem Kostenstellenbericht der Cellular Phone AG

7.1.5 Stand des Prozessmanagements bei der Cellular Phone AG

Die Cellular Phone AG verfügte zu Beginn der Aktionsforschung über eine mehrjährige Erfahrung mit dem Prozessmanagement und der Prozesskosten-rechnung. Zur Stärkung der Prozessorientierung wurde bereits im Jahr 1997 unter Leitung der Controllingabteilung mit Vertretern der Funktionsbereiche eine Prozessstruktur erarbeitet und beschrieben. Für die einzelnen Hauptpro-zesse wurden Process Owner definiert, die für die laufende Optimierung und Steuerung sowie die jährliche Berichterstattung der übergreifenden Prozesse verantwortlich sind. Allerdings wurde die Prozesskostenanalyse aufgrund ver-schiedener Probleme bislang nur alle zwei Jahre aktualisiert. Im Rahmen der 15 Interviews mit Vertretern der Funktionsbereiche wurden als Gründe dafür fehlende Ressourcen zur Aktualisierung und Pflege der Prozesskosten,

Schwierigkeiten bei der automatisierten Messung der Cost Driver- und Maßgrößenmengen und insbesondere ein zu detailliertes Prozessmodell genannt.

Für das Jahr 2000 wurden die Strukturen der Hauptprozesse deshalb im Rahmen einer Prozessanalyse an die Erfahrungen der Vergangenheit und an Veränderungen der Aufbauorganisation angepasst und die Plan-Prozesskosten ermittelt. Die Anzahl der Hauptprozesse wurde von 63 (vor Beginn der Aktionsforschung) durch die Aggregation mehrerer Hauptprozesse auf 25 Hauptprozesse reduziert (vgl. Abbildung 52).

Der methodische Aufbau der Prozesskostenrechnung entspricht der auf Horváth und Mayer zurückgehenden Konzeption (vgl. Horváth, P., Mayer, R. 1989, Horváth, P., Mayer, R. 1993). Im Rahmen von zwei Analysegesprächen je Kostenstellenverantwortlichen wurden dabei alle personalführenden Kostenstellen erfasst und aktualisiert. Zur Datenverarbeitung war seit mehreren Jahren die Software PROZESSMANAGER im Einsatz (vgl. Finkeißen, A., Teichert, L.G. 1998). Der Untersuchungsbereich umfasst 44 Kostenstellen mit 1.182 MJ und einem Kostenvolumen von ca. 112 Mio. GE. Zur Ermittlung der Kostenstellenkosten wurde die `Summe Kosten vor Verrechnungen/Umlagen´ (vgl. Abbildung 51) und damit alle arbeitsplatznahen Kosten herangezogen. Lediglich im Fertigungsbereich flossen die Energiekosten, die Kosten für Instandhaltung und Hilfsmaterialien nicht in die Kostenstellenkosten ein, da diese entweder über Maschinenstundensätze als Einzelkosten bereits verursachungsgerecht verrechnet wurden (Energiekosten und Instandhaltungskosten) oder nicht in einem kausalen Zusammenhang zu den untersuchten Prozessen standen (Hilfsmaterialien stellen überwiegend unechte Gemeinkosten dar). In den Fertigungskostenstellen wurden weiterhin nur die Ressourcen der für die Planung und Steuerung verantwortlichen Mitarbeiter (z.B. Meister, Arbeitsvorbereiter,..) in die Prozesskostenanalyse einbezogen, da die Kosten der operativ tätigen Mitarbeiter über die Maschinenstundensätze verursachungsgerecht als Einzelkosten verrechnet wurden.

| Hauptprozess | | Cost Driver | | Personal | Imi- | Imn- | Gesamt- | Imi- | Gesamt- |
Nr.	Bezeichnung	Menge	Bezeichnung	MJ	Kosten	Kosten	kosten	Kostensatz	kostensatz
HP 0002	Geschäftsideen planen	7	Anzahl Geschäftsideen	4,95	800.048	217.747	1.017.794	114.293	145.399
HP 0010	Strategische Rahmenplanung erstellen	1	Strukturell	1,60	185.168	3.950	189.118	185.168	189.118
HP 0011	Operative Planung erstellen	68	Anzahl Kostenträger und -stellen	1,05	99.108	0	99.108	1.457	1.457
HP 0012	Forecast erstellen	6	Anzahl Forecasts	13,98	1.472.081	58.077	1.530.159	245.347	255.026
HP 0021	Produktprogramm definieren	5	Anzahl Produktprojekte	13,15	1.521.135	160.677	1.681.812	304.227	336.362
HP 0022	Produkte definieren	5	Anzahl Produktprojekte	22,18	2.383.459	214.191	2.597.650	476.692	519.530
HP 0023	Produkte entwickeln und einführen	5	Anzahl Produktprojekte	96,37	12.998.615	1.366.018	14.364.634	2.599.723	2.872.927
HP 0024	Produkte betreuen	3	Anzahl Hauptumsatzträger	35,17	2.230.069	143.967	2.374.036	743.356	791.345
HP 0025	Produktauslauf betreuen	1	Anzahl Produktausläufe	2,89	637.350	90.487	727.836	637.350	727.836
HP 0030	Strategischen Einkauf durchführen	800	Anzahl neue Einkaufssachnummern	43,81	4.448.657	359.414	4.808.071	5.561	6.010
HP 0031	Operative Beschaffung lagergeführte Teile	72.000	Bestellpos. lagergeführte Teile	79,59	6.543.473	264.112	6.807.585	91	95
HP 0040	Produktion betreuen	3	Anzahl Hauptumsatzträger	90,30	10.108.234	1.162.595	11.270.830	3.369.411	3.756.943
HP 0041	Fertigungsaufträge planen	2.831	Anzahl Fertigungsaufträge	34,19	7.565.287	1.101.772	8.667.059	2.672	3.061
HP 0042	Produktvarianten betreuen	44	Anzahl Liefersachnummern	6,15	774.171	18.882	793.053	17.595	18.024
HP 0043	Material bereitstellen	216.000	Anzahl Lagerspiele	100,67	8.973.358	213.003	9.186.361	42	43
HP 0050	Länderspez. Marktbearbeitung durchführen	72	Anzahl Länder	126,34	14.683.805	1.036.639	15.720.444	203.942	218.340
HP 0060	Kunden akquirieren und betreuen	1.200	Anzahl Kunden	33,69	2.869.638	199.526	3.069.164	2.391	2.558
HP 0061	Kundenaufträge abwickeln	6.300	Anzahl Kundenauftragspositionen	36,68	3.579.518	163.642	3.743.160	568	594
HP 0080	Kundenanliegen betreuen	500.000	Anzahl Kundenkontakte	294,65	11.888.385	1.150.754	13.039.139	24	26
HP 0081	Reparaturen durchführen	105.000	Anzahl Reparaturen	56,17	3.151.612	268.679	3.420.290	30	33
HP 0090	Controllingprozesse	1	Strukturell	56,76	4.233.230	153.543	4.386.773	4.233.230	4.386.773
HP 0091	Personalprozesse	6.900	Anzahl Mitarbeiter	2,25	124.442	4.229	128.671	18	19
HP 0092	Unternehmensbezogene Führungsprozesse	1	Strukturell	13,85	1.116.671	101.649	1.218.319	1.116.671	1.218.319
HP 0093	Interne Revision durchführen	1	Strukturell	4,81	309.505	125.684	435.189	309.505	435.189
HP 0100	Sonderaufgaben	1	Strukturell	10,55	726.702	92.398	819.100	726.702	819.100
Summe Hauptprozesse				1.182	103.423.719	8.671.636	112.095.355		

Abbildung 52: Hauptprozessstruktur der Cellular Phone AG

7.1.6 Überblick über den Produktentstehungsprozess der Cellular Phone AG

Der Produktentstehungsprozess der Cellular Phone AG ist integraler Bestandteil des Produktprozesses, der sich in die Teilprozesse Produktdefinition, Produktrealisierung, Produktbetreuung und Produktauslauf unterteilt und damit den gesamten Produktlebenszyklus abdeckt (vgl. Abbildung 53; Quelle: oberer Teil der Abbildung aus internen Unterlagen des Praxispartners). Die Steuerung der Produktprojekte und die Abgrenzung der Teilprozesse erfolgt anhand definierter Meilensteine, zu denen das verantwortliche Projektteam im Rahmen von Präsentationen mit definierten Inhalten vor dem Lenkungsausschuss die Freigabe für den nächsten Teilprozess erhält.

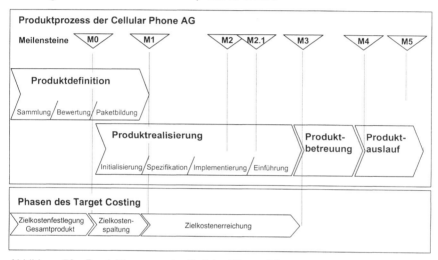

Abbildung 53: Produktprozess der Cellular Phone AG

Die Aktivitäten in allen vier Teilprozessen des Produktprozesses werden jeweils durch funktionsübergreifende Teams eigenverantwortlich gesteuert. Diese Teams sind auch für die Produkt- und Projektdokumentation, das Projektcontrolling sowie für die Projektberichterstattung zuständig.

Das Team zur Produktdefinition sammelt im ersten Teilprozess (Sammlung) Ideen und Anforderungen für alle Produkte. Dieses Team setzt sich aus Mitarbeitern der Funktionsbereiche Vertrieb, Produktmanagement, Marketing, Entwicklung, Einkauf, Service, Controlling und Produktion zusammen. Es werden interne und externe Quellen zum systematischen Erkennen der Marktanforderungen, -chancen und Lösungsansätze verwendet und Vorschläge entwickelt. Diese Vorschläge werden (in der Bewertungsphase) vorselektiert, gewichtet, priorisiert, detailliert beschrieben und nach vereinbarten Kriterien bewertet. Die daraus resultierenden Ergebnisse werden in Form eines Produktkonzepts

(Meilenstein M0) dokumentiert. Auf Basis dieser Vorarbeiten wird im Rahmen der Paketbildung das Produktkonzept in Abstimmung mit den Realisierungs-grobkonzepten und parallel laufenden Produktentwicklungen zu einer Anforderungsbeschreibung zusammengefasst. In dieser Phase erfolgt auch die Abstimmung und Übergabe mit dem für die Produktrealisierung verantwortlichen Team.

Das Ergebnis der ersten Phase der Produktrealisierung (Initialisierung) sind Produktspezifikationen (Leistungsbeschreibungen) und Realisierungspläne aller beteiligten Funktionen mit Terminen sowie Budget-, Kosten- und Qualitätsaussagen. Der Meilenstein M1 ist erreicht, wenn eine weltweit abgestimmte, marktgerechte und realisierungsreife Produktdefinition vorliegt. In der Spezifikationsphase werden die Testspezifikationen erstellt, die Produktionsprozesse geplant und freigegeben, die Erfordernisse der Marktbearbeitung definiert sowie die Beschaffungsaktivitäten eingeleitet. Die nachfolgende Implementierungsphase beinhaltet Test- und Erprobungsaktivitäten hinsichtlich Hardware, Software und Mechanik. Der Meilenstein M2 ist mit der Vertriebsfreigabe und dem dafür erforderlichen Qualitätsnachweis erreicht. Die Produkteinführung beinhaltet den Serienanlauf, die Vervollständigung der Vertriebs-, Service- und Kundendokumentation, die Produktfreigabe, die Freischaltung der Produktions- und Vermarktungsprozesse und endet mit der uneingeschränkten Serienlieferung (M3). Das bis dahin umfassend verantwortliche interdisziplinäre Team zur Produktrealisierung übergibt zum Meilenstein M3 an das Produktmanagement, das für die Produktbetreuung und den Produktauslauf die Verantwortung übernimmt. Aufgrund der Fokussierung der Forschungsarbeit auf die Gemeinkostenplanung in der Produktentstehung werden diese Phasen nicht näher beleuchtet.

7.1.7 Stand des Target Costing bei der Cellular Phone AG

Die einzelnen Phasen des Target Costing lassen sich über die Detailbeschreibungen der Teilprozesse und die Meilenstein-Dokumente zuordnen. Da zum Meilenstein M0 neben dem Produktkonzept der Zielverkaufspreis und der Zielgewinn definiert sind, können auch die Zielkosten für das Gesamtprodukt ermittelt werden. In Anlehnung an den 3-stufigen Ablauf des Target Costing ist damit die Phase der Zielkostenfestlegung für das Gesamtprodukt abgeschlossen (siehe Abbildung 53, vgl. Seidenschwarz, W. 1993, S. 142ff., Buggert, W., Wielpütz, A. 1995, S. 58ff.). Zum Meilenstein M1 (Abschluss der Initialisierung) müssen die abgestimmten Zielkosten für Material- und Fertigungseinzelkosten vorliegen; damit findet in dieser Phase die Zielkostenspaltung statt. Die verbleibende Phase der Produktrealisierung dient der Zielkostenerreichung.

Im Rahmen der Vorgespräche zur Fixierung der Ausgangssituation (vgl. auch Abbildung 50) und der rückblickenden Analyse von drei Entwicklungsprojekten, aus denen drei Produkte hervorgingen, die sich derzeit in der Vermarktungsphase befinden, konnte lediglich eine bedingte Funktionsfähigkeit des

176

Target Costing bei der Cellular Phone AG konstatiert werden. Dies kann durch mehrere Aspekte untermauert werden. Bei den analysierten Target Costing-Projekten wurden zwar Zielkosten vorgegeben, deutliche Zielkostenüberschreitungen während des gesamten Produktentwicklungsprozesses (und über die Markteinführung hinaus) deuten auf eine fehlende Verbindlichkeit der Kostenziele hin. Gezielte Aktivitäten zur Kostensenkung in Form von interdisziplinären Workshops wurden nur sporadisch durchgeführt. In den Interviews wurde dies bestätigt und auf die kurze Entwicklungszeit sowie eine mangelhafte interdisziplinäre Zusammenarbeit zurückgeführt. Von den Vertretern der Produktion, Entwicklung und Einkauf wurde darüber hinaus eine Unzufriedenheit für die fehlende Vorgabe von Zielgemeinkosten geäußert. Die Aussage „während wir in der Vergangenheit die Einzelkosten bei jedem neuen Produkt deutlich gesenkt haben, steigen die Gemeinkosten von Jahr zu Jahr" verdeutlicht die Relevanz der Forschungsfrage.

Target Costing wird bei der Cellular Phone AG seit zwei Jahren für alle Hauptumsatzträger eingesetzt. Für Zubehörteile (z.B. Headsets) werden allerdings aufgrund der geringen Komplexität der Produkte nur Zielkosten für das Gesamtprodukt bestimmt. Als die wichtigsten Ziele des Target Costing wurde die Senkung der Kosten, die Verstärkung der Markt- und Kundenorientierung und die frühzeitige Kostenbeeinflussung im Produktentstehungsprozess genannt. Der Informationsstand hinsichtlich Kundenanforderungen, Produktfunktionen, Preisbereitschaften und Wettbewerbsprodukte wurde als gut bewertet. Die Ableitung der Zielkosten erfolgt aufgrund der Wettbewerbsintensität aus den vom Markt erlaubten Kosten (Market into Company). Die Befragten beurteilten die Zielkostenvorgaben als sehr anspruchsvoll und nur unter Einsatz innovativer Ideen und Lösungen als erreichbar. Bei zwei der drei analysierten Entwicklungsprojekte wurden die Zielkosten zu SOP um 15% der vom Markt erlaubten Kosten überschritten.

Aus instrumentaler Sicht kommen folgende, für das Target Costing relevante Instrumente zum Einsatz.

- ■ Zur Ermittlung der Marktdaten dient ein Mix an Marktforschungsinstrumenten. Aufgrund der hier verfolgten Zielsetzung wird nachfolgend nur eine Auswahl der eingesetzten Instrumente im Überblick dargestellt.
  Eine zu Beginn der Aktionsforschung bereits vorliegende Kunden-Segmentierung dient als Ausgangspunkt für die Zielmarktdefinition. Aus der Analyse demographischer und psychografischer Merkmale (vgl. dazu Kothler, P., Bliemel, F. 1992, S. 411ff.) wurden die relevanten allgemeinen Verbrauchermerkmale bestimmt und sechs Kundensegmente definiert. Das nachfolgend näher beleuchtete Produkt P 2 zielt beispielsweise auf das Segment der Geschäftsleute ab. Diese Zielkunden sind zwischen 28 und 38 Jahren alt, verfügen über ein hohes Einkommen und nutzen das Mobiltelefon sowohl geschäftlich als auch privat in überdurchschnittlichem Umfang. Durch eine halbjährliche Wiederholung der Befragungen in den Kernländern wird die Segmentierung hinsichtlich den Markttrends, Stück-

zahlen, Marktanteilen, Kundenanforderungen und Preisbereitschaften laufend aktualisiert.

■ Mindestens einmal jährlich wird eine allgemeine Kundenumfrage hinsichtlich Mobiltelefonnutzung, Marken, Gebührenzahler, Zufriedenheit, Designstudien, technischer Wissenstand (z. B. „Wissen Sie, was UMTS ist?") usw. durchgeführt. Außerdem werden zwei mal pro Jahr Akzeptanztests für in der Entwicklung befindliche Mobilfunkgeräte und Zubehör durchgeführt.

■ Die wichtigsten Produkte der beiden Marktführer werden laufend im Rahmen eines Product Reverse Engineering analysiert und hinsichtlich verschiedener Kriterien beurteilt.

■ Informationen über die Wettbewerber werden in einer Wettbewerberdatenbank systematisch gesammelt, analysiert und den Teams zur Produktdefinition bereitgestellt. Neben der Auswertung von Pressemitteilungen, Zeitungen und Zeitschriften werden Jahresabschlüsse und Erkenntnisse aus dem Product Reverse Engineering in dieser Datenbank laufend gesammelt und in Form von Berichten zusammengefasst.

■ Zum Meilenstein M0 wird erstmalig eine Produktergebnisrechnung erstellt, die dann bis zur Serienfreigabe (Meilenstein M3) laufend aktualisiert wird. Dabei wird auf Basis prognostizierter Plankosten, Preise und Stückzahlen über dem Produktlebenszyklus das Produktergebnis der einzelnen Perioden ermittelt. Ausgangspunkt hierfür sind die prognostizierten Entwicklungskosten, die Fertigungseinzelkosten und die Materialeinzelkosten, die mit den Gemeinkostenzuschlagssätzen für das geplante Geschäftsjahr beaufschlagt werden. Ausgehend von der Produktergebnisrechnung, den Informationen aus dem Product Reverse Engineering sowie den Wettbewerberanalysen und den Kostenstrukturen der Vorgängerprodukte wurden dann Zielkostenvorgaben für das Gesamtprodukt und für die Einzelkosten der Komponenten mit dem Team vereinbart. Da der Aufbau der Produktergebnisrechnung einer traditionellen, auf Vollkosten basierenden Cost Plus Kalkulation entsprach, wurden die Auswirkung der Zielkosten auf das Produktergebnis mithilfe von Simulationen ermittelt. Die Höhe der Zielkostenvorgabe orientierte sich dabei an der für die einzelnen Produkte definierten Umsatzrentabilität.

■ Die Zielkostenspaltung wurde basierend auf der Kostenstruktur des Vorgängerproduktes und der Kostenstruktur des Best in Class-Produktes der Wettbewerber durchgeführt. Dabei wurden lediglich Zieleinzelkosten definiert und im Rahmen des Zielkostencontrolling gesteuert. Eine Zielkostenspaltung nach der QFD-Methode kam aufgrund der knappen Ressourcen nicht zum Einsatz.

7.2 Instrumentale Aspekte der Gemeinkostenplanung bei der Cellular Phone AG

Da eine umfassende Darstellung aller Produkte und Perioden des Systems zur marktorientierten Gemeinkostenplanung im Rahmen des Target Costing den Umfang der Arbeit sprengen würde, beschränken sich die Ausführungen auf das Business Segment und das Produkt P 2 für die Periode 2001, obwohl sich die Planungen im Rahmen der Aktionsforschung auf die Perioden 2001 bis 2003 bezogen. Dieser Planungshorizont ermöglicht aufgrund der kurzen Produktlebenszyklen eine verursachungsgerechte Planung und Verrechnung von Vorleistungskosten. Da der Aufbau der Planungen in den einzelnen Perioden gleich ist und die Vorgehensweise beim Praxispartner dem theoretischen Systemaufbau folgt (vgl. Abschnitt 6.4.2.4 und 6.4.5), kann auf eine Wiederholung verzichtet werden. Weiterhin wird auf die Darstellung der Ergebnisse bekannter Instrumente des Target Costing wie z.B. der Funktionskostenmethode, der Conjoint-Analyse oder der Ergebnisse aus der Marktforschung verzichtet.

7.2.1 Bestimmung der Zielgemeinkosten bei der Cellular Phone AG

Die Bestimmung der Zielgemeinkosten wurde im Verlauf der Aktionsforschung im Vergleich zur Ausgangssituation verändert. Es kamen mehrere Instrumente zum Einsatz.

■ Die Höhe der Zielgemeinkosten (Overheads, produktferne und produktnahe Prozesse) wurde aus dem Product Reverse Engineering für verschiedene Produkte bestimmt. Diese Ergebnisse wurden durch das Product Reverse Engineering mit dem wichtigsten Konkurrenzprodukt (W 2) zum eigenen Produkt P 2 bestätigt (siehe Abbildung 54). Dabei wurde der erwartete Verkaufspreis für W 2 zunächst um den geschätzten Profit des Wettbewerbsprodukts gekürzt. Die Höhe der Zielgemeinkosten (47,50 GE) wurde dann aus der Korrektur um die detailliert analysierten direkten Produktkosten (Projekteinzelkosten) ermittelt. In den direkten Kosten konnte im Rahmen des Product Reverse Engineering ein erwarteter Kostenvorteil von ca. 3 GE aufgrund der innovativen Konstruktion und der Faktorkosten identifiziert werden.

■ Die um bereits bekannte konstruktive Veränderungen korrigierte Struktur der prognostizierten Standardkosten des Vorgängerprodukts wurde zum Herunterbrechen der Zielgemeinkosten des Wettbewerbsprodukts verwendet. Allerdings wurden die Prozesskosten zuvor um Kostensenkungspotenziale, die im Rahmen der Prozessanalyse aufgrund der Kostentransparenz gewonnen wurden, korrigiert. So konnte beispielsweise im Bereich des Hauptprozesses Kundenanliegen betreuen (HP 0080, vgl. Abbildung 52) aufgrund von redundanten Bearbeitungsschritten ein Kostensenkungspotenzial von 15% identifiziert werden. Diese Ergebnisse konnten im Rahmen des nachfolgenden Prozess-Benchmarking bestätigt werden.

■ Die Zielkostenspaltung nach der Funktionskostenmethode wurde lediglich auf Basis der Produkteinzelkosten und der zugehörigen Kundenanforderungen, Produktfunktionen bzw. Komponenten erstellt. Mehrere Gründe machten einen Einsatz der von *Niemand* konzipierten Vorgehensweise für die einzige, produkt- und marktnahe Dienstleistung „Service" unmöglich. Zum einen unterscheidet ein befragter Kunde im ersten Schritt nicht zwischen dem von Hersteller des Mobiltelefons und dem Anbieter für TK-Dienste angebotenen Service (z.B. in Form einer Hotline). Zum anderen konnte eine detaillierte Abfrage beider Anforderungen (und der jeweiligen Ausprägungen) aufgrund der begrenzten Anzahl an Merkmalen in der Conjoint Analyse nicht erfolgen (vgl. Theuerkauf, I. 1989, S. 1180). Außerdem werden die Serviceleistungen nicht produktbezogen, sondern produktübergreifend bereitgestellt. Auf eine Darstellung der weiteren Ergebnisse wird aufgrund des Einzelkostenfokus verzichtet.

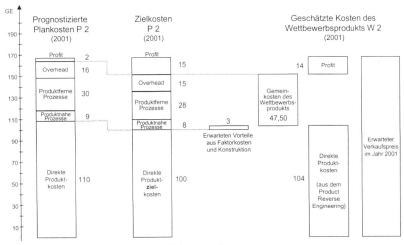

Abbildung 54:   Ableitung der Zielgemeinkosten aus dem
                  Product Reverse Engineering

■ Angesichts begrenzter Ressourcen wurden die Prozess-Benchmarking-Aktivitäten für das Jahr 2001 auf zwei strategisch wichtige Prozesse begrenzt. Die verbleibenden Prozesse werden in den nachfolgenden Jahren schrittweise einem Prozess-Benchmarking unterzogen.
Zum einen wurde im vergangenen Jahr ein starker Anstieg der Kundenanfragen im Call Center registriert. Dieser Trend konnte nicht durch eine mangelnde Produktqualität, sondern die Tendenz, dass sich Endkunden mit technischen Fragen oder Problemen häufiger direkt an den Hersteller wenden (und nicht an den Fachhandel) und durch den hohen Marktbestand

an Geräten aufgrund der ansteigenden Mobilfunkdichte erklärt werden. Über den weiterhin erwarteten starken Anstieg an Kundenkontakten im Customer Care Center hinaus sprachen das hohe Gemeinkostenvolumen in diesem Prozess (vgl. HP 0080, Abbildung 52), erwartete Kosteneinsparungspotenziale durch Outsourcing und IT-Unterstützung sowie die strategische Bedeutung des Customer Relationship Management (vgl. Rapp, R. 2000, S. 11ff., Sauter, R., Wargitsch, C. 2001, S. 269ff.) für die Durchführung eines Prozess-Benchmarking in diesem Bereich. Weiterhin wurde zur Unterstützung laufender E-Business-Aktivitäten ein Prozess-Benchmarking für die operativen Beschaffungsprozesse (vgl. HP 0031, Abbildung 52) durchgeführt. Dabei konnten für die Prozesse „operative Beschaffung lagergeführter Teile" und „Kundenanliegen bearbeiten" Zielprozesskostensätze von 75 GE und 22 GE ermittelt werden.

Zur Definition der Zielgemeinkosten und der Zielprozesskostensätze wurde zur Einführung der marktorientierten Gemeinkostenplanung eine Übergangsphase von einem Jahr definiert.

Da die erstmalige, marktorientierte Planung der Zielgemeinkosten erst wenige Monate vor Beginn des Jahres 2001 vorlag, hätte die Vorgabe von marktorientierten Zielgemeinkosten aufgrund des Fixkostencharakters zu unrealistischen und nicht erreichbaren Zielgemeinkosten geführt. Deshalb wurden für das Jahr 2001 im Zielkostenplanungsteam modifizierte Ziele (z.B. 85 GE für HP 0031 und 25 GE für HP 0080) und erst ab dem Jahr 2002 marktorientierte Ziele vereinbart. Die Kostenziele wurden auf der Basis von Verbrauchsanalysen, internen Abschätzungen und den Analysen der Wettbewerbsprodukte um Zielmengen ergänzt. Abbildung 55 veranschaulicht die vereinbarten Zielprozesskosten und -kostensätze (zur Spalte „Verrechnung" siehe Abschnitt 7.2.2).

2001		Prognostizierte Plankosten		Zielkosten		Ver-rechnung
Hauptprozess		Gesamt-	Gesamt-	Gesamt-	Gesamt-	
Nr.	Bezeichnung	kosten	kostensatz	kosten	kostensatz	
HP 0002	Geschäftsideen planen	1.017.794	145.399	977.083	139.583	VwGK
HP 0010	Strategische Rahmenplanung erstellen	189.118	189.118	181.553	181.553	VwGK
HP 0011	Operative Planung erstellen	99.108	1.457	95.144	1.399	VwGK
HP 0012	Forecast erstellen	1.530.159	255.026	1.468.952	244.825	VwGK
HP 0021	Produktprogramm definieren	1.681.812	336.362	1.614.539	322.908	VwGK
HP 0022	Produkte definieren	2.597.650	519.530	2.750.000	550.000	PN
HP 0023	Produkte entwickeln und einführen	14.364.634	2.872.927	13.130.753	2.626.151	PN
HP 0024	Produkte betreuen	2.374.036	791.345	2.100.000	700.000	PN
HP 0025	Produktauslauf betreuen	727.836	727.836	700.587	700.587	PN
HP 0030	Strategischen Einkauf durchführen	4.808.071	6.010	4.615.748	5.770	PF
HP 0031	Operative Beschaffung lagergeführte Teile	6.807.585	95	6.120.000	85,00	PN
HP 0040	Produktion betreuen	11.270.830	3.756.943	9.580.205	3.193.402	PF
HP 0041	Fertigungsaufträge planen	8.667.059	3.061	7.785.252	2.750	PN
HP 0042	Produktvarianten betreuen	793.053	18.024	660.000	15.000	PN
HP 0043	Material bereitstellen	9.186.361	43	8.445.600	39	PN
HP 0050	Länderspezifische Marktbearbeitung durchführen	15.720.444	218.340	15.091.627	209.606	PF
HP 0060	Kunden akquirieren und betreuen	3.069.164	2.558	2.946.398	2.455	PF
HP 0061	Kundenaufträge abwickeln	3.743.160	594	3.593.431	570	PF
HP 0080	Kundenanliegen betreuen	13.039.139	26	12.517.440	25,03	PF
HP 0081	Reparaturen durchführen	3.420.290	33	2.955.113	29	PF
HP 0090	Controllingprozesse	4.386.773	4.386.773	4.211.302	4.211.302	VwGK
HP 0091	Personalprozesse	128.671	19	123.525	18	VwGK
HP 0092	Unternehmensbezogene Führungsprozesse	1.218.319	1.218.319	1.169.587	1.169.587	VwGK
HP 0093	Interne Revision durchführen	435.189	435.189	417.781	417.781	VwGK

VwGK = Verwaltungsgemeinkosten; PN = produktnahe Prozesse; PF = produktferne Prozesse

Abbildung 55: Gegenüberstellung der prognostizierten Plankosten mit den Zielkosten auf Prozessebene

7.2.2 Aufbau der prozessorientierten Retrograden Kalkulation und der Retrograden Ergebnisrechnung

Die Retrograden Kalkulationen wurden entsprechend dem theoretischen Systemaufbau entwickelt (Abschnitt 6). Folgende Abweichungen ergaben sich aufgrund der Anforderungen des Praxispartners (siehe Abbildung 56):

■ Zur Beurteilung des aktuellen Entwicklungsstandes der Projekte wurde der Gesamtgewinn (Total Profit) im Fuß der Retrograden Kalkulationen ergänzt. Er ergibt sich aus der Summe des Target Profit und der Zielkostenlücke. Für den Fall, dass keine Zielkostenlücke existiert, entspricht der Total Profit dem Target Profit.

■ Nicht in der Projektkostenrechnung erfasste (und damit nicht verursachungsgerecht verrechenbare) Entwicklungsgemeinkosten wurden den produktfernen Prozessen und nicht den Overheads zugeordnet. Kostenstellenkosten nicht untersuchter, nicht personalführender oder nicht auf Prozesse zurechenbarer Kostenstellen wurden als Rest-Material- bzw. Rest-Fertigungsgemeinkosten ebenfalls den produktfernen Prozessen zugeordnet. Dies soll den Eindruck vermeiden, dass diese Positionen nicht beeinflussbar sind.

182

- Obwohl eine Verrechnung von leistungsmengenneutralen (lmn) Teilprozesskosten über die Prozesskostensätze eine unzulässige Schlüsselung dieser Kosten impliziert, wurden die lmn-Teilprozesse nicht separat ausgewiesen (vgl. die Ausführungen unter Abschnitt 4.1.3). Damit wurde dem Wunsch des Praxispartners nach Einfachheit entsprochen.

- Unternehmensbezogene Prozesse im Bereich der Verwaltung und des Vertriebs wurden zur Vereinfachung der Kalkulationen über die Zeilen Verwaltungs- bzw. Vertriebsgemeinkosten gemeinsam mit nicht personalbezogenen Kosten (wie z.B. Kosten für Büromaterialien oder Dienstleistungen) ausgewiesen. Die Planung der Kostenstellen erfolgt aber dennoch mengen- und prozessorientiert. Die Zuordnung der Prozesse geht aus Abbildung 55 hervor.

Aus dem geplanten durchschnittlichen Zielpreis und der Zielstückzahl ergeben sich nach Abzug des Target Profit, der aus der unternehmensbezogenen Zielgewinnvorgabe in Abhängigkeit der strategischen Bedeutung des Produktes von der Geschäftsleitung definiert wird, die vom Markt erlaubten Kosten. Da der prognostizierte Preis zum Betrachtungszeitpunkt mit dem ursprünglich vereinbarten Zielpreis übereinstimmt, ergibt sich beim Produkt P 2 keine Abweichung für die vom Markt erlaubten Kosten in der Top Down-Zielkostenkalkulation und der Bottom Up-Kalkulation der prognostizierten Plankosten (siehe Abbildung 56). Der durchschnittliche Verkaufspreis entspricht dabei dem Abgabepreis an die Netzbetreiber, Subventionen der Netzbetreiber für den Abschluss von Neuverträgen werden nicht berücksichtigt.

Retrograde Kalkulation	2001						
Produkt P 2	Zielkosten			Prognostizierte Plankosten			Zielkostenlücke
Werte in GE	% v. U.	Pro Stück	Pro Jahr	% v. U.	Pro Stück	Pro Jahr	p.a. (in tausend)
Stückzahl			1.011.073			1.011.073	
Durchschnittlicher Preis		165,75			165,75		
Umsatz			167.585.349			167.585.349	
Target Profit (Basis: Umsatz)	8,84%	14,65	14.814.545	8,84%	14,65	14.814.545	
Allowable Costs		151,10	152.770.804		151,10	152.770.804	
Vertriebsgemeinkosten	4,42%	7,32	7.401.384	4,86%	8,05	8.141.522	-740
Verwaltungsgemeinkosten	4,35%	7,21	7.294.405	4,53%	7,52	7.598.338	-304
Overhead	8,77%	14,53	14.695.788	9,39%	15,57	15.739.860	-1.044
Strategischen Einkauf durchführen	0,87%	1,43	1.450.039	0,90%	1,49	1.510.457	-60
Produktion betreuen	1,80%	2,98	3.009.625	2,11%	3,50	3.540.736	-531
Länderspezifische Marktbearbeitung	2,83%	4,69	4.741.041	2,95%	4,88	4.938.584	-198
Kunden akquirieren und betreuen	0,55%	0,92	925.612	0,58%	0,95	964.179	-39
Kundenaufträge abwickeln	0,67%	1,12	1.128.878	0,70%	1,16	1.175.915	-47
Kundenanliegen betreuen	2,35%	3,89	3.932.359	2,44%	4,05	4.096.251	-164
Reparaturen durchführen	0,55%	0,92	928.350	0,64%	1,06	1.074.486	-146
Rest-Materialgemeinkosten	2,13%	3,54	3.576.602	2,37%	3,93	3.974.003	-397
Rest-Fertigungsgemeinkosten	2,85%	4,72	4.771.945	2,91%	4,82	4.869.331	-97
Entwicklungsgemeinkosten	2,42%	4,01	4.056.310	2,52%	4,18	4.225.323	-169
Kosten für produktferne Prozesse	17,02%	28,21	28.520.761	18,12%	30,04	30.369.265	-1.849
Beschaffung lagergeführter Teile	1,26%	2,09	2.115.531	1,40%	2,33	2.353.217	-238
Material bereitstellen	1,74%	2,89	2.921.617	1,90%	3,14	3.177.838	-256
Fertigungsaufträge planen	0,40%	0,66	671.957	0,45%	0,74	748.067	-76
Produktvarianten betreuen	0,13%	0,22	225.000	0,13%	0,22	225.000	
Produkte definieren	0,12%	0,20	203.702	0,11%	0,19	192.417	11
Produkte entwickeln und einführen	0,58%	0,96	972.640	0,63%	1,05	1.064.038	-91
Produkte betreuen	0,42%	0,69	700.000	0,47%	0,78	791.345	-91
Produktauslauf betreuen	0,15%	0,26	259.474	0,16%	0,27	269.567	-10
Kosten für produktnahe Prozesse	4,82%	7,98	8.069.921,74	5,26%	8,72	8.821.489,15	-752
Materialeinzelkosten	55,11%	91,35	92.360.001	58,25%	96,56	97.624.942	-5.265
Fertigungseinzelkosten	3,62%	6,00	6.065.427	5,40%	8,95	9.048.424	-2.983
Entwicklungskosten	1,83%	3,03	3.063.551	2,43%	4,03	4.074.040	-1.010
Direkte Produktzielkosten	60,56%	100,38	101.488.979	66,08%	109,53	110.747.405	-9.258
Zielkostenlücke Gesamtkosten	0,00%	0,00	-5.000	-7,70%	-12,77	-12.907.215	
Total Profit	8,84%	14,65	14.809.545	1,14%	1,89	1.907.330	

Abbildung 56: Prozessorientierte Retrograde Kalkulation Produkt P 2

Für die Planung der Zielkosten wurden die in der operativen Planung definierten Kosten auf der Basis der Instrumente zur Zielkostenbestimmung an die Marktanforderungen angepasst. Die prognostizierten Plankosten entsprechen für das Jahr 2001 den in der Jahresplanung geplanten Kosten, die allerdings im Projektverlauf um die Kostensenkungsmaßnahmen des Target Costing-Teams und der Prozessverantwortlichen angepasst wurden. Im Projektverlauf wurden dann zu den alle 6 Wochen stattfindenden Zielkostenplanungsrunden alle neuen Maßnahmen beurteilt, freigegeben, hinsichtlich Ihrer Kostenwirkung quantifiziert und in die marktorientierte Gemeinkostenplanung übernommen. Abbildung 62 (auf Seite 194) veranschaulicht die Ergebnisse bezogen auf das Produkt P 2 anhand der Veränderungen zwischen den in der operativen Planung ursprünglich geplanten Kosten und den prognostizierten Plankosten gegen Ende der Aktionsforschung.

Die Verrechnung der Overheads und der produktfernen Prozesse erfolgte wie in Abschnitt 6.4.2 ausgeführt über den Umsatz, während die produktnahen Prozesse verursachungsgerecht nach der Mengeninanspruchnahme verrechnet wurden. Damit wurde das Konzept der prozessorientierten Kalkulation sowohl hinsichtlich der Zielkosten als auch der prognostizierten Plankosten umgesetzt.

Die Verrechnung der produktnahen Prozesse erfolgte differenziert nach Vor-
leistungs-/ Nachleistungs- (HP 0023 und 0025), Betreuungs- (HP 0022 und
24) und Abwicklungsprozesse (HP 0031 bis 0043). Die Formeln zur Verrechnung können aus Abbildung 57 entnommen werden. Teile- und komponenten-
bezogene Prozesse (HP 0031, HP 0043 und HP 0041) wurden anhand von
Stücklisten und Arbeitsplänen, die um durchschnittliche Bestell-, Auslage-
rungs- und Fertigungslosgrößen ergänzt wurden, kalkuliert. Für die ersten Kalkulationen wurden dabei angepasste Stücklisten von Vorgängerprodukten eingesetzt und dann durch Stücklisten der Entwicklung ersetzt.

Hauptprozess		
Nr.	Bezeichnung	Verrechnungsformel
HP 0022	Produkte definieren	Prozesskostensatz / Plan-Stückzahl des Produkts im Lebenszyklus
HP 0023	Produkte entwickeln und einführen	Prozesskostensatz / Plan-Stückzahl des Produkts im Lebenszyklus
HP 0024	Produkte betreuen	Prozesskostensatz / Plan-Stückzahl des Produkts in der Periode
HP 0025	Produktauslauf betreuen	Prozesskostensatz / Plan-Stückzahl des Produkts im Lebenszyklus
HP 0031	Operative Beschaffung lagergeführte Teile	Prozesskostensatz / durchsch. Bestelllosgröße x Anzahl Teile à Produkt
HP 0041	Fertigungsaufträge planen	Prozesskostensatz / durchsch. Fertigungsauftragslosgröße x Anzahl Teile à Produkt
HP 0042	Produktvarianten betreuen	Prozesskostensatz x Anzahl geplante Liefersachnr. /Plan-Stückzahl des Produkts in der Periode
HP 0043	Material bereitstellen	Prozesskostensatz / durchsch. Auslagerlosgröße x Anzahl Teile à Produkt

Abbildung 57: Verrechnungsformeln der produktnahen Prozesse

Die Struktur der Retrograden Ergebnisrechnung (siehe Abbildung 58) ent-
spricht exakt der Struktur der prozessorientierten Retrograden Kalkulation. Die
Werte für das Jahr 2001 ergeben sich bis auf eine Ausnahme summarisch aus
der Addition der einzelnen Retrograden Kalkulationen für das bestehende
Produkt P 1 sowie der Produkte P 2 und P 3. Im Jahr 2002 fallen für P 1 keine
Kosten mehr an, da es sich nicht mehr im Vermarktungszyklus befindet. Die
Werte der Retrograden Ergebnisrechnung ergeben sich damit aus den Retro-
graden Kalkulationen der Produkte P 2 bis P 6 (zur Produkt-Roadmap vgl.
Abbildung 48).

Aufgrund des Wunsches des Praxispartners wurde in der Retrograden Ergebnisrechnung auf die lebenszyklusorientierte Verrechnung der Vorleistungskosten (Prozesse und Entwicklungskosten) verzichtet. Die prognostizierten
Plankosten (und Zielkosten) für Vorleistungs-/Nachleistungsprozesse entsprechen dem in der Periode erwarteten Ressourceneinsatz. Begründet wurde
dies mit der dann einfacheren Überleitung der Ergebnisgrößen zu den periodenbezogenen, operativen und strategischen Planungen.

Retrograde Ergebnisrechnung				2001			
Business Segment	Zielkosten			Prognostizierte Plankosten			Zielkostenlücke
Werte in GE	% v. U.	Pro Stück	Pro Jahr	% v. U.	Pro Stück	Pro Jahr	p.a. (in tausend)
Stückzahl			3.060.505			3.060.505	
Durchschnittlicher Preis		174,30			174,30		
Umsatz			533.455.779			533.455.779	
Target Profit (Basis: Umsatz)	11,93%	20,79	63.625.271	11,93%	20,79	63.625.271	
Allowable Costs	88,1%	153,51	469.830.508		153,51	469.830.508	
Vertriebsgemeinkosten	4,42%	7,70	23.560.000	4,86%	8,47	25.916.000	-2.356
Verwaltungsgemeinkosten	4,35%	7,59	23.219.466	4,53%	7,90	24.186.943	-967
Overhead	8,77%	15,28	46.779.466	9,39%	16,37	50.102.943	-3.323
Strategischen Einkauf durchführen	0,87%	1,51	4.615.748	0,90%	1,57	4.808.071	-192
Produktion betreuen	1,80%	3,13	9.580.205	2,11%	3,68	11.270.830	-1.691
Länderspezifische Marktbearbeitung	2,83%	4,93	15.091.627	2,95%	5,14	15.720.444	-629
Kunden akquirieren und betreuen	0,55%	0,96	2.946.398	0,58%	1,00	3.069.164	-123
Kundenaufträge abwickeln	0,67%	1,17	3.593.431	0,70%	1,22	3.743.160	-150
Kundenanliegen betreuen	2,35%	4,09	12.517.440	2,44%	4,26	13.039.139	-522
Reparaturen durchführen	0,55%	0,97	2.955.113	0,64%	1,12	3.420.290	-465
Rest-Materialgemeinkosten	2,13%	3,72	11.385.000	2,37%	4,13	12.650.000	-1.265
Rest-Fertigungsgemeinkosten	2,85%	4,96	15.190.000	2,91%	5,06	15.500.000	-310
Entwicklungsgemeinkosten	2,42%	4,22	12.912.000	2,52%	4,39	13.450.000	-538
Kosten für produktferne Prozesse	17,02%	29,66	90.786.963	18,12%	31,59	96.671.098	-5.884
Beschaffung lagergeführter Teile	1,15%	2,00	6.120.000	1,28%	2,22	6.807.585	-688
Material bereitstellen	1,58%	2,76	8.445.600	1,72%	3,00	9.186.361	-741
Fertigungsaufträge planen	1,46%	2,54	7.785.250	1,62%	2,83	8.667.059	-882
Produktvarianten betreuen	0,12%	0,22	660.000	0,15%	0,26	793.053	-133
Produkte definieren	0,52%	0,90	2.750.000	0,49%	0,85	2.597.650	152
Produkte entwickeln und einführen	2,46%	4,29	13.130.753	2,69%	4,69	14.364.634	-1.234
Produkte betreuen	0,39%	0,69	2.100.000	0,45%	0,78	2.374.036	-274
Produktauslauf betreuen	0,13%	0,23	700.587	0,14%	0,24	727.836	-27
Kosten für produktnahe Prozesse	7,82%	13,62	41.692.189	8,53%	14,87	45.518.213	-3.826
Materialeinzelkosten	46,03%	80,23	245.544.337	55,32%	96,43	295.124.522	-49.580
Fertigungseinzelkosten	2,54%	4,42	13.527.433	3,70%	6,45	19.740.259	-6.213
Entwicklungskosten	5,90%	10,29	31.500.000	5,90%	10,29	31.500.000	
Direkte Produktzielkosten	54,47%	94,94	290.571.770	64,93%	113,17	346.364.781	-55.793
Zielkostenlücke Gesamtkosten	0,00%	0,00		-12,90%	-22,49	-68.826.528	
Total Profit	11,93%	20,79	63.625.271	-0,98%	-1,70	-5.201.257	

Abbildung 58: Retrograde Ergebnisrechnung für das Business Segment

7.2.3 Die Retrograde Prozesskosten-Matrix

Zum Herunterbrechen der Zielgemeinkosten und der prognostizierten Plan-
kosten kommen Retrograde Prozesskosten-Matrizen, wie unter Abschnitt 6.4.5
beschrieben, zum Einsatz. Nachfolgender Ausschnitt aus der Retrograden
Prozesskosten-Matrix für die Zielkosten veranschaulicht die Vorgehensweise.
In der Matrix werden die Prozesskosten (Spalten) den Kostenstellenkosten
(Zeilen) gegenübergestellt (vgl. Abbildung 59). Damit kann der Anteil jeder
Kostenstelle an den Prozesskosten auf Basis der Planungen in der Prozesskostenrechnung bestimmt werden. Zum Herunterbrechen der Zielprozesskosten werden diese Prozentwerte auf der Basis von Optimierungsüberlegungen
(z.B. durch das Eliminieren nicht wertschöpfender Prozesse) und den Ergebnissen aus dem Benchmarking modifiziert. Dann werden die Zielprozesskosten aus der Retrograden Ergebnisrechnung (vgl. HP 22 bis 25 in Abbildung
58) zur Bestimmung der absoluten Zielkosten der einzelnen Kostenstellen und
Prozesse mit diesen Prozentwerten multipliziert (1). Die Zeilensummen ergeben dann die Zielkosten je Kostenstelle (2). Die Bestimmung der für ein Produkt zur Verfügung stehenden Zielkosten in einer Kostenstelle erfolgt analog
über die Zielkostenbudgets aus der betroffenen Retrograden Kalkulation.

186

Da beim Praxispartner die Prozesskostenrechnung als Parallelrechnung betrieben wurde, konnten mit dieser Vorgehensweise die Zielbudgets für die Kostenstellen bestimmt und dem Process Owner zur Verfügung gestellt werden. Die Ergebnisse bieten dann die Ausgangsbasis für eine langfristige Steuerung der Gemeinkostenressourcen auf Kostenstellenebene. Über die Planung der Zielkostenstellenkosten hinaus unterstützt die Prozesskosten-Matrix durch die transparente Darstellung die laufende Analyse der Beiträge einzelner Kostenstellen zur Prozessdurchführung hinsichtlich der Zielkostenerreichung.

% an Kst / Prognostizierte Kosten (Euro)	Zielkosten (EURO)	HP 0012 Forecast erstellen	HP 0021 Produktprogramm definieren	HP 0022 Produkte definieren	HP 0023 Produkte entwickeln und einführen	HP 0024 Produkte betreuen	HP 0025 Produktauslauf betreuen
29289							
Commodity Management — 375.500	352.682						
29310			67,83%		5,26%		
Zentraler Vertrieb — 7.780.060	7.490.385	996.338		144.569			
29311			55,01%	45,79%	12,88%		
Produktmanagement — 5.419.195	5.138.711		888.219	1.259.347	1.691.508		
29315							
Kaufm. zentraler Vertrieb — 1.671.000	1.604.160						
29316		6,72%	1,80%	3,78%	2,19%	3,63%	3,12%
Kaufm. Produktmanagement — 877.162	831.188	98.726	29.037	104.068	287.548	76.253	21.836
29319		10,73%			0,73%	5,83%	3,65%
Liefer- und Bestellogistik 1 — 3.207.069	2.966.369	157.609			43.404	122.415	25.564
29322			0,45%	0,29%	0,05%	2,	
Kaufmännische Leitung — 1.456.703	1.393.908		7.279	8.027	6.523	48	
29365		2,21%			6,34%		
Produktionsvorbereitung — 1.227.713	1.107.671	32.513			.017		
29366		6,03%				0,67%	0,55%
Produkteinleitung 1 — 1.127.180	1.024.123	88.622			.01	14.054	3.863
29367					1,43%	2,85%	6,50%
Produkteinleitung 2 — 1.148.680	1.037.179				187.595	59.746	45.532
29368			2,28%	1,87%	6,71%		
Produkteinleitung 3 — 1.805.004	1.624.692		36.741	51.435	881.632		
29369							
Produkteinleitung 4 — 319.280	271.388						
29370					48,03%		82,42%
Fertigung — 22.496.908	19.994.029				6.306.443		577.457
29750			26,34%	17,05%	1,54%		
UMTS — 1.845.800	1.820.011		425.272	468.973	202.470		
29766					3,15%		
Produktmanagement — 800.000	747.216				413.933		
29830		3,04%			1,46%		
Vertrieb Deutschland — 4.417.627	4.075.299	44.641			191.282		
		100,00	1,40	1,54	2,37	13,11	2,17	0,66
Zielkosten gesamt — 112.095.355	104.090.718	1.468.952	1.614.539	2.750.000	13.130.753	2.100.000	700.587

Abbildung 59: Auszug aus der Retrograden Ziel-Prozesskosten-Matrix

7.2.4 Einsatz der Zielvereinbarungsblätter

Zur Fixierung der Zielprozesskostensätze und -Mengen sowie weiterer nicht monetärer Kennzahlen wurden Zielvereinbarungsblätter eingesetzt. Abbildung 60 veranschaulicht die Struktur anhand eines Ausschnittes aus dem Zielvereinbarungsblatt für das Produkt P 2. Unterschieden werden Zielvereinbarungen für produktnahe Prozesse, Zielvereinbarungen für weitere Kosteneinflussgrößen in Form von Kennzahlen und Zielvereinbarungen für produktferne Prozesse, die allerdings nur teilweise und bedingt durch das Target Costing-Team beeinflussbar sind. Neben den Mengenangaben werden die produktübergreifend vereinbarten Zielkostensätze dokumentiert.

Zielvereinbarungsblatt — Datum: — Bearbeiter:

Hauptprozess		Cost Driver	Planwerte 2001		Zielwerte			Zielwerte Produkt 1		
Nr.	Bezeichnung	Bezeichnung	CD-Menge	HP-Satz	2001	2002	2003	2001	2002	2003

Zielvereinbarungen für produktnahe Prozesse

Projektübergreifend vereinbarte Ziel-Hauptprozesskostensätze | Ziel-Cost Driver Mengen

Nr.	Bezeichnung	Bezeichnung	CD-Menge	HP-Satz	2001	2002	2003	2001	2002	2003
HP 0022	Produkte definieren	Anzahl Produktprojekte	5	519.530	550.000	520.000	500.000	1	-	-
HP 0023	Produkte entwickeln und einführen	Anzahl Produktprojekte	5	2.872.927	2.626.151	2.550.000	2.430.000	1	1	1
HP 0024	Produkte betreuen	Anzahl Hauptumsatzträger	3	791.345	700.000	650.000	640.000	1	1	1
HP 0025	Produktauslauf betreuen	Anzahl Produktausläufe	1	727.836	700.587	600.000	585.000	-	-	1
HP 0031	Operative Beschaffung lagergeführte Teile	Bestellpositionen lagergeführte Teile	72.000	95	85	75	70	24.800	48.000	43.000
HP 0041	Fertigungsaufträge planen	Anzahl Fertigungsaufträge	2.831	3.061	2.750	2.500	2.200	220	450	415
HP 0042	Produktvarianten betreuen	Liefersachnummern	44	18.024	15.000	13.700	12.800	20	44	44
HP 0043	Material bereitstellen	Anzahl Lagerspiele	216.000	43	39	38	37	6.800	60.000	5.400

Produktbezogene Zielvereinbarungen für weitere Kennzahlen

	Zielwerte		
Anzahl Software-Updates	3	10	
Anzahl Ausfälle im Feld	200	1.500	3.200
Anzahl produktbez. Beschwerden	450	2.000	4.200
Anzahl Carry over Parts	135	135	135
Anzahl Standardteile	220	220	

Zielvereinbarungen für produktferne Prozesse

Projektübergreifend vereinbarte Ziel-Hauptprozesskostensätze | Anmerkungen

Nr.	Bezeichnung	Bezeichnung	CD-Menge	HP-Satz	2001	2002	2003	Anmerkungen
HP 0080	Kundenanliegen betreuen	Anzahl Kundenkontakte	500.000	26	22	19	19	Umsetzung CRM Konzept
HP 0030	Strategischen Einkauf durchführen	Anzahl neue Einkaufssachnummern	800	6.010	5.770	5.500	5.400	Aufbau Global Sourcing
HP 0061	Kundenaufträge abwickeln	Anzahl Kundenauftragspositionen	6.300	594	570	565	565	Projekt Order Management
HP 0081	Reparaturen durchführen	Anzahl Reparaturen	105.000	33	29	27	27	Reparaturfreundlichkeit sicherstellen

Abbildung 60: Ausschnitt aus dem Zielvereinbarungsblatt für P 2

Für den Einsatz der Zielvereinbarungsblätter ergaben sich anfangs angesichts fehlender Möglichkeiten zur automatischen Erhebung der Mengengrößen vergangener oder ähnlich gelagerter Projekte aus den EDV-Systemen Probleme bei der Datenbeschaffung. Erst durch Sonderanalysen und die Programmierung von Abfragen konnte die Informationsversorgung verbessert werden.

7.3 Aufbau- und ablauforientierte Einbindung der marktorientierten Gemeinkostenplanung

Die ablauforientierte Einbindung der marktorientierten Gemeinkostenplanung im Rahmen des Target Costing in den Planungsprozess der Cellular Phone AG veranschaulicht Abbildung 61. Der obere Teil der Abbildung zeigt einen Ausschnitt aus dem Planungskalender zur operativen Jahresplanung bei der Cellular Phone AG zu Beginn der Aktionsforschung. Der untere Teil bildet die ablaufbezogene Einbindung der marktorientierten Gemeinkostenplanung zur Koordination der Planungsaktivitäten ab (die Nummerierung ist kompatibel zu Abschnitt 6.5). Dies soll allerdings nicht den Eindruck erwecken, dass die marktorientierte Gemeinkostenplanung als unabhängige, parallel durchgeführte Planung verstanden wird. Vielmehr sind die Planungsaktivitäten stark verzahnt.

Der Planungsprozess beginnt Top Down mit der Vorstellung der aus der strategischen Planung abgeleiteten Planungsprämissen. Die vom Team zur Produktdefinition erstellte und mit Zielpreisen und Mengen versehene Produkt-

Roadmap ist Bestandteil dieser Planungsprämissen. Die beispielsweise im Rahmen von unterjährig durchgeführten Prozess-Benchmarking Projekten gewonnenen Erkenntnisse hinsichtlich der Zielprozesskostensätze werden dann bezüglich der Zielprozesskostensätze konkretisiert. Daran schließt sich die Planung der Zieloverheads an, die mit der Kostenstellenplanung für den indirekten Bereich beginnt und sich, aufgrund der aus Sicht der Cellular Phone AG nicht veränderbaren Planung der Kosten für Konzernzentralen, über einen längeren Zeitraum erstreckt. Die Planung der Ziel-Cost Driver-Mengen und Zielprozesskosten für produktferne Prozesse beginnt parallel, während die produktspezifischen und produktübergreifenden Planungen der Ziel-Cost Driver-Mengen und Zielprozesskosten für produktnahe Prozesse zeitversetzt erstellt werden. Die zeitliche Überlappung zur Planung der Mitarbeiterzahl gewährleistet, dass die auf Basis der prozessorientierten Budgetierung erstellten Planungen, Eingang in die Planung der Mitarbeiterzahl für den indirekten Bereich finden können.

Da es sich im Rahmen der Aktionsforschung gezeigt hat, dass die Bottom Up-Überprüfung der Erreichbarkeit der Zielgemeinkosten und der Kostenstellenkosten einen längeren Zeitraum in Anspruch nimmt, setzen diese Aktivitäten bereits frühzeitig ein. Den betroffenen Kostenstellen- und Prozessverantwortlichen und dem Zielkostenplanungsteam wird dadurch ausreichend Zeit zur Analyse und Kommentierung der Vorschläge gegeben, wodurch ein positiver Effekt in Bezug auf die Akzeptanz der Gemeinkostenziele erwartet wird. Die Retrograde Ergebnisrechnung dient in der Knetphase zur Simulation der Auswirkungen von Änderungsvorschlägen in der operativen Planung hinsichtlich der Auswirkungen auf die marktorientierte Gemeinkostenplanung. Parallel zur Fixierung der Absatzmengen und Preise erfolgt die Aktualisierung der Zielkosten in den Retrograden Kalkulationen und der Retrograden Ergebnisrechnung und damit die Fixierung der Zielgemeinkosten. Danach setzt mit der Gegenüberstellung von Zielkosten und prognostizierten Plankosten das laufende Zielkostencontrolling auf Basis der aktualisierten Planwerte ein. Für die Maßnahmenbewertung und Aktualisierung der prognostizierten Plankosten hat sich bei der Cellular Phone AG ein zeitlicher Rhythmus von 6 Wochen eingependelt. Im Rahmen sogenannter Kostenmanagement-Klausuren stellen die Target Costing-Teams und die Process Owner den aktuellen Status an Maßnahmen zur Zielkostenerreichung vor. Die prognostizierten Plankosten werden aktualisiert, wenn die in Prozessoptimierungsteams erarbeiteten Maßnahmen zur Umsetzung freigegeben sind.

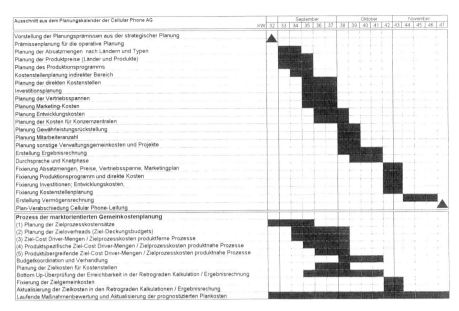

Abbildung 61: *Auszug aus dem Planungskalender und ablauforientierte Einbindung der marktorientierten Gemeinkostenplanung*

Da bei der Cellular Phone AG bereits 1997 Process Owner benannt wurden, konnte aus aufbauorganisatorischer Sicht die unter Abschnitt 6.6.3 vorgeschlagene Hierarchiedynamik umgesetzt werden. Aufgrund der Zweiteilung des Produktprozesses (vgl. Abschnitt 7.1.6) bei der Cellular Phone AG wurde das Zielkostenplanungsteam um den Leiter des Teams zur Produktdefinition, der die übergreifenden Interessen der Mehrproduktsicht vertritt, erweitert.

Im Verlauf der Aktionsforschung hat sich gezeigt, dass sich die Reduktion der Anzahl der Hauptprozesse im Rahmen der Überarbeitung der Hauptprozessstruktur nicht nur auf den erforderlichen Ressourceneinsatz zur inhaltlichen Planung, sondern auch auf die Planungskoordination positiv ausgewirkt hat. Allerdings wurde die funktionale Aufbauorganisation der Cellular Phone AG nicht verändert. Vielmehr ist die Prozessverantwortung für einen Hauptprozess jeweils einem Funktionsbereichsverantwortlichen zugeordnet, der damit auch die Verbesserung und Steuerung der funktionsbereichsübergreifenden Aspekte (in Personalunion) verantwortet. Aufgrund von Mehrfachzuordnungen werden derzeit 25 Hauptprozesse durch 10 Process Owner vertreten. Da beispielsweise der Verantwortliche für den Entwicklungsbereich neben der Prozessverantwortung für die Hauptprozesse 21 und 23 gleichzeitig die Budgetverantwortung für alle Entwicklungskostenstellen inne hat, konnte der Aufwand zur Koordination der Prozesskosten und Kostenstellenkosten zusätzlich reduziert werden.

7.4 Zusammenfassung und Beurteilung der Erkenntnisse aus der Aktionsforschung

Aus der Zusammenarbeit mit dem Praxispartner wurden folgende Erkenntnisse gewonnen:

■ Erstmals konnte die Funktionsfähigkeit einer verursachungsgerechten und marktorientierten Planung der Gemeinkosten im Rahmen des Target Costing in der Praxis umgesetzt und dargestellt werden.

■ Die Bestimmung der Zielgemeinkosten aus dem Product Reverse Engineering ermöglichte eine marktbezogene Ermittlung der Zielgemeinkosten. Da sowohl der erwartete Verkaufspreis des Wettbewerberproduktes als auch die direkten Produktkosten durch fundierte interne Analysen im interdisziplinären Team bestimmt wurden, wurden die Gemeinkostenziele von allen Funktionsbereichen akzeptiert. Mit dem kombinierten Methodeneinsatz zur Bestimmung der Zielgemeinkosten konnten Informationslücken hinsichtlich der Marktziele überbrückt werden.

■ Durch das Prozess-Benchmarking für die Hauptprozesse operative Beschaffung, lagergeführter Teile und Kundenanliegen betreuen, konnten weitere Gemeinkostenbereiche mit externen, wettbewerbsbezogenen Zielkostenvorgaben versehen werden. Mittel- bis langfristig wird der Anteil an marktorientiert bestimmten Zielgemeinkosten zunehmen, wenn wie geplant weitere Prozess-Benchmarking-Aktivitäten durchgeführt werden.

■ Der separate Ausweis der Overheads, der Kosten für produktferne und produktnahe Prozesse sowie der direkten Produktkosten und der detaillierte, verursachungsgerechte Ausweis der Gemeinkosten (im Vergleich zu wenigen Zuschlagssätzen) hat im Team großen Zuspruch gefunden. Im Rahmen eines gemeinsamen Nachbetrachtungsworkshops wurden hierfür die Möglichkeit zur Quantifizierung der Auswirkungen von Konzeptalternativen auf die Gemeinkosten und die Möglichkeit zur aktiven Gestaltung der produktnahen Gemeinkosten im Target Costing-Team genannt.

■ Die konsequente Trennung von Zielkosten und prognostizierten Plankosten sowie die damit mögliche Vorgabe von mittelfristigen Zielgemeinkosten wurde ebenfalls einhellig begrüßt. Die Vertreter aus Entwicklung, Produktion und Einkauf gaben als Grund dafür eine marktadäquate Verteilung der Kostensenkungsziele auf alle Funktionsbereiche an. Vertreter der Gemeinkostenbereiche begründeten dies mit der mittel- bis langfristigen Möglichkeit zur Reaktion auf die Marktanforderungen, obwohl sie erstmals mit derartigen Kostensenkungszielen im Rahmen des Target Costing konfrontiert wurden.

■ Die zeitliche und inhaltliche Koordination der produktbezogenen Planungen im Rahmen des Target Costing mit den prozess- und stellenbezogenen Planungen im Rahmen der operativen und strategischen Planung konnte bei der Cellular Phone AG aufgrund der starken Verzahnung der Planungsinstrumente ohne eine Verlängerung des Planungsprozesses erreicht werden. Da die Gemeinkostenbereiche erstmals prozessorientiert budgetiert wurden, kann von einer besseren Qualität der inhaltlichen Planung ausgegangen werden. Da alle Maßnahmen zur Kostensenkung jeweils schrittweise im Rahmen der marktorientierten Gemeinkostenplanung abgebildet wurden, hat sich das System bei der Cellular Phone AG zum zentralen Steuerungsinstrument für die Gemeinkosten entwickelt.

■ Aus aufbauorganisatorischer Sicht hat sich das Zielkostenplanungsteam bei der Cellular Phone AG als zentrale Institution zur Koordination der Kostenziele zwar bewährt, gleichzeitig wurden aber auch die Grenzen offensichtlich. Aufgrund der Mehrfachzuordnung der Hauptprozesse auf die 10 Process Owner wurde eine Mitgliederzahl von 18 Personen erreicht (10 Process Owner zzgl. 6 Target Costing Projekt Manager und 2 Mitarbeiter aus dem Controlling). Ein effizientes Arbeiten in diesem Team konnte nur durch eine gute Vorbereitung erreicht werden. Bei sehr großen Organisationen oder bei einer hohen Anzahl an Hauptprozessen oder Target Costing-Projekten müsste durch entsprechende Vertretungsregelungen eine Reduktion der Mitgliederzahl angestrebt werden.

■ Schließlich hat sich bei der Anwendung des Systems zur marktorientierten Gemeinkostenplanung gezeigt, dass die größte Barriere zur Umsetzung durch die anfangs schwierige Beschaffung der erforderlichen Cost Driver-Mengen entstand. Da nur ein geringer Anteil der Cost Driver-Mengen laufend systembasiert erhoben wurde, mussten zunächst entsprechende Abfragen für die ERP-Systeme programmiert werden. Erst auf Basis von Ist-Mengen aus der laufenden Abrechnungsperiode oder von Analysen der Vorgängerprodukte konnten die zur prozessorientierten Kostenplanung sowie zur Erstellung der Zielvereinbarungsblätter notwendigen Informationen beschafft werden. Da im Zeitablauf immer mehr Erfahrungswerte vorlagen, konnte aufgrund der einfachen Verständlichkeit nicht-monetärer Kennzahlen eine gute Basis zur prozessorientierten Mengenplanung und zur Anwendung der Zielvereinbarungsblätter erreicht werden. Es ist anzunehmen, dass die Informationsversorgung des Systems zur marktorientierten Gemeinkostenplanung durch den Aufbau einer Erfahrungsdatenbank hinsichtlich der Cost Driver-Mengen verbessert werden kann.

Zur abschließenden Dokumentation der durch die Aktionsforschung erzielten Wirkungen und Veränderungen, können über die bereits genannten Aspekte hinaus folgende Veränderungen der Messgrößen dokumentiert werden (siehe Abschnitt 1.4):

■ Die Beeinflussbarkeit der Gemeinkosten aus Sicht des Target Costing-Teams konnte, gemessen durch die prognostizierten Plankosten des Produktes P 2, verbessert werden. Im Vergleich zur Zuschlagskalkulation zu Beginn der Aktionsforschung konnten produktnahe Prozesse in Höhe von ca. 6% (an den vom Markt erlaubten Kosten) verursachungsgerecht und damit beeinflussbar verrechnet werden. Insgesamt wurden 33 Maßnahmen vom Zielkostenplanungsteam verabschiedet, die mittel- bis langfristig zur Erreichung der Zielgemeinkosten beitragen. Allerdings muss bei der Beurteilung beachtet werden, dass nicht vorhersehbar ist, welche der Maßnahmen auch ohne die Aktionsforschung ergriffen worden wären.

■ Bezogen auf das Produkt P 2 konnte aus dem Product Reverse Engineering ein übergreifendes Kostensenkungsziel im Gemeinkostenbereich von 3,6 Mio. GE im Jahr 2001 marktorientiert abgeleitet werden. Aufgrund begrenzter Ressourcen konnte im Geschäftsjahr 2001 lediglich ein Gemeinkostenvolumen von ca. 20 Mio. GE durch ein Prozess-Benchmarking über marktbezogene Größen abgesichert werden.

■ Wegen des Fixkostencharakters der Gemeinkosten wurden die Zielgemeinkosten für die Jahre 2001 und 2002 unter Abwägung der Marktanforderungen und der internen Gegebenheiten definiert. Für das Jahr 2001 ergab sich deshalb eine Abweichung von ca. 3% (bezogen auf die vom Markt erlaubten Kosten in der Retrograden Ergebnisrechnung) zwischen den Zielgemeinkosten und den in der Budgetplanung abgebildeten Gemeinkostenzielen (siehe auch Abbildung 58). Das komplette Gemeinkostenvolumen wurde sowohl auf Kostenstellen- als auch auf Prozessebene in die Budgetplanung übernommen.

■ Durch die Ausweitung des Planungshorizontes (von einem Jahr in der operativen Planung vor Beginn der Interaktion auf 3 Jahre) konnte der Vorlauf der Gemeinkostenplanung im Vergleich zum Kostenanfall um 2 Jahre erhöht werden, wodurch der nur mittel- bis langfristigen Abbaubarkeit der Gemeinkosten Rechnung getragen wird. Da erforderliche Kapazitätsanpassungen aus der Gegenüberstellung von prognostizierten Plankosten und Zielkosten frühzeitig erkannt werden können, unterstützt dies eine marktorientierte Gemeinkostensteuerung.

■ Der Aufwand zum Aufbau des Systems zur marktorientierten Gemeinkostenplanung wurde im Rahmen des Nachbetrachtungsworkshops bei vorliegender Prozesskostenrechnung auf insgesamt 80 Arbeitstage veranschlagt. Darin enthalten ist der Aufbau der prozessorientierten Retrograden Kalkulationen sowie der Retrograden Ergebnisrechnung, das Planungsmanagement, die inhaltliche Planung und die Abstimmung mit der operativen Planung. Da sowohl das Prozess-Benchmarking als auch das Product Reverse Engineering stark vom untersuchten Produkt bzw. Prozess und der Verfügbarkeit der Informationen abhängt, können hierzu keine Angaben gemacht werden. Der Mehraufwand für den laufenden Betrieb des Systems hinsichtlich des Planungsmanagement (mit der Organisation von Kostenmanagement-Klausuren) im Controllingbereich, wurde auf ca. 60 Arbeitstage pro Jahr im Vergleich zur Ausgangssituation vor der Aktionsforschung veranschlagt.

Abbildung 62 veranschaulicht die Entwicklung der Kosten für das Projekt P 2 im Zeitraum der Aktionsforschung. Obwohl es nicht um ein einmaliges Cost Cutting sondern um die Etablierung einer permanenten, marktorientierten

Steuerung der Gemeinkosten ging, konnte im Zeitraum von 10 Monaten ein signifikanter Anteil der Zielkostenlücke beseitigt werden.

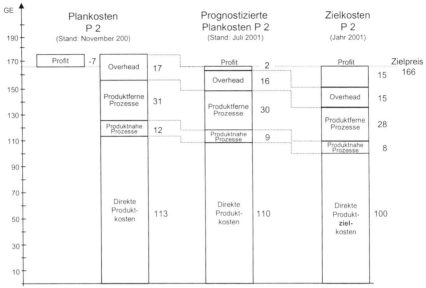

Abbildung 62: Entwicklung der Kosten für P 2 im Projektverlauf

Diese Indikatoren deuten darauf hin, dass die Forschungshypothese nicht falsifiziert wurde. Es muss allerdings hingewiesen werden, dass diese Ergebnisse nicht die Frage nach dem generellen Erfolgsbeitrag der Planung aus wissenschaftlicher Sicht beantworten können. Obwohl die Zielsetzungen der marktorientierten Gemeinkostenplanung im Rahmen des Target Costing bei der Cellular Phone AG erreicht wurden, bleibt die von *Ansoff* formulierte Frage „Does planning pay?" (vgl. Ansoff, H.I., et. al. 1970, S. 2ff., Al-Laham, A. 1997, S. 371ff.) hinsichtlich einer breiten empirischen Überprüfung offen.

7.5 Überlegungen zur allgemeinen Anwendbarkeit und Übertragung auf andere Unternehmen

Zur Sammlung erster Überlegungen hinsichtlich der allgemeinen Anwendbarkeit des Systems zur marktorientierten Gemeinkostenplanung im Rahmen des Target Costing, wurden zwei Workshops mit den Firmen MANN + HUMMEL Filterwerke GmbH und der SIEMENS AG aus dem Bereich Industrie durchgeführt. Gesprächspartner waren jeweils die Verantwortlichen im Controlling-Bereich. Im Anschluss an die Vorstellung des Systemaufbaus und der Ergebnisse aus der Aktionsforschung, wurden aus der Sicht der Teilnehmer folgende Problembereiche und Lösungsansätze hinsichtlich einer allgemeinen Anwendbarkeit des Systems genannt:

■ Problembereich Prozesskostenrechnung: Bei beiden Unternehmen liegen Prozesskosteninformationen nur für ausgewählte Prozesse in einer hohen Detaillierung vor. Da der Aufwand zur prozessorientierten Planung und Budgetierung mit der Anzahl abgebildeter Prozesse und Teilprozesse zunimmt, wurde vorgeschlagen, aufgrund der mit dem Planungshorizont einhergehenden Unsicherheit der Planungsinformationen auf ein „robustes" Prozesskostenmodell mit wenigen, wichtigen Cost Drivern, zurück zu greifen. Die Erfahrungen bei der Cellular Phone AG hinsichtlich der Informationsversorgung mit Erfahrungswerten über Cost Driver Mengen wurden von beiden Unternehmen bestätigt. Als Lösungsansatz wurde eine integrierte IT-Systemunterstützung zur Abbildung der Prozessmengen und Prozesskosten z.B. durch die Abbildung der Prozesskostenrechnung in SAP-Co ABC genannt.

■ Problembereich Komplexität des Produktionsprogrammes: Da beide Unternehmen mehrere tausend Produkte bzw. Varianten entwickeln und produzieren, ist die Erstellung einer prozessorientierten Retrograden Kalkulation für alle Produkte unter vertretbarem Aufwand sicherlich nicht möglich. Als Lösungsansatz wurde die Zusammenfassung der wichtigsten Varianten und Produkte zu Produktgruppen vorgeschlagen. Weiterhin könnten, zur Fokussierung auf die frühen Phasen der Produktentstehung, die bereits bestehenden Produkte summarisch geplant werden. Als weiterer Lösungsansatz wurde der Einsatz einer prozessorientierten Zuschlagskalkulation (siehe auch Abschnitt 4.1.2.2) angeregt. Mit dem Einsatz von (auf der Basis der Erkenntnisse aus der Prozesskostenrechnung ermittelten) variantenspezifischen Zuschlagssätzen, kann nach Angabe der Firmenvertreter auch eine Unterstützung durch Standard-IT-Systeme erreicht werden.

■ Problembereich Stücklisten, Arbeits- und Prozesspläne: Da insbesondere bei sehr innovativen Produkten keine Erfahrungen über die Kostenstrukturen, Stücklisten und Prozesspläne aus Vorgängerprodukten vorliegen, wurde der Einsatz der Methode bei diesen Produkten zunächst als kritisch eingeschätzt. Als Lösungsansatz wurde vorgeschlagen, im Target Costing-Projekt zunächst mit einem einzelkostenfokussierten Target Costing zu starten und erst dann, wenn die ersten Entwicklungsstücklisten vorliegen, die hier entwickelte Methodik einzusetzen.

■ Problembereich Marktzielbestimmung: Da eine marktorientierte Bestimmung der Zielgemeinkosten für alle Gemeinkosten in der Praxis nicht erreicht werden kann, wurde vorgeschlagen, für die verbleibenden Gemeinkostenpositionen (wie oben vorgeschlagen) prozess- und bereichsbezogene Kostensenkungsziele zu hinterlegen.

■ Problembereich Ressourceneinsatz: Zur Senkung des für die Umsetzung der marktorientierten Gemeinkostenplanung erforderlichen Ressourceneinsatzes wurde als Lösungsansatz der Aufbau eines IT-Tools zur automatisierten Datenverarbeitung angeführt.

Insgesamt wurde der Einsatz eines „robusten" Systems zur marktorientierten Gemeinkostenplanung im Rahmen des Target Costing (mit den obigen Optionen zur Modifikation) aus der Sicht der Firmenvertreter als möglich und sinnvoll erachtet. Auf die Frage, welche Aspekte aus Sicht der Praxis besonders interessant sind, wurde die konsequente Bestimmung und Vereinbarung von Zielgemeinkosten in den frühen Phasen der Produktentwicklung, die Verknüpfung zu dem Prozess-Benchmarking sowie den Product Reverse Engineering-Aktivitäten und die Übertragung des Marktdrucks auf die Gemeinkostenbereiche genannt. Allerdings bleibt anzumerken, dass der Nachweis der allgemeinen Anwendbarkeit bzw. des Nutzens der marktorientierten Gemeinkostenplanung und eine detaillierte Anpassung an die Erfordernisse verschiedener Branchen erst in weiteren Forschungsarbeiten erbracht werden kann.

8 Zusammenfassung und Ausblick

Das ursprünglich auf Einzelkosten fokussierte Konzept des Target Costing wurde im Rahmen dieser Arbeit schrittweise um die Perspektive der Gemeinkosten erweitert. Das zugrunde gelegte umfassende Target Costing-Verständnis verdeutlicht, dass eine Übertragung der Mechanismen des Target Costing eine Einbindung der Gemeinkostenbereiche in die frühzeitigen, marktorientierten Kostenplanungen und damit in die kostenorientierte Koordination des Target Costing erfordert.

Sowohl aus den Merkmalen des Target Costing als auch aus den Charakteristika der Gemeinkosten ergeben sich spezifische Anforderungen an eine Gemeinkostenplanung im Sinne der Aufgabenstellung. Die marktorientierte Gemeinkostenplanung im Rahmen des Target Costing muss langfristig-strategische Fragestellungen unterstützen, die Beziehungszusammenhänge der Kostenbestimmungsfaktoren abbilden, in allen Bereichen der Verwaltung anwendbar sein, die verursachungsgerechte und transparente Verrechnung voller Kosten unterstützen, eine lebenszyklusbezogene Kostenverrechnung ermöglichen, die differenzierte Beeinflussbarkeit der Gemeinkosten hinsichtlich der Kostenverantwortung sowie eine outputorientierte, mengenbezogene Kostenplanung unterstützen und wirtschaftlich sowie permanent mit hoher Akzeptanz einsetzbar sein.

Die Analyse bestehender Kostenrechnungssysteme und Gemeinkostenmanagement-Instrumente zeigt, dass die Anforderungen an die marktorientierte Gemeinkostenplanung im Rahmen des Target Costing aus konzeptioneller Sicht am Besten durch einen kombinierten Einsatz der Prozesskostenrechnung und der flexiblen Grenzplankostenrechnung erfüllt werden.

Die Analyse des State of the Art der Gemeinkostensplanung im Rahmen des Target Costing aus empirischer und theoretisch-konzeptioneller Sicht bestätigt den Forschungsbedarf und konkretisiert den Koordinationsbedarf zur Lösung der Aufgabenstellung. Soll die marktorientierte Gemeinkostenplanung koordinieren, so bedarf sie selbst der Koordination. Über den instrumentalen Koordinationsbedarf hinaus müssen ablauforganisatorische und aufbauorganisatorische Aspekte bedacht werden.

Auf der Basis der Systemtheorie wird im weiteren Verlauf der Arbeit die innovative Lösung durch das System zur marktorientierten Gemeinkostenplanung im Rahmen des Target Costing konkretisiert.

Im Rahmen des instrumentalen Teilsystems werden im ersten Schritt die Instrumente zur Bestimmung der Zielgemeinkosten näher beleuchtet und um die Ableitung von Zielgemeinkosten aus dem Prozess-Benchmarking sowie dem Product Reverse Engineering erweitert. In den zum Einsatz kommenden prozessorientierten Retrograden Kalkulationen werden die projektspezifischen Zielkosten und die prognostizierten Plankosten verursachungsgerecht ermittelt und einander gegenüber gestellt. Aufgrund der Charakteristika der Gemeinkosten hinsichtlich der Beeinflussbarkeit unterstützen Zielvereinbarungsblätter die Vereinbarung von Zielkosten und von Ziel-Cost Driver-Mengen. Die Verdichtung der einzelnen Retrograden Kalkulationen zu einer Retrograden Ergebnisrechnung realisiert erstmals das Konzept des Multi-Target Costing. Die Retrograde Prozesskosten-Matrix dient der Koordination der produktbezogenen Planungen im Target Costing mit den prozess- und stellenbezogenen Planungen der Gemeinkosten. Aufgrund der hier verfolgten Zielsetzung können die Instrumente zur Unterstützung der Zielkostenerreichung nur kurz angesprochen werden.

Das ablauforganisatorische Teilsystem beleuchtet den Prozess der marktorientierten Gemeinkostenplanung im Rahmen des Target Costing zur zeitlichen Koordination der aperiodischen Planungen im Rahmen des Target Costing mit den periodischen Planungen des Planungs- und Kontrollsystems.

Das aufbauorganisatorische Teilsystem beantwortet die Frage, welche Hierarchieebnen und Stellen mit welchen Aufgaben in welcher Reihenfolge an der marktorientierten Gemeinkostenplanung zu beteiligen sind. Dabei wird die Beteiligung der organisatorischen Stellen im Gemeinkostenbereich an der marktorientierten Gemeinkostenplanung konkretisiert. Dem Zielkostenplanungsteam, das sich aus Projektleitern, Prozessverantwortlichen und Vertretern des Controllingbereichs zusammensetzt kommt dabei eine zentrale Rolle bei der Vereinbarung und Erreichung von Zielgemeinkosten zu.

Im Rahmen der sich anschließenden Aktionsforschung wurde das System zur marktorientierten Gemeinkostenplanung in Zusammenarbeit mit einem Hersteller für Mobiltelefone implementiert und hinsichtlich der Anwendbarkeit und der erwarteten Wirkungen überprüft. Die Ergebnisse dienen darüber hinaus der erstmaligen Darstellung einer durchgängigen Einbindung der Gemeinkosten in das Target Costing. Es konnte gezeigt werden, dass mithilfe des Systems zur marktorientierten Gemeinkostenplanung die kostenorientierte Koordination der Gemeinkostenbereiche im Rahmen des Target Costing beim Praxispartner erreicht wurde und erste Ergebnisse hinsichtlich einer mittelfristigen Beeinflussung der Gemeinkosten erkennbar sind.

Die im vorhergehenden Abschnitt erarbeiteten Überlegungen zur allgemeinen Anwendbarkeit und zur Übertragung der Methodik auf andere Unternehmen zeigen mögliche Wege in Bezug auf eine Vereinfachung des Systems zum breiten Einsatz in der Praxis auf.

Die identifizierten Problembereiche für eine allgemeine Anwendbarkeit des Systems lassen sich auch als eine Aufforderung zur „Entfeinerung" der heute bereits zum Einsatz kommenden Instrumente interpretieren. Die Frage, ob eine weniger detaillierte Analyse der Prozesskosten für die langfristig-strategische Steuerung der kurzfristig, kaum beeinflussbaren, Gemeinkostenressourcen nicht generell zielführend wäre, kann hier allerdings nicht beantwortet werden. Eine Fokussierung der Aktivitäten auf wenige, wichtige Prozesse und die wichtigsten Cost Driver erscheint aus der Sicht des robusten Target Costing Ansatzes als praktikabel.

Entscheidend für den Erfolg des Target Costing für Potenziale, Programme und Prozesse in der Praxis, ist sicherlich nicht das übergenaue Rechnen mit ungenauen Zahlen. Ob sich die hier entwickelte Methode in der Praxis bewährt, hängt sicherlich zum großen Teil davon ab, ob es gelingt aus dem Target Costing heraus robuste Zielgemeinkosten abzuleiten und den Marktdruck über die zukünftigen Produkte in die Gemeinkostenbereiche zu tragen.

Literaturverzeichnis

Agthe, K. (1959): Stufenweise Fixkostendeckung im System des Direct Costing. In: ZfB, 29. Jg. (1959), H. 7, S. 404-418.

Agthe, K., Schnaufer, E. (1963) (Hrsg.): Unternehmensplanung. Baden-Baden 1963.

Ahlert, D., Franz, K.-P., Göppl, H. (1990) (Hrsg.): Finanz- und Rechnungswesen als Führungsinstrument. Wiesbaden 1990.

Akao, Y. (1992a): Eine Einführung in Quality Function Deployment. Aus: Akao, Y. (1992b) (Hrsg.): QFD - Quality Function Deployment. Landsberg a. Lech 1992. S. 15-34.

Akao, Y. (1992b) (Hrsg.): QFD - Quality Function Deployment. Landsberg a. Lech 1992.

Al-Laham, A. (1997): Strategieprozesse in deutschen Unternehmen. Verlauf, Struktur und Effizienz. Wiesbaden 1997.

Albach, H. (1988): Praxisorientierte Unternehmenstheorie und theoriegeleitete Unternehmenspraxis. In: ZfB, 58. Jg. (1988), H. 5/6, S. 630-647.

Ansari, S., Bell, J., CAM-I Target Cost Core Group (1997): Target Costing. The Next Frontier in Strategic Cost Management. Bedford 1997.

Ansoff, H.I., et. al. (1970): Does Planning Pay? The Effect of planning on the Success of Akquisitions in American Firms. In: Long Range Planning, o.Jg. (1970), December, S. 2-7.

Arnaout, A., Niemand, S., Wangenheim, S. v. (1997): Kostenmanagement. Aus: Gleich, R., Seidenschwarz, W. (1997) (Hrsg.): Die Kunst des Controlling. München 1997. S. 161-200.

Arnaout, A (2001): Target Costing in der deutschen Unternehmenspraxis. Eine empirische Untersuchung. München 2001.

Back-Hock, A. (1992): Produktlebenszyklusorientierte Ergebnisrechnung. Aus: Männel, W. (1992) (Hrsg.): Handbuch Kostenrechnung. Wiesbaden 1992. S. 703-714.

Backhaus, K., Funke, S. (1997): Fixkostenmanagement. Aus: Franz, K.-P., Kajüter, P. (1997a) (Hrsg.): Kostenmanagement. Stuttgart 1997. S. 29-43.

Bauer, H., Herrmann, A., Gutsche, J. (1995): Grundprobleme und Perspektiven einer gewinnmaximalen Produktgestaltung mittels des Conjoint + Cost-Ansatzes. In: ZfB, 65. Jg. (1995), H. 12, S. 1443-1451.

Bauer, H., Herrmann, A., Mengen, A. (1994): Eine Methode zur gewinnmaximalen Produktgestaltung auf der Basis des Conjoint Measurement. In: ZfB, 64. Jg. (1994), H. 1, S. 81-94.

Beinhauer, M., Schellhass, K.-U. (1997): Gemeinkosten- und Ressourcenmanagement im administrativen Bereich. Aus: Freidank, C.-C., Goetze, U., Huch, B., Weber, J. (1997) (Hrsg.): Kostenmanagement - Neuere Konzepte und Anwendungen. Berlin 1997. S. 403-424.

Berens, W., Hoffjan, A., Kopplin, W., Zahn, W. (1995): Das Management von Gemeinkosten im Target Costing-Prozess am Beispiel eines Automobilzulieferers. In: krp, 39. Jg. (1995), H. 5, S. 261-267.

Berliner, C., Brimson, J.A. (1988): Cost Management for Today's Advanced Manufacturing Environment - The CAM-I Conceptual Design. Boston, Mass. 1988.

Bleicher, K. (1963): Organisation der Unternehmensplanung. Aus: Agthe, K., Schnaufer, E. (1963) (Hrsg.): Unternehmensplanung. Baden-Baden 1963. S. 121-161.

Bleicher, K., Meyer, E. (1976): Führung in der Unternehmung - Formen und Modelle. Reinbek (Hamburg) 1976.

Braun, S. (1996): Die Prozesskostenrechnung - Ein fortschrittliches Kostenrechnungssystem? 2. Auflage 1996.

Brede, H. (1993): Entwicklungstrends in Kostenrechnung und Kostenmanagement. In: Schweizerische Zeitschrift für betriebswirtschaftliche Forschung und Praxis, 47. Jg. (1993), H. 1, S. 1-38.

Brimson, J., Antos, J. (1999): Driving Value Using Activity-Based Budgeting. New York, Chichester, Brisbane, u.a. 1999.

Brockhoff, K. (1988): Forschung und Entwicklung - Planung und Kontrolle. München, Wien 1988.

Brokemper, A. (1998): Strategieorientiertes Kostenmanagement. München 1998.

Brokemper, A., Gleich, R. (1998): Benchmarking von Arbeitsvorbereitungsprozessen in der Maschinenbaubranche. In: krp, 42. Jg. (1998), H. 1, S. 16-25.

Brunner, F. J. (1992): Produktplanung mit Quality Function Deployment QFD. In: io Management Zeitschrift, 61. Jg. (1992), H. 6, S. 42-46.

Buchner, H. (2000): Gestaltung der Planung im turbulenten Umfeld: Konzeption idealtypischer Planungssysteme für Unternehmenskonfigurationen. Dissertation. o.O. 2000. Dissertation an der Universität Stuttgart.

Buggert, W., Wielpütz, A. (1995): Target Costing. Grundlagen und Umsetzung des Zielkostenmanagements. München 1995.

Bunce, P., Fraser, R., Hope, J. (2001): Beyond budgeting - The Barrier Breakers: Aus: Horváth, P. (2001) (Hrsg.): Strategien erfolgreich umsetzen. Stuttgart 2001. S. 55-76.

Camp, R.C. (1989): Benchmarking. The Search for Industry Best Practice that Lead to Superior Performance. Milwaukee, Wisconsin 1989.

Camp, R.C. (1994): Benchmarking. München, Wien. 1994.

Chmielewicz, K. (1983) (Hrsg.): Entwicklungslinien der Kosten- und Erlösrechnung. Stuttgart 1983.

Chmielewicz, K., Schweitzer, M. (1992) (Hrsg.): Handwörterbuch des Rechnungswesens. 2. Auflage Stuttgart 1992.

Claassen, U. (1998): Target Investment als Controllinginstrument. Aus: Horváth, P. (1998a) (Hrsg.): Innovative Controlling-Tools und Konzepte von Spitzenunternehmen: Controlling der Champions. Stuttgart 1998. S. 151-164.

Claassen, U., Ellssel, R. (1997): Produktbusinesspläne als operative Umsetzung von Target Costing und Target Investment. Aus: Franz, K.-P., Kajüter, P. (1997a) (Hrsg.): Kostenmanagement. Stuttgart 1997. S. 127-140.

Claassen, U., Hilbert, H. (1994): Durch Target Costing und Target Investment zur kompromisslosen Kundenorientierung bei Volkswagen. Aus: Horváth, P. (1994) (Hrsg.): Kunden und Prozesse im Fokus. Controlling und Reengineering. Stuttgart 1994. S. 145-159.

Clark, K.B., Fujimoto, T. (1991): Heavyweight product managers. In: The McKinsey Quarterly, o. Jg. (1991), H. 1, S. 42-60.

Coenenberg, A.G. (1999): Kostenrechnung und Kostenanalyse. Landsberg a. Lech 1999.

Coenenberg, A.G., Fischer, T.M. (1991): Prozesskostenrechnung - Strategische Neuorientierung in der Kostenrechnung. In: DBW, 51. Jg. (1991), H. 1, S. 21-38.

Coenenberg, A.G., Fischer, T.M. (1996): Strategisches Kostenmanagement. Aus: Eversheim, W., Schuh, G. (1996) (Hrsg.): Betriebshütte - Produktion und Management. 7. Auflage. Berlin, Heidelberg, New York. 1996. S. 8.38-8.46.

Coenenberg, A.G., Fischer, T.M., Schmitz, J. (1994): Target Costing und Product Life Cycle Costing als Instrumente des Kostenmanagements. In: Zeitschrift für Planung, Jg. 1994, H. 5, S. 1-38.

Communication Networks (1999): Planungsdaten für Kommunikationsstrategie im Markt der Telekommunikation - Version 3.0. München 1999.

Cooper, R. (1995): When Lean Enterprise Collide: Competing through Confrontation. Boston, Mass. 1995.

Cooper, R. (1997): The Changing Practice of Management Accounting. A US-Perspective of Cost Management. Aus: Franz, K.-P., Kajüter, P. (1997a) (Hrsg.): Kostenmanagement. Stuttgart 1997. S. 449-465.

Cooper, R., Kaplan, R.S. (1988): How Cost Accounting Distorts Product Costs. In: Management Accounting (USA), 69. Jg. (1988), H. 4, S. 20-27.

Cooper, R., Slagmulder, R. (1997): Target Costing and Value Engineering. Monvale 1997.

Daenzer, W.F. (1988): Systems Engineering - Leitfaden zur methodischen Durchführung umfangreicher Planungsvorhaben. 6. Auflage. Zürich 1988.

Dambrowski, J. (1992): Wie man mit Lean Target Costing effizient arbeiten kann. Aus: Horváth, P. (1992) (Hrsg.): Effektives und schlankes Controlling. Stuttgart 1992. S. 277-288.

Dambrowski, J., Hieber, W. (1997): Activity Based Budgeting (ABB) - Effizienzsteigerung in der Budgetierung. Aus: Gleich, R., Seidenschwarz, W. (1997) (Hrsg.): Die Kunst des Controlling. München 1997. S. 293-312.

Deisenhofer, T. (1993): Marktorientierte Kostenplanung auf Basis von Erkenntnissen bei der AUDI AG. Aus: Horváth, P. (1993a) (Hrsg.): Target Costing - Marktorientierte Zielkosten in der deutschen Praxis. Stuttgart 1993. S. 93-117.

Dellmann, K., Franz, K.-P. (1994) (Hrsg.): Neuere Entwicklungen im Kostenmanagement. Bern, Stuttgart, Wien 1994.

Dittmar, J. (1996): Konzeptioneller Weiterentwicklungsbedarf bei der Zielkostenplanung. In: ZfP, 7. Jg. (1996), H. 7, S. 181-192.

Dittmar, J. (1997): Prototypengestützte Zielkostenplanung. Kostenmanagement an der Schnittstelle zwischen Entwicklung und Controlling. München 1997.

Dorn, G. (1992): Geschichte der Kostenrechnung. Aus: Chmielewicz, K., Schweitzer, M. (1992) (Hrsg.): Handwörterbuch des Rechnungswesens. 2. Auflage Stuttgart 1992. S. Sp. 722-729.

Ehrlenspiel, K. (1995): Integrierte Produktentwicklung - Methoden für Prozessorganisation, Produkterstellung und Konstruktion. München, Wien 1995.

Ellram, L.M. (1999): The Role of Supply Management in Target Costing. o.a. 1999.

Esser, J. (1999): Die Verknüpfung von Wertmanagement und Target Costing zur Steuerung strategischer Geschäftseinheiten. Controlling Forschungsbericht Nr. 57, Betriebswirtschaftliches Institut der Universität Stuttgart, Lehrstuhl Controlling. Als Manuskript gedruckt.

Eversheim, W., Schuh, G. (1996) (Hrsg.): Betriebshütte - Produktion und Management. 7. Auflage. Berlin, Heidelberg, New York. 1996.

Ewert, R. (1997): Target Costing und Verhaltenssteuerung. Aus: Freidank, C.-C., Goetze, U., Huch, B., Weber, J. (1997) (Hrsg.): Kostenmanagement - Neuere Konzepte und Anwendungen. Berlin 1997. S. 299-321.

Ewert, R., Wagenhofer, A. (1997): Interne Unternehmensrechnung. 3. Auflage. Berlin, Heidelberg, u.a. 1997.

Finkeißen, A., Teichert, L.G. (1998): Prozessorientierte Deckungsbeitragsrechnung mit PROZESSMANAGER und OLAP-Datenbanken. In: krp, 42. Jg. (1998), H. Sonderheft 2, S. 77-83.

Fischer, J., Koch, R., Schmidt-Faber, B., u.a. (1993): Gemeinkosten vermeiden durch entwicklungsbegleitende Prozesskalkulation. Ein Ansatz zur konstruktionssynchronen Prognose von Lebenszykluskosten Aus: Horváth, P. (1993b) (Hrsg.): Marktnähe und Kosteneffizienz schaffen. Stuttgart 1993. S. 259-274.

Fischer, T.M. (1993): Kostenmanagement strategischer Erfolgsfaktoren. München 1993.

Fischer, T.M. (2000) (Hrsg.): Kosten-Controlling: Neue Methoden und Inhalte. Stuttgart 2000.

Franz, K.-P. (1990): Die Prozesskostenrechnung. Aus: Ahlert, D., Franz, K.-P., Göppl, H. (1990, Hrsg.) (Hrsg.): Finanz- und Rechnungswesen als Führungsinstrument. Wiesbaden 1990. S. 109-136.

Franz, K.-P. (1992a): Die Prozesskostenrechnung. Entstehungsgründe, Aufbau und Abgrenzung von anderen Kostenrechnungssystemen. In: WiSt, Jg. 1992, H. 12, S. 605-610.

Franz, K.-P. (1992b): Moderne Methoden der Kostenbeeinflussung. Aus: Männel, W. (1992) (Hrsg.): Handbuch Kostenrechnung. Wiesbaden 1992. S. 1492-1505.

Franz, K.-P. (1993): Target Costing. Konzept und kritische Bereiche. In: Controlling, 5. Jg. (1993), H. 3, S. 124-130.

Franz, K.-P., Kajüter, P. (1997a) (Hrsg.): Kostenmanagement. Stuttgart 1997.

Franz, K.P., Kajüter, P. (1997b): Kostenmanagement in Deutschland. Ergebnisse einer empirischen Untersuchung in deutschen Großunternehmen. Aus: Franz, K.-P., Kajüter, P. (1997a) (Hrsg.): Kostenmanagement. Stuttgart 1997. S. 481-501.

Franz, K.-P., Kajüter, P. (1997c): Proaktives Kostenmanagement als Daueraufgabe. Aus: Franz, K.-P., Kajüter, P. (1997a) (Hrsg.): Kostenmanagement. Stuttgart 1997. S. 5-27.

Fraser, R., Hope, J. (2001): Beyond Budgeting. In: Controlling, 13. Jg. (2001), H. 8/9, S. 437-442.

Freidank, C.-C. (1993): Unterstützung des Target Costing mithilfe der Prozesskostenrechnung. Aus: Horváth, P. (1993b) (Hrsg.): Marktnähe und Kosteneffizienz schaffen. Stuttgart 1993. S. 207-232.

Freidank, C.-C., Goetze, U., Huch, B., Weber, J. (1997) (Hrsg.): Kostenmanagement. Neuere Konzepte und Anwendungen. Berlin 1997.

Friedrichs, J. (1990): Methoden empirischer Sozialforschung. 14. Auflage 1990. Opladen 1990.

Fröhling, O. (1994a): Zielkostenspaltung als Schnittstelle zwischen Target Costing und Target Cost Management. In: krp, 38. Jg. (1994), H. 6, S. 421-425.

Fröhling, O. (1994b): Verbesserungsmöglichkeiten und Entwicklungsperspektiven von Conjoint + Cost. In: ZfB, 64. Jg. (1994), H. 9, S. 1143-1164.

Fröhling, O., Wullenkord, A. (1991): Das japanische Rechnungswesen ist viel stärker markt- und strategieorientiert. In: io Management Zeitschrift, 60. Jg. (1991), H. 3, S. 69-73.

Fürtjes, H.T. (1989): Planungsorgane. Aus: Szyperski, N., Winand, U. (1989) (Hrsg.): Handwörterbuch der Planung. Stuttgart 1980. S. Sp. 1464-1468.

Gaiser, B., Kieninger, M. (1993): Fahrplan für die Einführung des Target Costing. Aus: Horváth, P. (1993a) (Hrsg.): Target Costing - Marktorientierte Zielkosten in der deutschen Praxis. Stuttgart 1993. S. 53-74.

Gaitanides, M. (1983): Prozessorganisation. Entwicklung, Ansätze und Programme prozessorientierter Organisationsgestaltung. München 1983.

Gerpott, T. J. (1998): Wettbewerbsstrategien im Telekommunikationsmarkt. 3. überarbeitete und erweiterte Auflage Stuttgart 1998.

Gilbert, X., Strebel, P. (1987): Strategies to outpace the competition. In: The Journal of Business Strategy, 8. Jg. (1987), H. 2, S. 28-36.

Glaser, H. (1996): Prozesskostenrechnung und Kalkulationsgenauigkeit - Zur allgemeinen Erfassung von Kostenverzerrungen. In: krp, 40. Jg. (1996), H. 1, S. 28-34.

Gleich, R. (1996): Target Costing für die montierende Industrie. München 1996.

Gleich, R. (1997): Stichwort: Performance Measurement. In: DBW, 57. Jg. (1997), H. 1, S. 114-117.

Gleich, R. (1998a): Gemeinkostenmanagement - Marktorientierte Produkt- und Prozessgestaltung mit Target Costing. FVA-Abschlussbericht. Stuttgart 1998.

Gleich, R. (1998b): Target Costing für die Antriebsbranche. In: Antriebstechnik, 37. Jg. (1998), H. 12, S. 57-62.

Gleich, R. (2001): Das System des Performance Measurement. München 2001.

Gleich, R., Seidenschwarz, W. (1997) (Hrsg.): Die Kunst des Controlling. München 1997.

Gomez, P. (1979): Die Systemmethodik zur Lösung von Managementproblemen. Ein Anwendungsbeispiel. Aus: Malik, F. (1979) (Hrsg.): Praxis des systemorientierten Managements. Bern, Stuttgart 1979. S. 155-175.

Göpfert, I. (1993): Budgetierung. Aus: Wittmann, W., Kern, W., Köhler, R., Küpper, H.-U., Wysocki, K.v. (1993) (Hrsg.): Handwörterbuch der Betriebswirtschaftslehre, Band 1, 5. Auflage Stuttgart 1993. S. Sp. 589-602.

Gramoll, E., Lisson, F. (1989): Gemeinkosten-Wertanalyse. Darmstadt 1989.

Grevelius, S. (2001): Thirty successful years without budget. Experiences from a financial company. In: Controlling, 13. Jg. (2001), H. 8/9, S. 443-446.

Groth, U., Kammel, A. (1994): Simultaneous Engineering auf der Basis ressortübergreifender Projektteams. In: ZfO, 63. Jg. (1994), H. 3, S. 177-182.

Grünewald, H.-G. (1982): Verbesserung der unternehmensinternen Effizienz durch Gemeinkosten-Wertanalyse. In: ZfO, 51. Jg. (1982), H. 5-6, S. 254-256.

Gutenberg, E. (1983): Grundlagen der Betriebswirtschaftslehre, 1. Band: Die Produktion, 24. unveränderte Auflage. Berlin, Heidelberg, New York. 1983.

IFUA Horváth & Partner GmbH (1991) (Hrsg.): Prozesskostenmanagement. München 1991.

Hahn, D. (1996): PuK, Controllingkonzepte: Planung und Kontrolle, Planungs- und Kontrollsysteme, Planungs- und Kontrollsysteme. 5. überarb. und erw. Aufl. Wiesbaden 1996.

Hahn, D. (1997): Controlling in Deutschland - State of the Art. Aus: Gleich, R., Seidenschwarz, W. (1997) (Hrsg.): Die Kunst des Controlling. München 1997. S. 13-46.

Hauser, J.R., Clausing, D. (1988): Wenn die Stimme des Kunden bis in die Produktion vordringen soll. In: HM, 10. Jg. (1988), H. 4, S. 57-70.

Heinrich, L.J., Pomberg, G., Schauer, R. (1991) (Hrsg.): Die Informationswirtschaft im Unternehmen. Linz 1991.

Heßen, H.-P., Wesseler, S. (1994): Marktorientierte Zielkostensteuerung bei der Audi AG. In: Controlling, 6. Jg. (1994), H. 3, S. 148-154.

Hiromoto, T. (1988): Another Hidden Edge - Japanese Management Accounting. In: HBR, 66. Jg. (1988), H. 4, S. 22 - 26.

Hiromoto, T. (1989a): Comparison between Japanese and Western accounting systems. Aus: Horváth, P. (1989) (Hrsg.): Internationalisierung des Controlling. Stuttgart 1989. S. 26-27.

Hiromoto, T. (1989b): Management Accounting in Japan. In: Controlling, 1. Jg. (1989), H. 6, S. 316-322.

Hiromoto, T. (1989c): Das Rechnungswesen als Innovationsmotor. In: HM, 11. Jg. (1989), H. 1, S. 129-133.

Hoffmann, H. (1983): Wertanalyse. Ein Weg zur Erschließung neuer Rationalisierungsquellen. 2. Auflage. Berlin 1983.

Holst, J. (1992): Der Wandel im Dienstleistungsbereich. In: Controlling, 4. Jg. (1992), H. 5, S. 260-267.

Homburg, C., Harald-Englisch, M. (1997): Kennzahlengestütztes Benchmarking im Beschaffungsbereich: Konzeptionelle Aspekte und empirische Befunde. In: DBW, 57. Jg. (1997), H. 1, S. 48-64.

Horváth & Partner (1998) (Hrsg.): Prozesskostenmanagement: Methodik und Anwendungsfelder. 2., völlig überarb. Auflage, München 1998.

Horváth, P. (1989) (Hrsg.): Internationalisierung des Controlling. Stuttgart 1989.

Horváth, P. (1990a) (Hrsg.): Strategieunterstützung durch das Controlling. Revolution im Rechnungswesen. Stuttgart 1990.

Horváth, P. (1990b): Revolution im Rechnungswesen: Strategisches Kostenmanagement. Aus: Horváth, P. (1990a) (Hrsg.): Strategieunterstützung durch das Controlling. Revolution im Rechnungswesen. Stuttgart 1990. S. 175-193.

Horváth, P. (1991) (Hrsg.): Synergien durch Schnittstellen-Controlling. Stuttgart 1991.

Horváth, P. (1992) (Hrsg.): Effektives und schlankes Controlling. Stuttgart 1992.

Horváth, P. (1993a) (Hrsg.): Target Costing - Marktorientierte Zielkosten in der deutschen Praxis. Stuttgart 1993.

Horváth, P. (1993b) (Hrsg.): Marktnähe und Kosteneffizienz schaffen. Stuttgart 1993.

Horváth, P. (1994) (Hrsg.): Kunden und Prozesse im Fokus. Controlling und Reengineering. Stuttgart 1994.

Horváth, P. (1995) (Hrsg.): Controlling-Prozesse optimieren. Stuttgart 1995.

Horváth, P. (1997): Die "Vorderseite" der Prozessorientierung. In: Controlling, 9. Jg. (1997), H. 2, S. 114-115.

Horváth, P. (1998a) (Hrsg.): Innovative Controlling-Tools und Konzepte von Spitzenunternehmen: Controlling der Champions. Stuttgart 1998.

Horváth, P. (1998b): Controlling. 7., vollst. überarb. Aufl. München 1998.

Horváth, P. (1998c): Funktion und Organisation des Target Costing im Controllingsystem. In: krp, 42. Jg. (1998), Sonderheft 1, S. 75-80.

Horváth, P. (2001) (Hrsg.): Strategien erfolgreich umsetzen. Stuttgart 2001.

Horváth, P., Brokemper, A. (1997): Strategieorientiertes Kostenmanagement - Thesen zum Einsatz von Kosteninformationen im strategischen Planungsprozess. Arbeitspapier Lehrstuhl Controlling der Universität Stuttgart, Stuttgart 1997. Als Manuskript gedruckt.

Horváth, P., Niemand, S., Wolbold, M. (1993): Target Costing - State of the Art. Aus: Horváth, P. (1993a) (Hrsg.): Target Costing - Marktorientierte Zielkosten in der deutschen Praxis. Stuttgart 1993. S. 2-27.

Horváth, P., Gleich, R., Scholl, K. (1996): Vergleichende Betrachtung der bekanntesten Kalkulationsmethoden für das kostengünstige Konstruieren. In: krp, 40. Jg. (1996), H. Sonderheft 1, S. 53-62.

Horváth, P., Gleich, R. (1998): Komplexitätsmanagement mit Prozess-Benchmarking und Performance Measurement In: VDI Berichte, Jg. 1998, H. Nr. 1434, S. 175-195.

Horváth, P., Herter, R.N. (1992): Benchmarking - Vergleich mit dem Besten der Besten. In: Controlling, 4. Jg. (1992), H. 1, S. 4-11.

Horváth, P., Kieninger, M., Mayer, R., Schimank, C. (1993): Prozesskostenrechnung - oder wie die Praxis die Theorie überholt. In: DBW, 53. Jg. (1993), H. 5, S. 608-628.

Horváth, P., Mayer, R. (1989): Prozesskostenrechnung - Der neue Weg zu mehr Kostentransparenz und wirkungsvolleren Unternehmensstrategien. In: Controlling, 1. Jg. (1989), H. 4, S. 214-219.

Horváth, P., Mayer, R. (1993): Prozesskostenrechnung - Konzeption und Entwicklungen. In: krp, 37. Jg. (1993), H. Sonderheft 2, S. 15-28.

Horváth, P., Seidenschwarz, W. (1991): Strategisches Kostenmanagement der Informationsverarbeitung. Aus: Heinrich, L.J., Pomberg, G., Schauer, R. (1991) (Hrsg.): Die Informationswirtschaft im Unternehmen. Linz 1991. S. 297-322.

Horváth, P., Seidenschwarz, W. (1992): Zielkostenmanagement. In: Controlling, 4. Jg. (1992), H. 3, S. 142-150.

Horváth, P., Seidenschwarz, W., Sommerfeldt, H. (1993): Kostenmanagement - Warum die Schildkröte gewinnt. In: HBM, 15. Jg. (1993), H. 3, S. 10-18.

Horváth. P., Reichmann, T. (1993) (Hrsg.): Vahlens großes Controllinglexikon. München 1993.

Huber, R. (1987): Gemeinkosten-Wertanalyse. 2. Auflage Bern, Stuttgart 1987.

Hummel, S. (1992): Die Forderung nach entscheidungsrelevanten Kosteninformationen. Aus: Männel, W. (1992) (Hrsg.): Handbuch Kostenrechnung. Wiesbaden 1992. S. 76-96.

Hummel, S., Männel, W. (1993): Kostenrechnung 2. Moderne Verfahren und Systeme. 3. Auflage, Nachdr. Wiesbaden 1993.

Hummel, S., Männel, W. (1995): Kostenrechnung 1, Grundlagen, Aufbau und Anwendung., 4. Auflage, Nachdr., Wiesbaden 1995.

Jehle, E. (1992): Gemeinkostenmanagement. Aus: Männel, W. (1992) (Hrsg.): Handbuch Kostenrechnung. Wiesbaden 1992. S. 1506-1523.

Kajüter, P. (1997a): Unternehmenskultur: Erfolgsfaktor für das Kostenmanagement. Aus: Franz, K.-P., Kajüter, P. (1997a) (Hrsg.): Kostenmanagement. Stuttgart 1997. S. 81-94.

Kajüter, P. (1997b): Prozessmanagement und Prozesskostenrechnung. Aus: Franz, K.-P., Kajüter, P. (1997a) (Hrsg.): Kostenmanagement. Stuttgart 1997. S. 209-231.

Kano, N. (1993): A perspectice on quality activities in american firms. In: California Management Review, o. Jg. (1993), H. 1, S. 12-31.

Kaplan, R.S. (1990) (Hrsg.): Measurement for Manufacturing Excellence. Bosten, Mass. 1990.

Kaplan, R.S., Norton, D.P. (2000): The strategy-focused organization - how balanced scorecards companies thrive in the new business environment. Boston, Mass. 2000.

Kaplan, R.S., Cooper, R. (1997): Cost & Effect - Using Integrated Cost Systems to Drive Profitability and Performance. Boston, Mass. 1997.

Kaplan, R.S., Norton, D.P. (1992a): In Search of Excellence - der Maßstab muss neu definiert werden. In: HM, 14. Jg. (1992), H. 4, S. 37-46.

Kaplan, R.S., Norton, D.P. (1992b): The Balanced Scorecard - Measures that Drive Performance. In: HBR, 70. Jg. (1992), H. 1, S. 71-85.

Karlöf, B., Östblom, S. (1994): Das Benchmarking-Konzept. München 1994.

Kieninger, M. (1998): Reengineering und Prozessoptimierung. Aus: Horváth & Partner (1998) (Hrsg.): Prozesskostenmanagement: Methodik und Anwendungsfelder. 2., völlig überarb. Auflage, München 1998. S. 28-45.

Kieser, A., Kubicek, H. (1992): Organisation. 3. Auflage. Berlin, New York, 1992.

Kilger, W. (1993): Flexible Plankostenrechnung und Deckungsbeitragsrechnung, 10. Aufl., vollst. überarb. und erw. von Kurt Vikas. Wiesbaden 1993.

Kleinfeld, K. (1994): Benchmarking - Ein Weg zu permanenter Verbesserung. München 1994.

Kloock, J. (1991): Prozesskostenrechnung als Rückschritt und Fortschritt der Kostenrechnung. Diskussionsbeiträge zum Rechnungswesen, Universität zu Köln, Wirtschafts- und Sozialwissenschaftliche Fakultät, Beitrag Nr. 3, November 1991. Als Manuskript gedruckt.

Kosiol, E. (1976): Organisation der Unternehmung. 2. Auflage. Wiesbaden 1972.

Kothler, P., Bliemel, F. (1992): Marketing-Management. 7., vollständig neu bearbeitete und für den deutschen Sprachraum erweiterte Auflage, Stuttgart 1992.

Kromrey, H. (1998): Empirische Sozialforschung. Opladen 1998.

Krystek, U., Zumbrock, S. (1993): Planung und Vertrauen. Die Bedeutung von Vertrauen und Misstrauen für die Qualität von Planungs- und Kontrollsystemen. Stuttgart 1993.

Kucher, E,. Simon, H. (1987): Conjoint-Measurement - Durchbruch bei der Preisentscheidung. In: HM, 9. Jg. (1987), H. 3, S. 28-36.

Kühn, R. (1978): Entscheidungslogik und Unternehmenspolitik. Bern, Stuttgart 1978.

Küpper, H.-U. (1991): Prozesskostenrechnung - ein strategischer Ansatz? In: DBW, 51. Jg. (1991), H. 3, S. 388-390.

Küpper, H.-U. (1994): Vergleichende Analyse moderner Ansätze des Gemeinkostenmanagements. Aus: Dellmann, K., Franz, K.-P. (1994) (Hrsg.): Neuere Entwicklungen im Kostenmanagement. Bern, Stuttgart, Wien 1994. S. 31-77.

Küpper, H.-U., Weber, J., Zünd, A. (1990): Zum Verständnis und Selbstverständnis des Controlling. In: ZfB, 60. Jg. (1990), H. 3, S. 281-293.

Kütting, K., Lorson, P. (1991): Grenzplankostenrechnung versus Prozesskostenrechnung. In: Betriebsberater, 46. Jg. (1991), H. 21, S. 1421-1433.

Lakatos, I., Musgrave, A. (1970) (Hrsg.): Criticism and the Growth of Knowledge. Cambridge, Mass. 1970.

Lamla, J. (1995): Prozess-Benchmarking München 1996.

Listl, A. (1998): Target Costing zur Ermittlung der Preisuntergrenze. Frankfurt a. M. 1998.

Malik, F. (1979) (Hrsg.): Praxis des systemorientierten Managements. Bern, Stuttgart 1979.

Männel, W. (1992) (Hrsg.): Handbuch Kostenrechnung. Wiesbaden 1992.

Männel, W. (1993a): Thesen zur heutigen und künftigen Bedeutung der Deckungsbeitragsrechnung. In: krp, 37. Jg. (1993), H. 6, S. 350-354.

Männel, W. (1993b): Moderne Konzepte für Kostenrechnung, Controlling und Kostenmanagement. In: krp, 37. Jg. (1993), H. 2, S. 69-78.

Männel, W. (1993c): Kostenmanagement als Aufgabe der Unternehmensführung. In: krp, 37. Jg. (1993), H. 4, S. 210-213.

Männel, W. (1994): Frühzeitige Kostenkalkulation und lebenszyklusbezogene Ergebnisrechnung. In: krp, 38. Jg. (1994), H. 2, S. 106-110.

Männel, W. (1995): Ziele und Aufgabenfelder des Kostenmanagements. Aus: Reichmann, T. (1995b) (Hrsg.): Handbuch Kosten- und Erfolgs-Controlling. München 1995. S. 25-45.

Männel, W. (1997): Frühzeitige Produktkostenkalkulation für das Kostenmanagement. Aus: Gleich, R., Seidenschwarz, W. (1997) (Hrsg.): Die Kunst des Controlling. München 1997. S. 202-229.

Mayer, R. (1993a): Prozesskostenrechnung. Aus: Horváth. P., Reichmann, T. (1993) (Hrsg.): Vahlens großes Controllinglexikon. München 1993. S. 532-533.

Mayer, R. (1993b): Target Costing und Prozesskostenrechnung. Aus: Horváth, P. (1993a) (Hrsg.): Target Costing - Marktorientierte Zielkosten in der deutschen Praxis. Stuttgart 1993. S. 77-92.

Mayer, R. (1998a): Kapazitätskostenrechnung. Neukonzeption einer kapazitäts- und prozessorientierten Kostenrechnung. München 1998.

Mayer, R. (1998b): Prozesskostenrechnung - State of the Art. Aus: Horváth & Partner (1998) (Hrsg.): Prozesskostenmanagement: Methodik und Anwendungsfelder. 2., völlig überarb. Auflage, München 1998. S. 3-28.

McNair, C.J., Mosconi, W., Norris, Th. (1989) (Hrsg.): Beyond the Bottom Line - Measuring World Class Performance. Homewood, Ill. 1989.

Mellerowicz, K. (1979): Planung und Plankostenrechnung. Band 1, Betriebliche Planung. Freiburg 1979.

Menred, S. (1983): Vollkostenrechnung. Aus: Chmielewicz, K. (1983) (Hrsg.): Entwicklungslinien der Kosten- und Erlösrechnung. Stuttgart 1983. S. 1-15.

Mensch, G. (1998): Kosten-Controlling. München 1998.

Mertens, P. (1997): Perspektiven der Prozessorientierung. In: Controlling, 9. Jg. (1997), H. 2, S. 110-111.

Merz, M.C., Hardy, A. (1993): ABC Puts Accountants on Design Team at HP. In: Management Accounting (UK), Jg. 1993, H. 9, S. 22-27.

Meyer-Piening, A. (1990): Zero-Base Planning: Zukunftssicherndes Instrument der Gemeinkostenplanung. Köln 1990.

Miles, L. (1961): Techniques of Value Analysis and Engineering. New York 1961.

Miller, J.-G., Vollmann, T.E. (1985): The hidden Factory. In: HBR, 63. Jg. (1985), H. 5, S. 142-150.

Mitchell, F. (1997): Cost Management in the UK. Aus: Franz, K.-P., Kajüter, P. (1997a) (Hrsg.): Kostenmanagement. Stuttgart 1997. S. 468-501.

Monden, Y. (1989): Total Cost Management System in Japanese Automobile Corporations. Aus: Monden, Y., Sakurai, M. (1989) (Hrsg.): Japanese Management Accounting. Cambridge, Mass.; Norwalk, Conn. 1989. S. 15-33.

Monden, Y., Sakurai, M. (1989) (Hrsg.): Japanese Management Accounting. Cambridge, Mass.; Norwalk, Conn. 1989.

Moser, H. (1977): Praxis der Aktionsforschung. Ein Arbeitsbuch. München 1977.

Muff, M. (1995): Kunden- und aktivitätsorientiertes Management der indirekten Leistungen mithilfe der Prozesskostenrechnung Aus: Reichmann, T. (1995b) (Hrsg.): Handbuch Kosten- und Erfolgs-Controlling. München 1995. S. 414-447.

Müller, A. (1992): Gemeinkosten-Management. Vorteile der Prozesskosten-rechnung. Wiesbaden 1992.

Müller-Hagedorn, L., et. al. (1993): Zur Validität von Conjoint-Analysen. In: zfbf, 45. Jg. (1993), H. 2, S. 123-148.

Niemand, S. (1994): Target Costing für industrielle Dienstleistungen. In: Controller Magazin, 19. Jg. (1994), H. 2, S. 66-73.

Niemand, S. (1996): Target Costing für industrielle Dienstleistungen. München 1996.

Nippa, M., Picot, A. (1995) (Hrsg.): Prozessmanagement und Reengineering. Frankfurt a. M., New York 1995.

Ossadnik, W. (2000): Kostencontrolling und investitionstheoretisch fundierte Kostenrechnung. Aus: Fischer, T.M. (2000) (Hrsg.): Kosten-Controlling: Neue Methoden und Inhalte. Stuttgart 2000. S. 135-163.

Österle, H. (1995): Business Engineering. Prozess- und Systementwicklung. Bd. 1: Entwurfsmethoden. Berlin, u.a. 1995.

Pfaff, D., Weißenberger, B.E. (2000): Institutionenökonomische Fundierung. Aus: Fischer, T.M. (2000) (Hrsg.): Kosten-Controlling: Neue Methoden und Inhalte. Stuttgart 2000. S. 109-134.

Phyrr, P.A. (1970): Zero-Base-Budgeting. In: HBR, 48. Jg. (1970), H. 6, S. 111-121.

Picot, A., Francke, E. (1995): Prozessorganisation. Eine Bewertung der neuen Ansätze aus Sicht der Organisationslehre. Aus: Nippa, M., Picot, A. (1995) (Hrsg.): Prozessmanagement und Reengineering. Frankfurt a. M., New York 1995. S. 13-38.

Picot, A., Reichwald, R., Wigand, R.T. (1998): Die grenzenlose Unternehmung: Information, Organisation und Management 3. überarb. Auflage, Wiesbaden 1998.

Plaut, H.G. (1984): Grenzplankosten- und Deckungsbeitragsrechnung als modernes Kostenrechnungssystem. In: krp, 28. Jg. (1984), H. 1, S. 20-26 (Teil 1) , S. 67-72 (Teil 2).

Plaut, H.G. (1987): Die Entwicklung der flexiblen Plankostenrechnung zu einem Instrument der Unternehmensführung. In: ZfB, 57. Jg. (1987), H. 4, S. 355-366.

Popper, K.R. (1970): Normal Science and Its Dangers. Aus: Lakatos, I., Musgrave, A. (1970) (Hrsg.): Criticism and the Growth of Knowledge. Cambridge, Mass. 1970. S. 45-72.

Porter, M. (1986): Wettbewerbsvorteile - Spitzenleistungen erreichen und behaupten. Frankfurt, New York 1986.

Rapp, R. (2000): Customer Relationship Management. Das neue Konzept zur Revolutionierung der Kundenbeziehungen. Frankfurt a. M., New York 2000.

Reichmann, T. (1973): Kosten und Preisgrenzen. Wiesbaden 1973.

Reichmann, T. (1995a): Controlling mit Kennzahlen und Managementberichten. 4. überarb. und erw. Aufl.. München 1995.

Reichmann, T. (1995b) (Hrsg.): Handbuch Kosten- und Erfolgs-Controlling. München 1995.

Reichmann, T., Fröhling, O. (1993): Integration von Prozesskostenrechnung und Fixkostenmanagement. In: krp, 37. Jg. (1993), H. 2, S. 63-73.

Reichmann, T., Scholl, H.J., (1984): Kosten- und Erfolgscontrolling auf der Basis von Umsatzplänen. In: DBW, 44. Jg. (1984), H. 3, S. 427-437.

Reiss, M. (1992): Integriertes Projekt-, Produkt- und Prozessmanagement. In: ZfO, 61. Jg. (1992), H. 1, S. 25-31.

Reiss, M. (1997): Was ist schädlich an der Prozessorientierung? In: Controlling, 9. Jg. (1997), H. 2, S. 112-113.

Reiss, M., Corsten, H. (1990): Grundlagen des betrieblichen Kostenmanagements. In: WiSt, 1990, H. 8, S. 390-396.

Reiss, M., Corsten, H. (1992): Gestaltungsdomäne des Kostenmanagements. Aus: Männel, W. (1992) (Hrsg.): Handbuch Kostenrechnung. Wiesbaden 1992. S. 1478-1491.

Reschke, T., Schelle, R., Schnopp, U., Schub, P. (1997) (Hrsg.): Projekte erfolgreich managen, Kap. 4.6.6, 5. Aktualisierung, Köln 1997.

Riebel, P. (1983): Thesen zur Einzelkosten- und Deckungsbeitragsrechnung. Aus: Chmielewicz, K. (1983) (Hrsg.): Entwicklungslinien der Kosten- und Erlösrechnung. Stuttgart 1983. S. 21-47.

Riebel, P. (1994a): Einzelkosten- und Deckungsbeitragsrechnung., 7. überarb. und wesentlich erw. Aufl. Grundfragen einer markt- und entscheidungsorientierten Unternehmensrechnung Wiesbaden 1994.

Riebel, P. (1994b): Einzelerlös-, Einzelkosten- und Deckungsbeitragsrechnung als Kern einer ganzheitlichen Führungsrechnung. In: krp, 38. Jg. (1994), H. 1, S. 9-31.

Rieg, R. (1999): Prozesskostenrechnung und prozessorientiertes Benchmarking in der Instandhaltung. In: krp, 43. Jg. (1999), H. Sonderheft 1, S. 39-46.

Riegler, C. (1996): Verhaltenssteuerung durch Target Costing - Analyse anhand einer ausgwählten Organisationsform. Stuttgart 1996.

Riegler, C. (2000): Zielkosten. Aus: Fischer, T.M. (2000) (Hrsg.): Kosten-Controlling: Neue Methoden und Inhalte. Stuttgart 2000. S. 237-263.

Roever, M. (1980): Gemeinkosten-Wertanalyse. In: ZfB, 50. Jg. (1980), H. 6, S. 686-690.

Roever, M. (1982): Gemeinkosten-Wertanalyse. Erfolgreiche Antwort auf den wachsenden Gemeinkostendruck. In: ZfO, 51. Jg. (1982), H. 5-6, S. 249-253.

Rösler, F. (1995): Kundenanforderungen als Determinante des Kostenmanagements komplexer Produkte. In: krp, 39. Jg. (1995), H. 4, S. 214-219.

Rösler, F. (1996): Target Costing für die Automobilindustrie. Wiesbaden 1996.

Rummel. K. D. (1967): Einheitliche Kostenrechnung., 3. Auflage. Düsseldorf 1967.

Sabisch, H., Tintelnot, C. (1997): Integriertes Benchmarking für Produkte und Produktentwicklungsprozesse. Berlin 1997.

Sakurai, M. (1989): Target Costing and how to use it. In: JoCM, 3. Jg. (1989), H. 2, S. 39-50.

Sakurai, M. (1990): The Influence of Factory Automation on Management Accounting Practices: A Study of Japanese Companies. Aus: Kaplan, R.S. (1990) (Hrsg.): Measurement for Manufacturing Excellence. Bosten, Mass. 1990. S. 39-62.

Sakurai, M. (1997a): Integratives Kostenmanagement. Stand und Entwicklungstendenzen des Controlling in Japan. München 1997.

Sauter, R. (1999): Komplexität im Kleinserien- und Anlagenbau durch projekt-spezifisches und projektübergreifendes Target Costing beherr-schen. Aus: VDI-GSP 1999 (Hrsg.): Plattformkonzepte auch für Kleinserien und Anlagen? VDI-Berichte 1510. Düsseldorf 1999. S. 97-116.

Sauter, R., Wargitsch, C. (2001): Customer Relationship Management bei der AUDI AG. Aus: Horváth, P. (2001) (Hrsg.): Strategien erfolgreich umsetzen. Stuttgart 2001. S. 255-269.

Schaaf, A. (1999): Marktorientiertes Entwicklungsmanagement in der Automo-bilindustrie. Ein kundennutzenorientierter Ansatz zur Steuerung des Entwicklungsprozesses. Wiesbaden 1999.

Schmalenbach, E. (1963): Kostenrechnung und Preispolitik. 8. Auflage. Köln, Opladen 1963.

Schmidt, F. (1996): Entwicklung einer Methodik zum kostengünstigen Kon-struieren - unter besonderer Berücksichtigung der Gemeinkosten. Kaiserslautern 1996.

Schmidt, R.H., Schor, G. (1987) (Hrsg.): Modelle in der Betriebswirtschaftsleh-re. Wiesbaden 1987.

Schmidt, R.H., Terberger, E. (1996): Grundzüge der Investitions- und Finan-zierungstheorie. 3. Auflage Wiesbaden 1996.

Scholl, K. (1998): Konstruktionsbegleitende Kalkulation - computergestützte Anwendung von Prozesskostenrechnung und Kostentableaus. München 1998.

Schubert, B. (1991): Entwicklung von Konzepten für Produktinnovationen mit-tels Conjoint-Analyse. Stuttgart 1991.

Schuh, G., Kaiser, A. (1994): Kostenmanagement in Entwicklung und Produk-tion mit der Ressourcenorientierten Prozesskostenrechnung. In: krp, 38. Jg. (1994), Sonderheft 1, S. 76-82.

Schulz, A. (1995): Die Telekommunikation im Spannungsfeld zwischen Ord-nungs- und Finanzpolitik. Wiesbaden 1995.

Schweitzer, M. (1998): Systeme der Kosten- und Erlösrechnung. München 1998.

Seicht, G. (1963): Die stufenweise Grenzkostenrechnung. Ein Beitrag zur Weiterentwicklung der Deckungsbeitragsrechnung. In: ZfB, 33. Jg. (1963), H. 12, S. 693-709.

Seidenschwarz, W. (1991a): Target Costing - Ein japanischer Ansatz für das Kostenmanagement. In: Controlling, 3. Jg. (1991), H. 4, S. 198-203.

Seidenschwarz, W. (1991b): Target Costing - Schnittstellenbewältigung mit Zielkosten. Aus: Horváth, P. (1991) (Hrsg.): Synergien durch Schnittstellen-Controlling. Stuttgart 1991. S. 191-209.

Seidenschwarz, W. (1991c): Target Costing und Prozesskostenrechnung. Aus: IFUA Horváth & Partner GmbH (1991) (Hrsg.): S. 48-70.

Seidenschwarz, W. (1993): Target Costing. München 1993.

Seidenschwarz, W. (1994): Target Costing - Verbindliche Umsetzung marktorientierter Strategien. In: krp, 38. Jg. (1994), H. 1, S. 74-83.

Seidenschwarz, W. (1995): Target Costing und die Rolle des Controlling darin. Aus: Horváth, P. (1995) (Hrsg.): Controlling-Prozesse optimieren. Stuttgart 1995. S. 107-132.

Seidenschwarz, W. (1997a): Ergebnis- und marktorientierte Unternehmenssteuerung. "Fokussieren auf Kunden, Prozesse und Profitabilität" Aus: Gleich, R., Seidenschwarz, W. (1997) (Hrsg.): Die Kunst des Controlling. München 1997. S. 47-63.

Seidenschwarz, W. (1997b): Nie wieder zu teuer! Stuttgart 1997.

Seidenschwarz, W., Esser, J., Niemand, S., Rauch, M. (1997): Target Costing: Auf dem Weg zum marktorientierten Unternehmen. Aus: Franz, K.-P., Kajüter, P. (1997a) (Hrsg.): Kostenmanagement. Stuttgart 1997. S. 101-126.

Seidenschwarz, W., Niemand, S., Esser, J. (1997): Target Costing und seine elementaren Werkzeuge. Aus: Reschke, T., Schelle, R., Schnopp, U., Schub, P. (1997) (Hrsg.): Projekte erfolgreich managen, Kap. 4.6.6, 5. Aktualisierung, Köln 1997. S. 1-52.

Seidenschwarz, W., Niemand, S. (1994): Zulieferintegration im marktorientierten Zielkostenmanagement. In: Controlling, 6. Jg. (1994), H. 5, S. 262-270.

Shank, J.K., Govindarajan, V. (1992): Strategic Cost Management and the Value Chain. In: JoCM, 5. Jg. (1992), H. Winter 1992, S. 5-21.

Shields, M.D., Young, S.M (1992): Effective Long-Term Cost Reduction - A Strategic Perspective. In: JoCM, 7. Jg. (1992), H. Spring, S. 16-29.

Simon, H. (1992): Preismanagement. Analyse, Strategie, Umsetzung. 2. Auflage. Wiesbaden 1992.

Stahl, H.-W. (1995): Target Costing - Zielkostenmanagement mithilfe eines Fixkosten-Simulationsmodells. In: Controller Magazin, 20. Jg. (1995), H. 2, S. 113-115.

Stoi, R. (1999): Prozessorientiertes Kostenmanagement in der deutschen Unternehmenspraxis. Eine empirische Untersuchung. München 1999.

Strecker, A. (1991): Prozesskostenrechnung in Forschung und Entwicklung. München 1991.

Striening, H.-D. (1989): Prozessmanagement im indirekten Bereich. In: Controlling, 1. Jg. (1989), H. 6, S. 324-331.

Szyperski, N., Müller-Böling, D. (1984): Aufgabenspezialisierung in Planungssystemen - Eine konzeptionelle und empirische Analyse. In: Zeitschrift für betriebswirtschaftliche Forschung, 36. Jg. (1984), H. 2, S. 124-147.

Szyperski, N., Winand, U. (1989) (Hrsg.): Handwörterbuch der Planung. Stuttgart 1980.

Tanaka, M. (1989): Cost Planning and control systems in the design phase of a new product. Aus: Monden, Y., Sakurai, M. (1989) (Hrsg.): Japanese Management Accounting. Cambridge, Mass.; Norwalk, Conn. 1989. S. 49-71.

Tani, T. (1997): Hauptelemente des Target Cost Managements (TCM) in Japan und Deutschland. Aus: Gleich, R., Seidenschwarz, W. (1997) (Hrsg.): Die Kunst des Controlling. München 1997. S. 231-260.

Tani, T., Okano, H., Shimizu, N., u.a. (1994): Target cost management in Japanese companies: current state of the art. In: Management Accounting Research, o. Jg. (1994), H. 5, S. 67-81.

Tani, T., Horváth, P., Wangenheim, S. v. (1996): Genka Kikaku und marktorientiertes Zielkostenmanagement. Deutsch-japanischer Systemvergleich zu Entwicklungsstand und Verbreitung In: Controlling, 8. Jg. (1996), H. 2, S. 80-89.

Theuerkauf, I. (1989): Kundennutzenmessung mit Conjoint. In: ZfB, 59. Jg. (1989), H. 11, S. 1179-1192.

Ulrich, H. (1970): Die Unternehmung als produktives soziales System - Grundlagen der allgemeinen Unternehmenslehre. 2. Auflage, Bern, Stuttgart 1970.

Ulrich, H. (1984): Management. Bern, Stuttgart 1984.

VDI Zentrum Wertanalyse (1995): Wertanalyse. Idee - Methode - System. 5. Auflage. Düsseldorf 1995.

VDI-GSP 1999 (Hrsg.): Plattformkonzepte auch für Kleinserien und Anlagen? VDI-Berichte 1510. Düsseldorf 1999.

Wagenhofer, A., Riegler, C. (1994): Verhaltenssteuerung durch die Wahl von Bezugsgrößen. Aus: Dellmann, K., Franz, K.-P. (1994) (Hrsg.): Neuere Entwicklungen im Kostenmanagement. Bern, Stuttgart, Wien 1994. S. 463-494.

Wäscher, D. (1987): Gemeinkosten-Management im Material- und Logistik-Bereich. In: ZfB, 57. Jg. (1987), H. 3, S. 297-315.

Watson, G. (1993): Benchmarking - Vom Besten lernen. Landsberg a. Lech 1993.

Weber, J. (1994): Kostenrechnung zwischen Verhaltens- und Entscheidungs-orientierung. In: krp, 38. Jg. (1994), H. 3, S. 99-104.

Weber, J. (1998): Einführung in das Controlling. 7. Auflage, Stuttgart 1998.

Weber, J., Schäffer, U. (2000): Controlling als Koordinationsfunktion. In: krp, 44. Jg. (2000), H. 2, S. 109-117.

Weigand, A. (1999): Integrierte Qualitäts- und Kostenplanung am Beispiel der Konzeptphase in der Automobilindustrie. Frankfurt a. M., Berin, u.a. 1999.

Welge, M.K., Amshoff, B. (1997): Neuorientierung der Kostenrechnung zur Unterstützung der strategischen Planung. Aus: Franz, K.-P., Kajüter, P. (1997a) (Hrsg.): Kostenmanagement. Stuttgart 1997. S. 59-80.

Wild, J. (1974): Grundlagen der Unternehmensplanung. Reinbek bei Hamburg 1974.

Wild, J. (1982): Grundlagen der Unternehmensplanung. 4. Auflage. Opladen 1982.

Wildemann, H. (1996): Die Produktklinik - Eine Keimzelle für Lernprozesse. In: HBM, 18. Jg. (1996), H. 2, S. 39-48.

Wittmann, J. (1998): Target Project Budgeting. Wiesbaden 1998.

Wittmann, W., Kern, W., Köhler, R., Küpper, H.-U., Wysocki, K.v. (1993) (Hrsg.): Handwörterbuch der Betriebswirtschaftslehre, Band 1, 5. Auflage Stuttgart 1993.

Xerox (1989): Leadership through Quality - Benchmarking for Quality Improvement (Reference Guide). Stanford / Connecticut 1989.

Yoshikawa, T., Innes, J., Mitchell, F. (1995): Prozessorientierte Funktionsanalyse der Gemeinkostenbereiche. In: Controlling, 7. Jg. (1995), H. 4, S. 190-198.

Yoshikawa, T., Innes, J., Mitchell, F. (1994): Functional Analysis of Activity-Based Cost Information. In: JoCM, 4. Jg. (1994), Spring, S. 40-48.

Zahn, E. (1997): Planung und Controlling. Aus: Gleich, R., Seidenschwarz, W. (1997) (Hrsg.): Die Kunst des Controlling. München 1997. S. 66-91.

Zehbold, C. (1995): Lebenszykluskostenrechnung. o.O. 1995.

Peter Lang · Europäischer Verlag der Wissenschaften

Thomas Mosiek

Interne Kundenorientierung des Controlling

Frankfurt/M., Berlin, Bern, Bruxelles, New York, Oxford, Wien, 2002.
XIX, 310 S., zahlr. Abb.
Beiträge zum Controlling. Herausgegeben von Wolfgang Berens. Bd. 4
ISBN 3-631-39215-X · br. € 50.10*

Im Gegensatz zu dem Anspruch vieler Controller, sich zunehmend als unternehmensinterne Berater in Fragen der Planung, Steuerung und Kontrolle zu profilieren, wird Controlling von seinen internen Adressaten vielfach noch unzureichend als serviceorientierte Dienstleistung wahrgenommen. Controlling – im Sinne von Führungsunterstützung – kann sachgerecht nur über eine konsequente Orientierung an den Informationsbedürfnissen und Koordinationserfordernissen des Managements geleistet werden. Ziel der Arbeit ist daher, die potenzielle Kundenorientierung im Controlling einer differenzierten Betrachtung zu unterziehen, um gestaltungsrelevante Tatbestände zu identifizieren und Anwendungsvoraussetzungen ausgewählter betriebswirtschaftlicher Instrumente darzustellen.

Aus dem Inhalt: Marketing, Controlling · Marktorientiertes Controlling · Internes Marketing · Inhouse Consulting · Typologie für Controlling-Leistungen · Benchmarking, Balanced Scorecard und Target Costing im Controlling · Service Level Agreements für Controlling-Leistungen

 Frankfurt/M · Berlin · Bern · Bruxelles · New York · Oxford · Wien
Auslieferung: Verlag Peter Lang AG
Moosstr. 1, CH-2542 Pieterlen
Telefax 00 41 (0) 32 / 376 17 27

*inklusive der in Deutschland gültigen Mehrwertsteuer
Preisänderungen vorbehalten

Homepage http://www.peterlang.de